말/하/기/집/중/트/레/이/닝

일본어 제대로 말문트기!!

민나노 독학 일본어공부

해설 한국외국어대학교 강사 **조수진 · 장성숙**
시사일본어학원 강사 **임성훈**

시사일본어사

머리말
Foreword

2001년, 「민나노 니홍고」 한국판이 출간된지 6년. 지금도 여전히 그 인기는 독자들에게서 증명되고 있습니다. 이에 발 맞추어 좀더 쉽고 효율적으로 「민나노 니홍고」를 독학할 수 있는 교재가 나왔습니다.

말하기 중심교재

이 책은 「민나노 니홍고」가 중점을 둔 반복연습을 더욱 살려 더 효율적으로 공부할 수 있도록 고안되어 있습니다. 본 내용은 살리되 구성을 새롭게 하여, 말하기 중심 교재로 탈바꿈하였습니다.

꼼꼼하게 짚어주는 핵심문형, 문법, 표현

기존의 바꿔넣기 연습만 하던 것을 문형으로 제시하여 좀더 머리속에 쏙쏙 들어오도록 구성하였으며, 꼭 필요한 문법 내용과 알아두면 좋을 표현도 첨가하였습니다. 여기서 확실히 배운 다음 그 뒤로 계속 입을 훈련하는 연습이 이어집니다.

특별 부록 두가지 스타일의 MP3 CD 훈련용 · 도전자용

책을 보면서 네이티브의 음성을 듣는 것은 무엇보다 중요한 사항입니다. 이에 이 책에는 말하기 훈련용 MP3 CD를 부록으로 넣었습니다. 책을 보며 음성을 듣고 2번씩 따라해보는 구성이라 독학자에게 아주 효율적입니다. 그리고 훈련용과 함께 도전자용도 따로 준비되어 있습니다. 훈련용으로 실력을 기르셨다면 이제 책을 덮고, 문장을 만드는 도전을 해볼 수 있습니다. 통학이나 통근 시 도전자용을 연습하면 한층 말하기가 업그레이드된 자신을 발견할 것입니다.
[회화랑 친해지기]는 A, B로 역할을 나눠서 말할 수 있도록 되어 있어 혼자서도 충분히 회화 연습을 할 수 있습니다.

친절한 정답, 본문, 스크립트 해석

기존 교재에는 없었던 해석과 연습정답을 별책에 담아 혼자서도 「민나노 니홍고」를 마스터 할 수 있습니다.

이 책을 통해 일본어에 자신감을 가지시기를 바라며, 단계별로 차근히 올라가 마스터의 경지까지 이르시길 바랍니다.

Contents 차례

Structure 이 책의 구성과 특징

일본어 문자와 발음

일본어 첫걸음의 기본인 문자와 발음입니다. 전체적인 발음 설명과 한 글자마다 영어와 한글 표기 발음을 표기하였고, 그 글자가 들어간 단어를 그림과 함께 예로 들어 쉽고 재밌게 익힐 수 있습니다.

히라가나와 가타카나가 함께 게재되어 있으므로 비교하며 익힐 수 있습니다.

부록으로 제공되는 펜맨십과 정확한 발음이 녹음된 MP3CD를 통해, 따라 읽고 쓰면서 일본어 문자와 발음을 익혀보세요.

중요단어 파악하기

본 내용에 들어가기 전 중요단어를 제시함으로서 그 과에서 배울 내용을 미리 예측해 봅니다.

여기서 주요 단어를 파악해 두면 본 내용을 이해하는데 큰 도움이 됩니다.

 에는 없습니다.

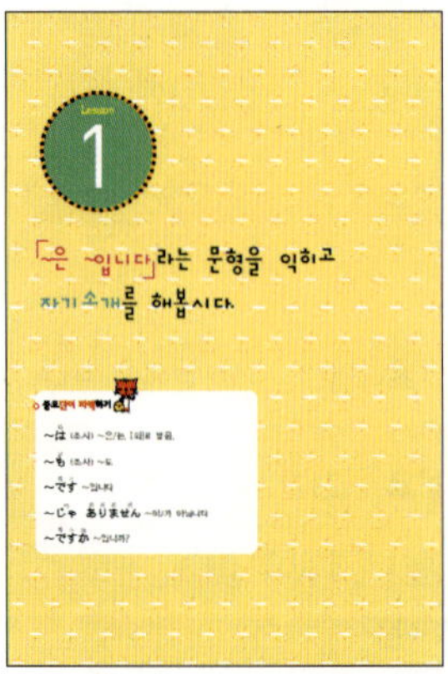

눈도장 콱 찍기

그 과의 중심문형을 우선 눈으로 찍고 가는 페이지입니다. 가장 핵심적인 내용만을 모아놓았기 때문에 여기 있는 문장만 달달 외워도 그 과의 문형은 모두 익혔다고 할 수 있습니다. 음성을 들으면서 모두 암기해 놓읍시다.

 의 **文型**에 해당

문형 꼭꼭 익히기

그 과의 중심문형을 공부하는 페이지입니다. 꼼꼼하게 문법설명을 숙지한 후 아래에 있는 문장 연습을 해봅시다. 여러 단어로 바꿔넣기를 하는 사이에 자연스레 문형이 몸에 익혀질 것입니다. 「훈련용 MP3」로 반복연습하세요!

 의 **練習A**에 해당

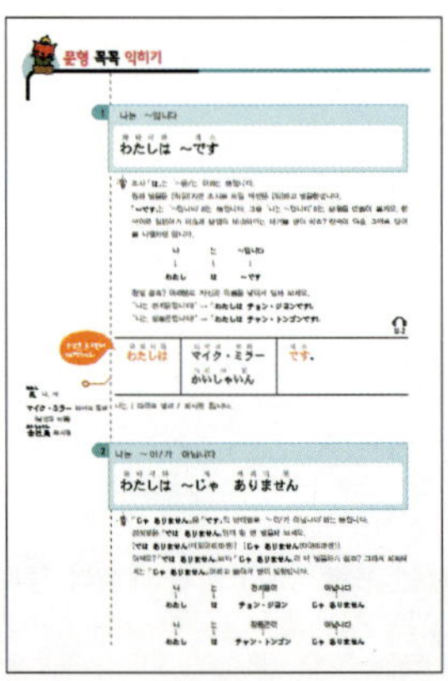

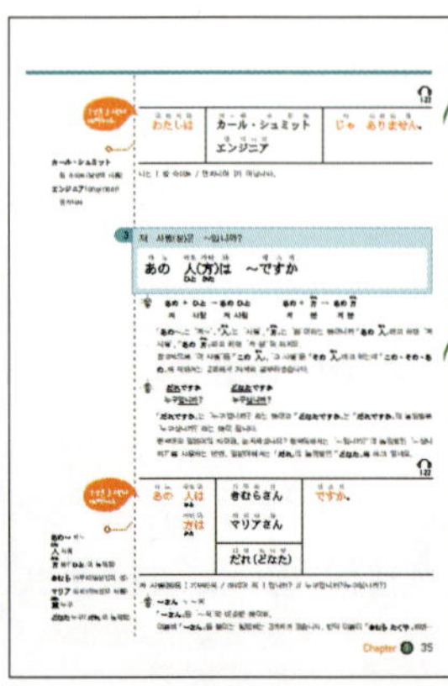

여러가지 단어로 바꿔넣기 연습을 합시다!

하나하나 꼼꼼하게 문법설명을 해 놓았기 때문에 따로 문법책이 필요없습니다.

입에 착 붙게 말하기

오래 일본어를 공부한 사람도 막상 말을 하려 하면 입이 탁 막히는 경우가 많습니다. 이는 말하기 훈련이 부족하기 때문입니다. 셀로판지로 답을 가린 후 우선 문장을 만들어보세요. 그 다음 정답을 확인한 후 음성을 들어보세요. 업그레이드 연습은 MP3 CD 「말하기 도전 자용」에서 하세요!

 의 **練習B**에 해당

셀로판지 표시가 있는 곳은 답을 가리고 문제를 푸는 곳입니다.

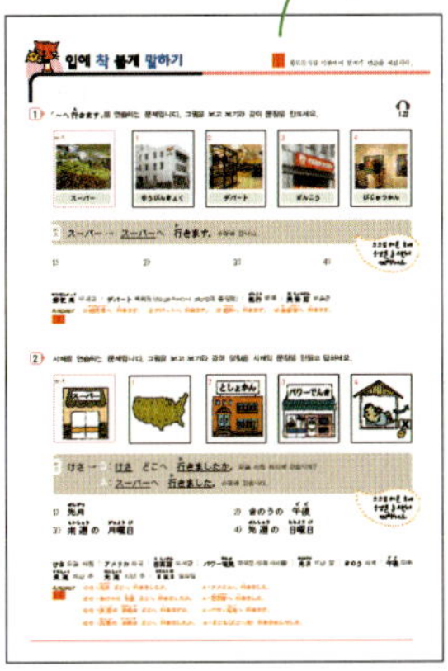

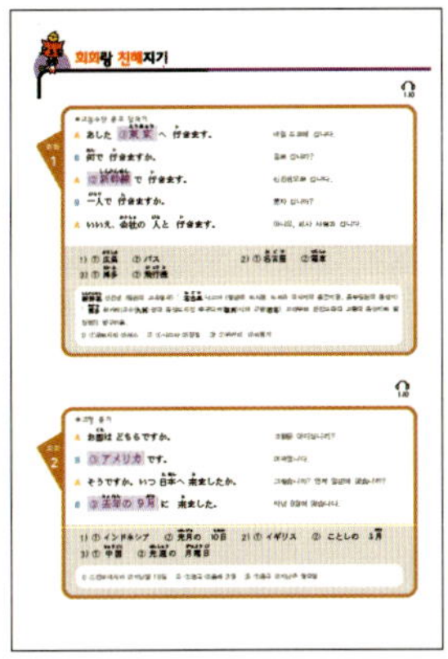

회화랑 친해지기

문형으로 말하기 훈련을 했다면 이제 회화입니다. 모두 비교적 간단하고 짧은 대화라 부담없이 연습을 할 수 있으니 걱정마세요! 보라색 부분의 단어를 바꿔가며 연습합시다. A, B로 역할을 맡아 연습할 수 있도록 배려되어 있으니 꼭 연습하세요!!

 의 **練習C**에 해당

회화 고수되기

앞에서 충분히 말하기 연습을 하셨다면 이제 본격 회화입니다. 한번 음성을 들으며 읽은 다음, 아래에 있는 단어와 해석을 익히세요. 그 다음엔 셀로판지로 후리가나를 가린 다음 읽어보세요. 뜻을 생각하며 읽는 것이 중요합니다.

 의 **会話**에 해당

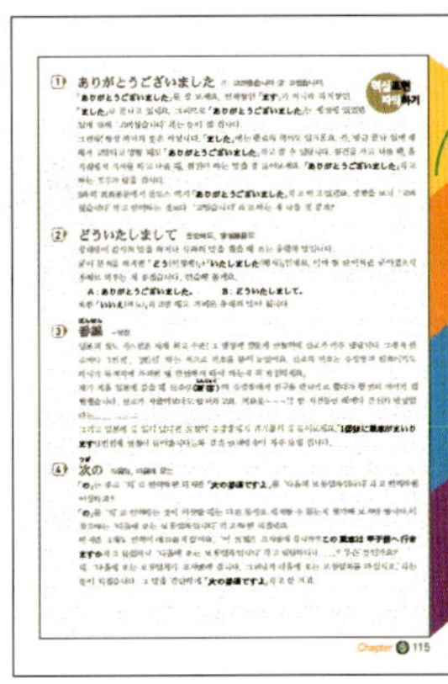

중요표현과 문법사항이 꼼꼼하게 정리되어 있습니다. 또한, 함께 알아두면 좋을 내용까지 알차게 들어 있습니다.

*후리가나:일본어 한자읽는 방법.

도전 듣기 · 쓰기

이제 한과를 마무리하는 테스트 페이지입니다.
듣기와 쓰기 문제로 나뉘어져 있으며, 앞에서 충분히 학습을 하셨다면 모두 푸실 수 있는 내용입니다. 자신의 능력을 시험해보세요!

 의 **問題**에 해당

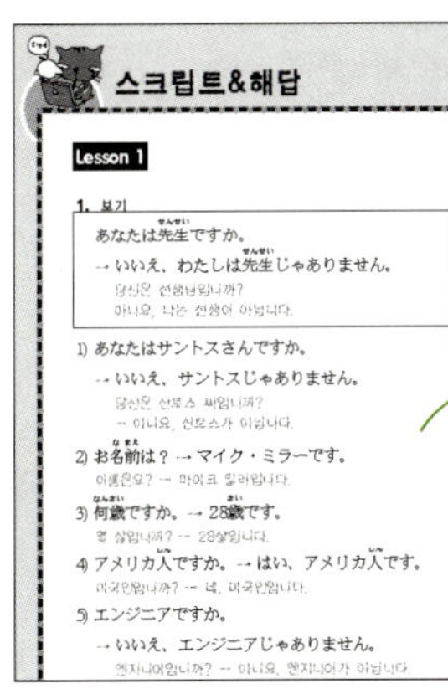

스크립트&해답 별책

별책에 스크립트 해석과 해답이 자세하게 실려 있습니다. 문제를 푼 다음 답을 꼭 확인하세요!

스크립트와 해답, 해석까지 모두 실려 있습니다.

Character 등장인물

佐藤　けいこ
(사토 게이코)
일본, IMC의 사원

マイク・ミラー
(마이크 밀러)
미국, IMC의 사원

カリナ (카리나)
인도네시아, 후지 대학의 학생

ホセ・サントス
(호세 산토스)
브라질, 브라질에어의 사원

マリア・サントス
(마리아 산토스)
브라질, 주부

ワン　シュエ
(왕 슈에)
중국, 고베 병원의 의사

山田　一郎
(야마다 이치로)
일본, IMC의 사원

山田　友子
(야마다 토모코)
일본, 은행원

まつもと ただし
松本 正
(마츠모토 타다시)
일본, IMC의 부장

まつもと よしこ
松本 良子
(마츠모토 요시코)
일본, 주부

きむら
木村 いずみ
(기무라 이즈미)
일본, 아나운서

ジョン・ワット
(존 왓트)
영국, 사쿠라 대학의
영어 교사

カール・シュミット
(칼 슈미트)
독일, 파워전기의
기술자

이진주
한국, AKC의
연구자

タワポン (타와퐁)
태국, 사쿠라 대학
의 학생

グプタ (구푸타)
인도, IMC의 사원

やまだ たろう
山田 太郎
(야마다 타로)
일본, 초등학생, 8살
야마다 이치로와
토모코의 아들

テレサ・サントス
(테레사 산토스)
브라질, 초등학생, 9살
호세 산토스와
마리아의 딸

MP3 CD 의 구성

❶ 말하기 훈련용

교재안의 모든 음성 자료가 들어 있습니다. 셀로판지 표시가 있는 부분은 우선 그 부분을 셀로판지로 가린 다음 음성을 들으세요. 기본적으로는 한번씩, 「문형 꽉꽉 익히기」는 두번씩 녹음되어 있습니다. 처음에는 답이 맞았는지 확인하고, 두번째에는 네이티브와 똑같은 발음과 속도로 따라해 보세요! 「회화랑 친해지기」는 역할을 분담할 수 있도록 A, B가 따로 녹음되어 있습니다. 네이티브와 번갈아가며 회화를 해보세요.

❷ 말하기 도전자용

훈련용으로 연습을 충분히 하셨다면 이제 업그레이드 버전인 **도전자용**으로 연습하세요! 교재의 핵심 부분인 「입에 착 붙게 말하기」 부분을 집중 연습합니다.
들려주는 예문과 단어로 문장을 만드는 연습입니다. 단어를 기억하고 또 문장으로 만들어야 하는, 조금 어려운 연습이지만 이것만 마스터하면 평상시 일본어 말하기는 문제없습니다! 통학이나 통근시 연습해보세요!

일본어 문자와 발음

- 히라가나
- 가타카나

일본어 시작은 히라가나 부터!!!

일본어를 익히려면 50음도표부터 외워야해요. 50음도표이긴 하지만 실제 사용되지 않는 것을 빼면 46개랍니다. 가로로 '아이우에오'…, 세로로 '아카사타나하마야라와응'… 하고 큰 소리로 읽어가며 외우세요.

HK-1

히라가나 50음도표

단 / 행	あ	い	う	え	お
あ	あ a 아	い i 이	う u 우	え e 에	お o 오
か	か ka 카	き ki 키	く ku 쿠	け ke 케	こ ko 코
さ	さ sa 사	し si 시	す su 스	せ se 세	そ so 소
た	た ta 타	ち chi 치	つ tsu 츠	て te 테	と to 토
な	な na 나	に ni 니	ぬ nu 누	ね ne 네	の no 노
は	は ha 하	ひ hi 히	ふ hu 후	へ he 헤	ほ ho 호
ま	ま ma 마	み mi 미	む mu 무	め me 메	も mo 모
や	や ya 야		ゆ yu 유		よ yo 요
ら	ら ra 라	り ri 리	る ru 루	れ re 레	ろ ro 로
わ	わ wa 와				を wo 오
	ん nn 응				

외래어는 가타카나로!!!

일본인들은 외래어를 많이 씁니다. 그 외래어를 표기하는 글자가 바로 가타카나! 가타카나만 읽을 줄 알아도 일본 잡지며 거리 간판의 반 이상은 이해할 수 있답니다. 또, 의성어 · 의태어와 강조하고 싶은 말에도 가타카나를 쓰니 히라가나와 함께 꼭 외워둬야 합니다.

HK-1

가타카나 50음도표

행 \ 단	ア	イ	ウ	エ	オ
ア	ア a 아	イ i 이	ウ u 우	エ e 에	オ o 오
カ	カ ka 카	キ ki 키	ク ku 쿠	ケ ke 케	コ ko 코
サ	サ sa 사	シ si 시	ス su 스	セ se 세	ソ so 소
タ	タ ta 타	チ chi 치	ツ tsu 츠	テ te 테	ト to 토
ナ	ナ na 나	ニ ni 니	ヌ nu 누	ネ ne 네	ノ no 노
ハ	ハ ha 하	ヒ hi 히	フ hu 후	ヘ he 헤	ホ ho 호
マ	マ ma 마	ミ mi 미	ム mu 무	メ me 메	モ mo 모
ヤ	ヤ ya 야		ユ yu 유		ヨ yo 요
ラ	ラ ra 라	リ ri 리	ル ru 루	レ re 레	ロ ro 로
ワ	ワ wa 와				ヲ wo 오
	ン nn 응				

일본어 문자와 발음-**청음**

'청음'은 맑은 소리라는 뜻입니다. 탁음이나 반탁점이 없는 글자를 말하는데요, 앞의 50음도에 있는 글자 그대로 읽히는 글자입니다. 하나씩 하나씩 자세히 익혀보세요.

あ행 ア행

일본어의 기본 모음이며, 한국어의 '아 · 이 · 우 · 에 · 오' 발음과 비슷합니다. 단 「う」발음에 주의하세요. '우'와 '으'의 중간 발음으로 입술에 힘을 빼고 '으'에 가깝게 소리냅니다.

HK-2

あ[a 아]	い[i 이]	う[u 우]	え[e 에]	お[o 오]

あい	**いす**	**うた**	**え**	**おう**
[아이]	[이스]	[우따]	[에]	[오-]
사랑	의자	노래	그림	왕

ア[a 아]	イ[i 이]	ウ[u 우]	エ[e 에]	オ[o 오]

アイスクリーム	**イギリス**	**ウイスキー**	**エレベーター**	**オムレツ**
[아이스크리-무]	[이기리스]	[우이스키-]	[에레베-타-]	[오무레츠]
아이스크림	영국	위스키	엘리베이터	오믈렛

か행 カ행

한국어의 'ㄱ'과 'ㅋ'의 중간 발음이지만, 단어의 첫 글자로 나올 때는 'ㅋ'에 가깝게, 단어 중간이나 끝에 올 때는 'ㄲ'로 읽는 것이 일본어 발음에 가깝습니다.

HK-3

か [ka 카]

かばん
[카방]
가방

き [ki 키]

き
[키]
나무

く [ku 쿠]

くも
[쿠모]
구름

け [ke 케]

けいたい
[케-따이]
핸드폰

こ [ko 코]

こえ
[코에]
목소리

カ [ka 카]

カーテン
[카-텐]
커텐

キ [ki 키]

キー
[키-]
열쇠

ク [ku 쿠]

クッキー
[쿳키-]
쿠키

ケ [ke 케]

ケーキ
[케-키]
케이크

コ [ko 코]

コート
[코-토]
코트

さ행 サ행

한국어의 '사 · 시 · 스 · 세 · 소' 발음과 비슷합니다. 단「**す**」발음에 주의하세요. '스'와 '수'의 중간 발음으로 입모양을 튀어나오게 하지 말고 소리내 보세요.

HK-4

さ [sa 사]

あさ
[아사]
아침

し [si 시]

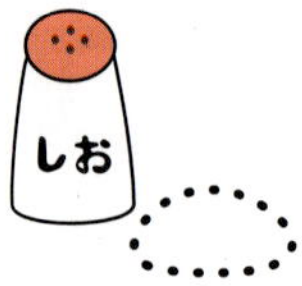

しお
[시오]
소금

す [su 스]

すし
[스시]
초밥

せ [se 세]

せんせい
[센세–]
선생님

そ [so 소]

そら
[소라]
하늘

サ [sa 사]

サッカー
[삿카–]
축구

シ [si 시]

シャツ
[샤츠]
셔츠

ス [su 스]

スイッチ
[스잇치]
스위치

セ [se 세]

セーター
[세–타–]
스웨터

ソ [so 소]

ソーセージ
[소–세–지]
소세지

た행 タ행

'타 · 티 · 투 · 테 · 토'가 아닙니다. 헷갈리지 마세요. 「ち」와 「つ」는 우리말의 '치' '츠'에 가깝고요, 「た · て · と」는 단어 첫머리에 있으면 '타 · 테 · 토', 중간이나 끝에 있으면 '따 · 떼 · 또'에 가깝게 발음합니다.

HK-5

た [ta 타]

たこ
[타코]
문어

ち [chi 치]

ちち
[치치]
아버지

つ [tsu 츠]

くつ
[쿠츠]
구두

て [te 테]

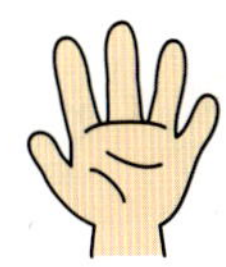

て
[테]
손

と [to 토]

とけい
[토케-]
시계

タ [ta 타]

タクシー
[타꾸시]
택시

チ [chi 치]

チキン
[치킨]
치킨

ツ [tsu 츠]

ツアー
[츠아-]
투어

テ [te 테]

テレビ
[테레비]
텔레비전

ト [to 토]

トマト
[토마토]
토마토

な행 ナ행

한국어의 '나 · 니 · 누 · 네 · 노' 발음과 비슷합니다. 단 「ぬ」 발음에 주의하세요. '누'와' '느'의 중간 발음으로 입모양을 튀어나오게 하지 말고 '누'라고 소리냅니다.

HK-6

な[na 나]

なす
[나스]
가지

に[ni 니]

かに
[카니]
게

ぬ[nu 누]

いぬ
[이누]
개

ね[ne 네]

ねこ
[네꼬]
고양이

の[no 노]

のり
[노리]
풀

ナ[na 나]

ナイフ
[나이후]
나이프

ニ[ni 니]

テニス
[테니스]
테니스

ヌ[nu 누]

カヌー
[카누-]
카누

ネ[ne 네]

ネクタイ
[네쿠타이]
넥타이

ノ[no 노]

ノート
[노-토]
노트

は행 **ハ행**

한국어의 '하 · 히 · 후 · 헤 · 호' 발음과 비슷합니다. 「ひ」는 입술을 옆으로 당겨 발음하고, 「ふ」를 발음할 때는 입술을 너무 둥글리지 말고 평평한 상태에서 소리내야 합니다.

HK-7

は[ha 하]

はし
[하시]
젓가락

ひ[hi 히]

ひこうき
[히코-키]
비행기

ふ[hu 후]

ふね
[후네]
배

へ[he 헤]

へそ
[헤소]
배꼽

ほ[ho 호]

ほん
[홍]
책

ハ[ha 하]

ハイキング
[하이킹구]
하이킹

ヒ[hi 히]

コーヒー
[코-히-]
커피

フ[hu 후]

フィルム
[휘루무]
필름

ヘ[he 헤]

ヘルメット
[헤루멧또]
헬멧

ホ[ho 호]

ホテル
[호떼루]
호텔

ま행 マ행

한국어의 '마 · 미 · 무 · 메 · 모' 발음과 비슷합니다. 「む」는 한국어의 '무'라고 발음하기 보다는 '무'와 '므'의 중간발음이라고 생각하면서 소리내도록 해보세요.

HK-8

ま [ma 마]

まめ
[마메]
콩

み [mi 미]

うみ
[우미]
바다

む [mu 무]

むし
[무시]
벌레

め [me 메]

め
[메]
눈

も [mo 모]

もち
[모찌]
떡

マ [ma 마]

マスク
[마스크]
마스크

ミ [mi 미]

ミルク
[미루쿠]
우유

ム [mu 무]

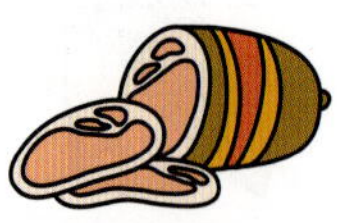

ハム
[하무]
햄

メ [me 메]

メロン
[메론]
멜론

モ [mo 모]

モデル
[모데루]
모델

や행 **ヤ**행

한국어의 ‘야 · 유 · 요’ 발음과 비슷합니다. 가타카나의 「ユ」는 「コ」와 헷갈리기 쉬우니까 주의해서 외우세요.

HK-9

や [ya 야]

やま
[야마]
산

ゆ [yu 유]

ゆき
[유끼]
눈

よ [yo 요]

よる
[요루]
밤

ヤ [ya 야]

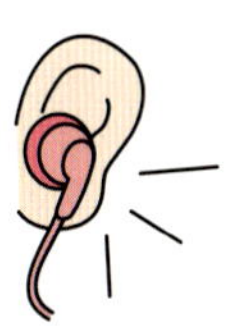

イヤホン
[이야홍]
이어폰

ユ [yu 유]

ユニホーム
[유니호-무]
유니폼

ヨ [yo 요]

ヨット
[욧토]
요트

ら행 ラ행

한국어의 '라 · 리 · 루 · 레 · 로' 발음과 비슷합니다. 「る」와 「ろ」는 헷갈리기 쉬우니까 정확히 익히세요. 일본어 동사에는 「る」로 끝나는 단어들이 많답니다.

HK-10

ら[ra 라]

とら
[토라]
호랑이

り[ri 리]

りんご
[린고]
사과

る[ru 루]

さる
[사루]
원숭이

れ[re 레]

れいぞうこ
[레–조–꼬]
냉장고

ろ[ro 로]

くろ
[쿠로]
검정

ラ[ra 라]

ラーメン
[라–멘]
라면

リ[ri 리]

リボン
[리봉]
리본

ル[ru 루]

ビル
[비루]
건물

レ[re 레]

レモン
[레몽]
레몬

ロ[ro 로]

ロボット
[로봇또]
로봇

わ행 ワ행

발음은 한국어의 '와 · 오'와 비슷합니다.「を」는 조사로만 쓰이며, 「あ」행의 「お」와 발음이 같습니다. 가타카나의 「ヲ」는 거의 쓰이는 일이 없고, 발음이 같은 「オ」가 주로 쓰입니다.

HK-11

わ[wa 와]

かわ
[카와]
강

を[wo 오]

ほんを よむ
[홍오 요무]
책을 읽다

ワ[wa 와]

ワイン
[와잉]
와인

ヲ[wo 오]

ん ン

「ん」은 다른 글자 뒤에서 받침과 같은 역할을 하는데요, 콧소리가 납니다. 우리말의 받침과 달라서 반드시 한 박자를 주어 발음해 주어야 합니다. 뒤에 오는 음에 따라 한국어 'ㅁ, ㄴ, ㅇ'에 가깝게 발음됩니다.

ん[n 응]

にほん
[니홍]
일본

ン[n 응]

パン
[팡]
빵

「ん」의 위치에 따라 이런 발음으로!
「ま · ば · ぱ」행 앞 → 「ㅁ」
「さ · ざ · た · だ · な · ら」행 앞 → 「ㄴ」
「あ · か · が · は · や · わ」행 앞 → 「ㅇ」
단어 끝 → 「ㅇ」, 「ㄴ」
*하지만 이 원칙에 꼭 구애될 필요는 없습니다. 편하게 발음하세요!

'탁음'은 글자의 오른쪽 위에 탁점(゛)이 붙은 것입니다.
탁음은「か」「さ」「た」「は」행에서만 나타납니다.

が행 ガ행

한국어의 '가 · 기 · 구 · 게 · 고', 영어의「g」발음과 비슷합니다.

HK-12

が [ga 가]

がか
[가까]
화가

ぎ [gi 기]

ぎんこう
[깅꼬–]
은행

ぐ [gu 구]

かぐ
[카구]
가구

げ [ge 게]

ひげ
[히게]
수염

ご [go 고]

ごはん
[고항]
밥

ガ [ga 가]

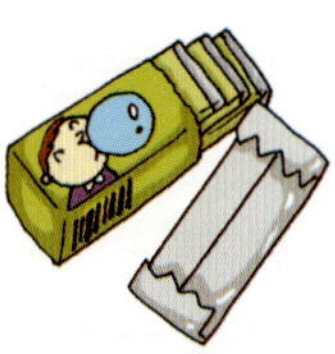

ガム
[가무]
껌

ギ [gi 기]

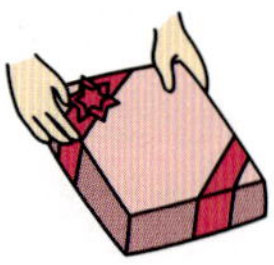

ギフト
[기후또]
선물

グ [gu 구]

グラス
[구라스]
잔

ゲ [ge 게]

ゲーム
[게–무]
게임

ゴ [go 고]

ゴルフ
[고루후]
골프

ざ 행　ザ 행

영어의 「z」 발음으로 한국인들에게는 조금 어려운 발음입니다. 「ず」는 영어로는 발음을 「zu」로 표기하지만, '주'가 아니라 '즈'로 발음해야 합니다.

HK-13

ざ [za 자]

ざっし
[잣시]
잡지

じ [zi 지]

じてんしゃ
[지텐샤]
자전거

ず [zu 즈]

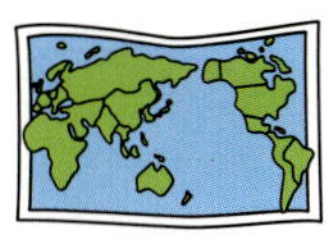

ちず
[치즈]
지도

ぜ [ze 제]

かぜ
[카제]
감기

ぞ [zo 조]

ぞう
[조–]
코끼리

ザ [za 자]

マザー
[마자–]
엄마

ジ [zi 지]

ジャズ
[쟈즈]
재즈

ズ [zu 즈]

ズボン
[즈봉]
바지

ゼ [ze 제]

ゼロ
[제로]
제로, 영

ゾ [zo 조]

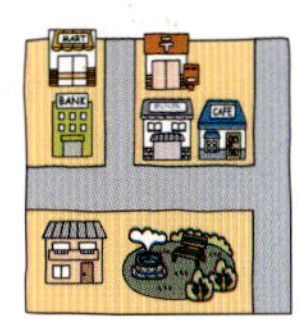

ゾーン
[조–ㄴ]
존, 지역

だ행 ダ행

「だ · で · ど」는 영어의 「d」발음이며, 「ぢ · づ」는 「じ · ず」와 발음이 같습니다. 가타카나 「ヂ · ヅ」는 거의 쓰이는 일이 없고, 그 대신에 발음이 같은 「ジ · ズ」가 주로 쓰입니다.

HK-14

だ [da 다]

だいこん
[다이콩]
무

ぢ [zi 지]

はなぢ
[하나지]
코피

づ [zu 즈]

こづつみ
[코즈츠미]
소포

で [de 데]

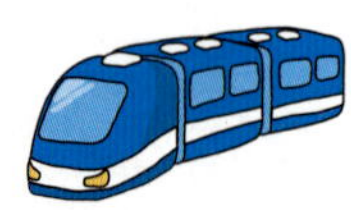

でんしゃ
[덴샤]
전철

ど [do 도]

まど
[마도]
창문

ダ [da 다]

ダンス
[단스]
댄스

ヂ [zi 지]

ヅ [zu 즈]

デ [de 데]

デザート
[데자-토]
디저트

ド [do 도]

ドーナツ
[도-나츠]
도넛

ば행 バ행

한국어의 '바 · 비 · 부 · 베 · 보'와 비슷한 발음이지만, 영어의 「b」와 같이 목의 성대를 울려서 내는 발음입니다.

HK-15

ば [ba 바]

ばら
[바라]
장미

び [bi 비]

へび
[헤비]
뱀

ぶ [bu 부]

ぶた
[부따]
돼지

べ [be 베]

おべんとう
[오벤또-]
도시락

ぼ [bo 보]

ぼうし
[보-시]
모자

バ [ba 바]

バナナ
[바나나]
바나나

ビ [bi 비]

ビール
[비-루]
맥주

ブ [bu 부]

ブーツ
[부-츠]
부츠

ベ [be 베]

ベルト
[베루토]
벨트

ボ [bo 보]

ボール
[보-루]
공

일본어 문자와 발음 – **반탁음**

'반탁음'은 글자의 오른쪽 위에 반탁점(°)이 붙은 것입니다. 반탁음은 「は」 행에서만 나타납니다.

ぱ행　パ행

영어의 「**p**」 발음과 비슷합니다. 한국어의 '빠 · 삐 · 뿌 · 뻬 · 뽀'와 '파 · 피 · 푸 · 페 · 포'의 중간음 정도인데요, 단어의 맨앞에 오면 '파 · 피 · 푸 · 페 · 포'에 가깝게, 중간이나 뒤에 오면 '빠 · 삐 · 뿌 · 뻬 · 뽀'에 가깝게 발음합니다.

HK-16

ぱ [pa 파]

かんぱい
[칸빠이]
건배

ぴ [pi 피]

えんぴつ
[엔피츠]
연필

ぷ [pu 푸]

せんぷうき
[센뿌–끼]
선풍기

ぺ [pe 페]

ぺこぺこ
[페꼬페꼬]
꼬르륵 꼬르륵

ぽ [po 포]

たんぽぽ
[탄뽀뽀]
민들레

パ [pa 파]

パフェ
[파훼]
파르페

ピ [pi 피]

ピアノ
[피아노]
피아노

プ [pu 푸]

プリン
[푸링]
푸딩

ペ [pe 페]

ペンキ
[펭끼]
페인트

ポ [po 포]

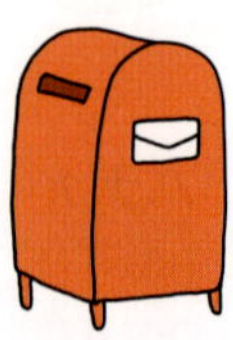

ポスト
[포스토]
우체통

일본어 문자와 발음 - **요음**

「き・ぎ・し・じ・ち・に・ひ・び・ぴ・み・り」 뒤에 반모음인 「や・ゆ・よ」를 작게 써서 한 글자처럼 한 박자로 발음되는 것을 요음이라고 합니다.

HK-17

きゃ kya 캬	きゅ kyu 큐	きょ kyo 쿄
ぎゃ gya 갸	ぎゅ gyu 규	ぎょ gyo 교
しゃ sya 샤	しゅ syu 슈	しょ syo 쇼
じゃ ja 쟈	じゅ ju 쥬	じょ jo 죠
ちゃ tya 챠	ちゅ tyu 츄	ちょ tyo 쵸
にゃ nya 냐	にゅ nyu 뉴	にょ nyo 뇨
ひゃ hya 햐	ひゅ hyu 휴	ひょ hyo 효
びゃ bya 뱌	びゅ byu 뷰	びょ byo 뵤
ぴゃ pya 뺘	ぴゅ pyu 쀼	ぴょ pyo 뾰
みゃ mya 먀	みゅ myu 뮤	みょ myo 묘
りゃ rya 랴	りゅ ryu 류	りょ ryo 료

キャ kya 캬	キュ kyu 큐	キョ kyo 쿄
ギャ gya 갸	ギュ gyu 규	ギョ gyo 교
シャ sya 샤	シュ syu 슈	ショ syo 쇼
ジャ ja 쟈	ジュ ju 쥬	ジョ jo 죠
チャ tya 챠	チュ tyu 츄	チョ tyo 쵸
ニャ nya 냐	ニュ nyu 뉴	ニョ nyo 뇨
ヒャ hya 햐	ヒュ hyu 휴	ヒョ hyo 효
ビャ bya 뱌	ビュ byu 뷰	ビョ byo 뵤
ピャ pya 뺘	ピュ pyu 쀼	ピョ pyo 뾰
ミャ mya 먀	ミュ myu 뮤	ミョ myo 묘
リャ rya 랴	リュ ryu 류	リョ ryo 료

일본어 글자와 발음 - 촉음과 장음, 악센트와 억양

촉음은 「つ」를 작게 표시하여, 한국어의 받침 역할을 하는 글자입니다.
장음은 가운데 있는 두 음절이나 세 음절을 한 음절처럼 길게 발음하는 것을 말합니다.

촉음 「っ」는 발음이 중요합니다. HK-18

촉음「っ」는 「か・さ・た・ぱ」행 앞에 쓰입니다. 중요한 것은 앞서 배운 요음과 달라서 반드시 한 박자를 주어 발음한다는 점입니다. 촉음의 발음을 정리하면 다음과 같습니다.

1 'ㄱ' 받침이 되는 경우

촉음「っ」가 「か」행「か・き・く・け・こ」 앞에 올 때

- いっかい[이ㄱ까이] 일 층
- いっき[이ㄱ끼] 한숨
- がっこう[가ㄱ꼬-] 학교
- ミュージック[뮤-지ㄱ꾸] 음악

2 'ㅂ' 받침이 되는 경우

촉음「っ」가 「ぱ」행「ぱ・ぴ・ぷ・ぺ・ぽ」 앞에 올 때

- いっぱい[이ㅂ빠이] 가득
- いっぴき[이ㅂ삐끼] 한 마리
- ケチャップ[케챠ㅂ뿌] 케찹
- しっぽ[시ㅂ뽀] 꼬리

3 'ㅅ' 받침이 되는 경우

촉음「っ」가 「さ」행「さ・し・す・せ・そ」, 「た」행「た・ち・つ・て・と」 앞에 올 때

- ざっし[자ㅅ시] 잡지
- けっせき[케ㅅ세끼] 결석
- おっと[오ㅅ또] 남편
- スイッチ[스이ㅅ찌] 스위치

장음은 특정한 글자를 길게 끌어 발음합니다. HK-19

あ단+あ	• おかあさん[오카-상] 어머니	• おばあさん[오바-상] 할머니
い단+い	• おにいさん[오니-상] 오빠, 형	• おじいさん[오지-상] 할아버지
う단+う	• すうがく[스-가꾸] 수학	• ふうせん[후-센] 풍선
え단+え・い	• せんせい[센세-] 선생님	• えいが[에-가] 영화
お단+お・う	• こおり[코-리] 얼음	• おとうさん[오또-상] 아버지
요음+う	• きょう[쿄-] 오늘	• じゅう[쥬-] 열, 10
가타카나의 장음 「ー」를 길게 발음		• ビール[비-루] 맥주

일본어에는 고저 악센트가 있으며, 억양에는 ①평탄 ②상승 ③하강 3가지 형이 있습니다.
악센트와 억양에 유의하여 단어를 외우면 자연스러운 일본어를 구사할 수 있습니다.

일본어에는 고저 악센트가 있습니다. HK-20

일본어에는 고저 악센트가 있습니다. 즉 하나의 단어 속에 높이 발음되는 박과 낮게 발음되는 박이 있다는 말이죠. 높은 박에서 낮은 박으로 내려가는지 아닌지에 따라 악센트의 형은 크게 2가지로 나뉘며, 내려가는 형은 어느 박에서 내려가는지에 따라 다시 3가지로 나뉘어집니다. 표준 악센트에서는 제1박과 2박은 반드시 음의 높이가 다르며, 일단 내려가면 다시 올라가지 않는다는 특징이 있습니다.

〔악센트의 형〕

1) 내려가는 곳이 없다. 【 】 예 にわ(마당) なまえ(이름) にほんご(일본어)

2) 어두에서 내려간다. 【 】 예 ほん(책) てんき(날씨) らいげつ(다음달)

3) 어중에서 내려간다. 【 】 예 たまご(달걀) ひこうき(비행기) せんせい(선생님)

4) 어미에서 내려간다. 【 】 예 くつ(구두) やすみ(휴일) おとうと(남동생)

또한 형에 따라 의미가 달라지는 단어가 있는데, 다음과 같은 단어가 그 예입니다.

예 はし(다리) : はし(젓가락) いち(일) : いち(위치)

일본어 억양(イントネーション)에는 3가지 종류가 있습니다. HK-21

억양에는 1)평탄 2)상승 3)하강의 3가지 형이 있습니다. 질문은 상승하고, 그 밖의 문장은 평탄하게 말하는 경우가 많으나, 동의나 실망 등의 감정을 나타낼 때에는 하강하는 경우가 있습니다.

예 佐藤(さとう) : あした 友達(ともだち)と お花見(はなみ)を します。 【→평탄】
(내일 친구와 꽃구경을 갑니다.)
ミラーさんも いっしょに 行(い)きませんか。 【↗상승】
(밀러 씨도 같이 가지 않겠습니까?)

ミラー : ああ、いいですねえ。 【↘하강】
(아아, 좋지요.)

Lesson 1

「~은 ~입니다」라는 문형을 익히고 자기소개를 해봅시다.

중요단어 파악하기

～は(와) (조사) ~은/는. [와]로 발음.

～も(모) (조사) ~도

～です(데스) ~입니다

～じゃ(쟈) ありません(아리마셍) ~이/가 아닙니다

～ですか(데스까) ~입니까?

눈도장 콱 찍기 L1-1

1 와 따 시 와 마 이 크 미 라 - 데 스

わたしは マイク・ミラーです。

①나는 ②마이크 밀러입니다.

2 산 토 스 상 와 각 세- 쟈 아 리 마 셍

サントスさんは 学生 じゃ ありません。

①산토스 씨는 ②학생 ③이 아닙니다.

3 미 라 - 상 와 가이 샤 잉 데 스 까

ミラーさんは 会社員ですか。

①밀러 씨는 ②회사원입니까?

4 산 토 스 상 모 가이 샤 잉 데 스

サントスさんも 会社員です。

①산토스 씨도 ②회사원입니다.

문형 꼭꼭 익히기

1 나는 ~입니다

와 따 시 와　　데 스
わたしは　～です

조사 「は」는 '~은/는' 이라는 뜻입니다.
원래 발음은 [하]이지만 조사로 쓰일 때만은 [와]라고 발음한답니다.
「～です」는 '~입니다' 라는 뜻입니다. 그럼 '나는 ~입니다' 라는 문형을 만들어 볼게요. 한국어와 일본어가 어순과 문법이 비슷하다는 얘기를 많이 하죠? 한국어 어순 그대로 단어를 나열하면 됩니다.

나	는	~입니다
↓	↓	↓
わたし	は	～です

정말 쉽죠? 여러분도 자신의 이름을 넣어서 말해 보세요.
"나는 전지윤입니다!" → 「わたしは　チョン・ジヨンです!」
"나는 장동곤입니다!" → 「わたしは　チャン・トンゴンです!」

L1-2

음성을 들으면서 따라하세요.

와 따 시 와 わたしは	마 이 크　미 라 マイク・ミラー 가 이　샤　잉 かいしゃいん	데 스 です。

나는 [마이크 밀러 / 회사원]입니다.

わたし
私　나, 저
マイク・ミラー　마이크 밀러 (남성의 이름)
かいしゃいん
会社員　회사원

2 나는 ~이/가 아닙니다

와 따 시 와　　　쟈　　아 리 마　셍
わたしは　～じゃ　ありません

「じゃ　ありません」은 「です」의 반대말로 '~이/가 아닙니다' 라는 뜻입니다.
본딧말은 「では　ありません」인데 한 번 발음해 보세요.
[では　ありません(데와아리마셍)]　[じゃ　ありません(쟈아리마셍)]
어때요? 「では　ありません」보다 「じゃ　ありません」이 더 발음하기 쉽죠? 그래서 회화에서는 「じゃ　ありません」이라고 줄여서 많이 말한답니다.

나	는	전지윤이	아닙니다
↓	↓	↓	↓
わたし	は	チョン・ジヨン	じゃ　ありません

나	는	장동곤이	아닙니다
↓	↓	↓	↓
わたし	は	チャン・トンゴン	じゃ　ありません

L1-3

음성을 들으면서 따라하세요.

와따시와 わたしは	카－루 슈밋토 カール・シュミット 엔지니아 エンジニア	쟈 아리마셍 じゃ ありません。

나는 [칼 슈미트 / 엔지니어]가 아닙니다.

カール・シュミット
칼 슈미트(남성의 이름)
エンジニア(engineer)
엔지니어

3 저 사람(분)은 ~입니까?

あの 人(方)は ~ですか
(아노 히또(ひと) 카타(かた) 와 데스까)

あの ＋ ひと → あの ひと　　あの ＋ 方(かた) → あの 方(かた)
저 사람 저 사람　　저 분 저 분

「あの～」는 '저～', 「人(ひと)」는 '사람', 「方(かた)」는 '분'이라는 뜻이니까 「あの 人(ひと)」라고 하면 '저 사람', 「あの 方(かた)」라고 하면 '저 분'이 되지요.
참고적으로 '이 사람'은 「この 人(ひと)」, '그 사람'은 「その 人(ひと)」라고 하는데 「この・その・あの」에 대해서는 2과에서 자세히 공부하겠습니다.

<u>だれ</u>ですか　　<u>どなた</u>ですか
누구<u>입니까</u>?　　누구<u>십니까</u>?

「だれですか」는 '누구입니까?'라는 뜻이고 「どなたですか」는 「だれですか」의 높임말로 '누구십니까?'라는 뜻이 됩니다.
한국어와 일본어의 차이점, 눈치채셨나요? 한국어에서는 '~입니까?'의 높임말인 '~십니까?'를 사용하는 반면, 일본어에서는 「だれ」의 높임말인 「どなた」를 쓰고 있네요.

L1-4

음성을 들으면서 따라하세요.

아노 히또와 あの 人(ひと)は	기무라 상 きむらさん 마리아 상 マリアさん 다레 だれ	데스까 ですか。
아노 카타와 あの 方(かた)は	도나타 どなた	

저 사람은 [기무라 씨 / 마리아 씨 / 누구] 입니까? // 저 분은 누구십니까?

あの～ 저～
人(ひと) 사람
方(かた) 분(「ひと」의 높임말)
きむら 기무라(일본인의 성)
マリア 마리아(여성의 이름)
誰(だれ) 누구
どなた 누구(「だれ」의 높임말)

～さん ≒ ～씨
「～さん」은 '～씨'와 비슷한 뜻이죠.
이름에 「～さん」을 붙이는 방법에는 3가지가 있습니다. 만약 이름이 「きむら たくや」라면…

문형 꼭꼭 익히기

① 성명+さん	② 성+さん	③ 이름+さん
きむら　たくやさん	きむらさん	たくやさん
기무라 타쿠야 씨	기무라 씨	타쿠야 씨

여기서 질문! 이 중에서 가장 친근하게 느껴지는 호칭은 어떤 것일까요?
정답은 ③번!
한국에서도 성까지 붙여서 '장동건 씨'라고 부르는 것보다 성을 빼고 '동건 씨'라고 부르는 게 더 친근하게 느껴지잖아요? 물론 실제로 친한 사이여야 ③번처럼 「たくやさん」이라고 부를 수 있는 것이지 친하지도 않은 사이에서 이렇게 부른다면 몰매맞겠죠? TT
그렇다면 가장 격식을 갖춘 호칭은?
①번의 「きむら たくやさん」이겠죠. 공식적인 자리에서는 ①번처럼 부릅니다.
어느 정도 예의를 갖추면서 일반적으로 많이 쓰는 것이 ②번의 「きむらさん」입니다.

4 ～도 ～입니다

모　데 스
～も　～です

「～も」는 '～도'라는 의미의 조사입니다.
'나도 회사원입니다'라는 말을 일본어로 하면? 「わたしも かいしゃいんです」

L1-5

음성을 들으면서 따라하세요.

산 토 스 상 サントスさん	와　브 라 지 루 징 데 스 は　ブラジル人(じん)です。
마 리 아 상 マリアさん 아 노　히 또 あの　ひと	모　브 라 지 루 징 데 스 も　ブラジル人(じん)です。

～人(じん) 인, (～나라) 사람
ブラジル人(じん) 브라질인, 브라질 사람

산토스 씨는 브라질 사람입니다. // [마리아 씨 / 저 사람]도 브라질 사람입니다.

5 ～은 ～의 ～입니다

와　노　데 스
～は　～の　～です

「の」를 생략하지 마세요!
「～の」는 '～의'라는 의미의 조사입니다. '소유, 소재, 소속' 등을 나타내지요.
그러니까 '한국대학교의 학생'이라고 말하려면 「韓国(かんこく)だいがくの がくせい」라고 하면 됩니다. 참! 조심하실 게 있어요. 한국어에서는 '의'라는 말을 생략하고 '한국대학교 학생'이라고 할 수 있지만 일본어에서는 「の」를 생략하지 않는답니다.

大学(だいがく)와 大学校(だいがっこう)의 차이

한국과 일본을 비교하면 다음과 같습니다.

	大学	大学校
한국	2년제 대학, 단과대학	4년제 대학
일본	4년제 대학 2년제는 短期大学(たんきだいがく)	국가행정기관의 부속교육기관 예 기상대학교, 방위대학교, 경찰대학교 등

L1-6

음성을 들으면서 따라하세요.

미라 상 ミラーさん 카리나 상 カリナさん	와 は	IMC 후지다이가꾸 ふじだいがく	노 の	샤잉 しゃいん 각세- がくせい	데스 です。

[밀러 씨 / 카리나 씨] 는 [IMC / 후지대학] 의 [사원 / 학생] 입니다.

カリナ 카리나(여성의 이름)
ふじだいがく 후지대학(대학이름)
社員(しゃいん) 사원 学生(がくせい) 학생

6 ~은 (몇 살) 입니다

~は (なんさい) です (와 난사이 데스)

L1-7

음성을 들으면서 따라하세요.

테레사 쨩 テレサちゃん 타로- 꿍 たろうくん	와 は	큐- 사이 9 さい (きゅう) 핫 사이 8 さい (はっ)	데스 です。
		난 사이 오이꾸츠 なんさい(おいくつ)	데스까 ですか。

[테레사 / 타로]는 [9살 / 8살] 입니다. // 몇 살입니까?

歳(さい) ~살, ~세(나이를 나타내는 조수사)
テレサ 테레사(여성의 이름)
たろう 타로 (일본남성의 대표적인 이름)
何歳(なんさい) 몇 살
おいくつ 몇 살

❶ 「~ちゃん」은 「~さん」이 변한 말입니다. 「~さん」보다 더 친근감이 느껴지는 표현으로, 주로 어린 아이나 친한 친구에게 쓰지요. 테레사(テレサ)가 9살밖에 안 됐으니까 「テレサさん」보다는 「テレサちゃん」이 좋겠네요.

❷ 「~くん(君)」은 '~군'이라는 뜻으로 주로 남자에게 쓰며 손윗사람에게는 쓰지 않습니다. 그리고 여자에게 「君(くん)」을 붙이는 경우도 있는데 남자 직장상사가 부하 여직원을 부를 때, 남자 선생님이 여학생을 부를 때 「~君(くん)」이라고 부르기도 한답니다.

입에 착 붙게 말하기

셀로판지를 이용하여 말하기 연습을 해봅시다.

문제 1 ~ 문제 4 에 해당하는 그림입니다. 국적과 직업을 눈여겨보시고 정답을 맞춰보세요!

アメリカ(America) 미국 | 日本(にほん) 일본 | 銀行員(ぎんこういん) 은행원 | イギリス(포르투갈어 Inglez) 영국 | 先生(せんせい) 선생님 | タイ(Thai) 태국 | ドイツ(Deutschland) 독일

1 어느 나라 사람인지를 말하는 연습입니다. 위의 그림을 보고 보기와 같이 문장을 만드세요. L1-8

보기 ミラーさんは アメリカ人(じん)です。 밀러 씨는 미국인입니다.

1)　　2)　　3)　　4)

스스로 해본 후에 음성을 들으면서 따라하세요.

Answer 1) 山田(やまだ)さんは 日本人(にほんじん)です。 야마다 씨는 일본인입니다. 2) ワットさんは イギリス人(じん)です。 왓트 씨는 영국인입니다.
3) タワポンさんは タイ人(じん)です。 타와퐁 씨는 태국인입니다. 4) シュミットさんは ドイツ人(じん)です。 슈미트 씨는 독일인입니다.

2 직업을 말하는 연습입니다. 위의 그림을 보고 보기와 같이 문장을 만드세요. L1-9

보기 ミラーさんは 会社員(かいしゃいん)です。 밀러 씨는 회사원입니다.

1)　　2)　　3)　　4)

스스로 해본 후에 음성을 들으면서 따라하세요.

Answer 1) 山田(やまだ)さんは 銀行員(ぎんこういん)です。 야마다 씨는 은행원입니다. 2) ワットさんは 先生(せんせい)です。 왓트 씨는 선생님입니다.
3) タワポンさんは 学生(がくせい)です。 타와퐁 씨는 학생입니다. 4) シュミットさんは エンジニアです。 슈미트 씨는 엔지니어(기술자)입니다.

3 부정으로 말하는 연습입니다. 왼쪽 그림을 보고 보기와 같이 문장을 만드세요. L1-10

보기 ミラーさん・銀行員(ぎんこういん) 밀러 씨 · 은행원

→ ミラーさんは　銀行員じゃ　ありません。 밀러 씨는 은행원이 아닙니다.

스스로 해본 후에 음성을 들으면서 따라하세요.

1) 山田(やまだ)さん・エンジニア →

2) ワットさん・ドイツ人(じん) →

3) タワポンさん・先生(せんせい) →

4) シュミットさん・アメリカ人(じん) →

Answer
1) 山田(やまだ)さんは　エンジニアじゃ　ありません。야마다 씨는 엔지니어가 아닙니다. 2) ワットさんは　ドイツ人(じん)じゃ　ありません。 왓트 씨는 독일인이 아닙니다. 3) タワポンさんは　先生(せんせい)じゃ　ありません。타와퐁 씨는 선생님이 아닙니다.
4) シュミットさんは　アメリカ人(じん)じゃ　ありません。슈미트 씨는 미국인이 아닙니다.

4 제시단어를 보고 의문문으로 만든 후 긍정 · 부정으로 대답하는 연습입니다. 왼쪽 그림을 보고 보기와 같이 만드세요. L1-11

보기
1) ミラーさん・アメリカ人(じん) 밀러 씨 · 미국인
　→ Q：ミラーさんは　アメリカ人(じん)ですか。 밀러 씨는 미국인입니까?
　　A：はい、アメリカ人(じん)です。 네, 미국인입니다.

2) ミラーさん・医者(いしゃ) 밀러 씨 · 의사
　→ Q：ミラーさんは　医者(いしゃ)ですか。 밀러 씨는 의사입니까?
　　A：いいえ、医者(いしゃ)じゃ　ありません。 아니요, 의사가 아닙니다.

스스로 해본 후에 음성을 들으면서 따라하세요.

1) 山田(やまだ)さん・銀行員(ぎんこういん) →

2) ワットさん・フランス人(じん) →

3) タワポンさん・会社員(かいしゃいん) →

4) シュミットさん・エンジニア →

医者(いしゃ) 의사 | フランス人(じん)(France+人) 프랑스인

Answer
1) Q：山田(やまだ)さんは　銀行員(ぎんこういん)ですか。야마다 씨는 은행원입니까?
　A：はい、銀行員です。네, 은행원입니다.
2) Q：ワットさんは　フランス人(じん)ですか。왓트 씨는 프랑스인입니까?
　A：いいえ、フランス人じゃ　ありません。아뇨, 프랑스인이 아닙니다.
3) Q：タワポンさんは　会社員(かいしゃいん)ですか。타와퐁 씨는 회사원입니까?
　A：いいえ、会社員じゃ　ありません。아뇨, 회사원이 아닙니다.
4) Q：シュミットさんは　エンジニアですか。슈미트 씨는 엔지니어입니까?
　A：はい、エンジニアです。네, 엔지니어입니다.

입에 착 붙게 말하기

셀로판지를 이용하여 말하기 연습을 해봅시다.

문제 5 ~ 문제 7 에 해당하는 그림입니다. 직업과 나이를 확인하고 정답을 맞춰보세요!

보기 グプタ(42)

インド

IMC

社員(しゃいん)

1 イー(35)

韓国(かんこく)

AKC

研究者(けんきゅうしゃ)

2 ワン(29)

中国(ちゅうごく)

神戸病院(こうべびょういん)

医者(いしゃ)

3 カリナ(24)

インドネシア

富士大学(ふじだいがく)

学生(がくせい)

4 サントス(39)

ブラジル

ブラジルエアー

社員(しゃいん)

社員(しゃいん) 사원 | 韓国(かんこく) 한국 | AKC 에이케이씨(연구소 이름) | 研究者(けんきゅうしゃ) 연구자 | 中国(ちゅうごく) 중국 | インドネシア(Indonesia) 인도네시아 | 神戸病院(こうべびょういん) 고베병원 | ブラジル(Brazil) 브라질 | ブラジルエアー(Brazil Air) 브라질에어(회사이름)

5 「も」를 이용하여 답하는 연습입니다. 위 그림을 보고 보기와 같이 질문에 답하세요. L1-12

보기

1) ミラーさんは 会社員(かいしゃいん)です。<u>グプタさん</u>も <u>会社員(かいしゃいん)</u>ですか。
밀러 씨는 회사원입니다. 구푸타 씨도 회사원입니까?
→ はい、<u>グプタさん</u>も <u>会社員(かいしゃいん)</u>です。 네, 구푸타 씨도 회사원입니다.

2) ミラーさんは アメリカ人(じん)です。<u>グプタさん</u>も <u>アメリカ人(じん)</u>ですか。
밀러 씨는 미국인입니다. 구푸타 씨도 미국인입니까?
→ いいえ、<u>グプタさん</u>は <u>アメリカ人(じん)</u>じゃ ありません。
아니요, 구푸타 씨는 미국인이 아닙니다.

스스로 해본 후에 음성을 들으면서 따라하세요.

1) 山田(やまだ)さんは 銀行員(ぎんこういん)です。イーさんも 銀行員(ぎんこういん)ですか。→

2) ワットさんは 先生(せんせい)です。ワンさんも 先生(せんせい)ですか。→

3) タワポンさんは 学生(がくせい)です。カリナさんも 学生(がくせい)ですか。→

4) シュミットさんは ドイツ人(じん)です。サントスさんも ドイツ人(じん)ですか。→

Answer 1) いいえ、イーさんは 銀行員(ぎんこういん)じゃ ありません。 2) いいえ、ワンさんは 先生(せんせい)じゃ ありません。
3) はい、カリナさんも 学生(がくせい)です。 4) いいえ、サントスさんは ドイツ人(じん)じゃ ありません。

6 이름과 직업을 말하는 연습입니다. 왼쪽 그림을 보고 보기와 같이 질문과 답변을 만드세요. L1-13

보기
Q：あの 方(かた)は どなたですか。 저 분은 누구십니까?
A：グプタさんです。IMCの 社員(しゃいん)です。 구푸타 씨입니다. IMC의 사원입니다.

스스로 해본 후에 음성을 들으면서 따라하세요.

1) 2) 3) 4)

Answer
1) Q：あの 方(かた)は どなたですか。 A：イーさんです。AKCの 研究者(けんきゅうしゃ)です。
2) Q：あの 方(かた)は どなたですか。 A：ワンさんです。神戸病院(こうべびょういん)の 医者(いしゃ)です。
3) Q：あの 方(かた)は どなたですか。 A：カリナさんです。富士大学(ふじだいがく)の 学生(がくせい)です。
4) Q：あの 方(かた)は どなたですか。 A：サントスさんです。ブラジルエアーの 社員(しゃいん)です。

7 나이를 말하는 연습입니다. 왼쪽 그림을 보고 보기와 같이 문장을 만드세요. L1-14

보기
グプタさんは 42歳(さい)です。 구푸타 씨는 42세입니다.

스스로 해본 후에 음성을 들으면서 따라하세요.

1) 2) 3) 4)

Answer
1) イーさんは 35歳(さんじゅうごさい)です。 2) ワンさんは 29歳(にじゅうきゅうさい)です。
3) カリナさんは 24歳(にじゅうよんさい)です。 4) サントスさんは 39歳(さんじゅうきゅうさい)です。

● 숫자 읽기1 L1-15

1	2	3	4	5	6	7	8	9	10
いち	に	さん	し (よん)	ご	ろく	しち (なな)	はち	きゅう (く)	じゅう
11	12	13	14	15	16	17	18	19	20
じゅういち	じゅうに	じゅうさん	じゅうよん	じゅうご	じゅうろく	じゅうしち	じゅうはち	じゅうきゅう	にじゅう

● 나이 읽기 L1-16

1歳	2歳	3歳	4歳	5歳	6歳	7歳	8歳	9歳	10歳
いっさい	にさい	さんさい	よんさい	ごさい	ろくさい	ななさい	はっさい	きゅうさい	じゅっさい
11歳	12歳	13歳	14歳	15歳	16歳	17歳	18歳	19歳	20歳
じゅう いっさい	じゅう にさい	じゅう さんさい	じゅう よんさい	じゅう ごさい	じゅう ろくさい	じゅう ななさい	じゅう はっさい	じゅう きゅうさい	はたち
30歳	40歳	50歳	60歳	70歳	80歳	90歳	100歳	몇 살?	
さん じゅっさい	よん じゅっさい	ご じゅっさい	ろく じゅっさい	なな じゅっさい	はち じゅっさい	きゅう じゅっさい	ひゃく さい	なんさい おいくつ	

회화랑 친해지기

L1-17

회화 1

● 이름 묻고 답하기

A	失礼(しつれい)ですが、お名前(なまえ)は?	실례지만, 성함은요…?
B	①イー です。	이(아무개)입니다.
A	②リー さんですか。	리(아무개) 씨입니까?
B	いいえ、 ①イー です。	아니요, 이(아무개)입니다.

1) ① サントス　② サンタス　　2) ① ワット　② アット

3) ① タワポン　② タナポン

1) ①산토스 ②산타스　2) ①왓트 ②앗트　3) ①타와퐁 ②타나퐁

1 「失礼(しつれい)」는 '실례'

「しつれい」와 '실례'. 어때요? 발음이 비슷하죠? 이와 같이 한국어와 일본어에는 발음이 비슷한 한자어가 많이 있답니다. 발음에는 몇 가지 규칙이 있는데 「しつれい」와 같이 한국어에서는 'ㄹ' 받침으로 발음되는 것이 일본어에서는 「つ」로 발음되는 경우가 많아요.

	한국어	일본어
예	교실(教室)	きょうしつ(教室)
	연필(鉛筆)	えんぴつ(鉛筆)

2 「~ですが」는 '~입니다만', '~이지만'

「です」에 「が」를 붙여서 「~ですが」라고 하면 '~입니다만', '~지만'이라는 뜻이 됩니다. 조사 「が」가 역접의 뜻도 가지고 있거든요. 그렇다면 '밀러 씨는 회사원이지만, 카리나 씨는 학생입니다'라는 말을 만들어볼까요?
→ミラーさんは 会社員(かいしゃいん)ですが、カリナさんは 学生(がくせい)です。

3 단어 앞에 「お」를 붙이면 높임말이 된다!

「なまえ」란 '이름'이라는 뜻입니다. 「お」는 명사 앞에 붙여서 존경의 의미를 나타내죠. 다시 말해 「おなまえ」는 「なまえ」의 높임말이 됩니다. 한국어로 번역하자면 '성함'에 가깝다고 할까요.
그런데 일본어로 자기소개를 할 때 '내 이름은…'이라는 뜻으로 「わたしの おなまえは…」라고 하는 분이 가끔 계세요. 끼요옷~!!! 안돼요!!! '내 성함은…'이라는 뜻이 되어 버리잖아요. 자기 이름을 높혀서 말하면 공주병 왕자병으로 오해받겠죠? 그냥 「わたしの なまえ」라고 하세요.

4 「イーです」는 '이입니다'?

「イーです」를 직역하면 '이입니다'가 됩니다. 그런데 여러분 생각해 보세요. 남들에게 자기소개를 할 때 '안녕하세요? 저는 김입니다', '아, 그러세요? 저는 박입니다.' 하는 식으로 성만 이야기하시나요? 아니죠. 우리는 보통 '김영희입니다', '박철수입니다'라는 식으로 성과 이름을 다 말하죠. 하지만 일본에서는 성만 말하는 경우가 아주 많답니다. 위 대화에서 '이 아무개씨'도 자신의 이름은 생략하고 성만 얘기하고 있네요.

L1-18

회화 2

●처음 만난 사람에게 자기소개 하기

A はじめまして。①マイク・ミラーです。 처음 뵙겠습니다. 마이크 밀러입니다.

②アメリカから　来(き)ました。 미국에서 왔습니다.

どうぞ　よろしく。 잘 부탁합니다.

B 佐藤(さとう)です。どうぞ　よろしく。 사토입니다. 잘 부탁합니다.

1) ① ホセ・サントス　② ブラジル　2) ① カリナ　② インドネシア
3) ① ワン　② 中国(ちゅうごく)

はじめまして 처음 뵙겠습니다 | から ~에서부터, ~로부터(출발지점을 나타냄) | 来(き)ました 왔습니다 | どうぞ よろしく 잘 부탁합니다

1) ①호세 산토스 ②브라질　2) ①카리나 ②인도네시아　3) ①왕 ②중국

L1-19

회화 3

●다른 사람 소개 하기

A 皆(みな)さん、こちらは　①マイク・ミラーさんです。 여러분, 이쪽(이분)은 마이크 밀러 씨입니다.

B おはよう　ございます。①マイク・ミラーです。 안녕하세요? 마이크 밀러입니다.

②IMCの　社員(しゃいん)です。 IMC의 사원입니다.

どうぞ　よろしく　お願(ねが)いします。 잘 부탁드립니다.

1) ① ホセ・サントス　② ブラジルエアーの　社員(しゃいん)
2) ① ジョン・ワット　② さくら大学(だいがく)の　教師(きょうし)
3) ① カール・シュミット　② パワー電気(でんき)の　エンジニア

こちら 이쪽, 이분 | おはようございます 안녕하세요 | 教師(きょうし) 교사 | パワー電気(でんき) 파워전기(회사이름)

1) ①호세 산토스 ②브라질 에어의 사원　2) ①존 왓트 ②사쿠라 대학의 교사

3) ①칼 슈미트 ②파워전기의 엔지니어

「皆(みな)さん」

「皆(みな)」는 '모두', 「さん」은 '~씨'라는 뜻입니다. 그렇다면 「みなさん」은 '모두씨?' 아이쿠…. 이상한 말이 되었네요. 한국어로 자연스럽게 '여러분'이라고 번역하면 되겠습니다.

회화 고수되기

셀로판지를 이용하여 회화 연습을 해봅시다.

하지 메 마 시 떼
初(はじ)めまして (처음 뵙겠습니다)

L1-20

야마다 씨가 사토 씨에게 밀러 씨를 소개해 주는군요.
처음 만났을 때 나누는 인사말을 익혀봅시다.

佐藤(さとう)　오하요- 고자이마스
おはよう　ございます。

山田(やまだ)　오하요- 고자이마스
おはよう　ございます。

사토- 상 고찌라와 마이크 미라- 상 데스
あ、佐藤(さとう)さん、こちらは　マイク・ミラーさんです。

ミラー　하지메마시떼 마이쿠 미라-데스 아메리카까라 키마시타
初(はじ)めまして。マイク・ミラーです。アメリカから　来(き)ました。

도-조 요로시꾸
どうぞ　よろしく。

佐藤(さとう)　사토-케이꼬데스 도-조 요로시꾸
佐藤(さとう)けい子(こ)です。どうぞ　よろしく。

おはようございます 안녕하세요?(아침인사)
～さん ～씨
こちら 이쪽, 이쪽 분
初(はじ)めまして 처음 뵙겠습니다
アメリカ 아메리카, 미국
来(き)ました 왔습니다
どうぞ よろしく 잘 부탁합니다

사토 : 안녕하세요?
야마다 : 안녕하세요?
아, 사토 씨, 이쪽(분)은 마이크 밀러 씨입니다.
밀러 : 처음 뵙겠습니다.
마이크 밀러입니다. 미국에서 왔습니다.
잘 부탁합니다.
사토 : 사토 게이코입니다. 잘 부탁합니다.

핵심표현 파악하기

① おはよう ございます 안녕하세요?

이 표현은 '안녕하세요?'라는 뜻의 아침인사예요. 원래 의미는 '이르시군요'랍니다. 참고적으로 점심인사는 「こんにちは」, 저녁인사는 「こんばんは」입니다.

② こちら 이쪽, 이쪽 분

원래 방향을 가리키는 말로 '이쪽'이라는 뜻이지만, 사람을 가리킬 때 쓰기도 합니다. '이쪽 분은…'이라는 뜻으로 말이죠.

③ ～さん ~씨

※「～さん」과 '~씨'의 다른점

이름에 「さん」을 붙이는 방법에는 세 가지가 있었죠. 그럼 다음을 한국어로 번역해 보세요.

박철수さん → 박철수 씨　　철수さん → 철수 씨　　박さん → 박 씨???　0..0 허거덩!!!

뭔가 이상하네요. 여러분은 친구를 부를 때 '어이, 박 씨!'라고 부르나요? 아니면 선배들에게 '안녕하세요, 박 씨!'라고 하나요? 아~뇨. 한국어에서는 남을 부를 때 성에 '씨'를 붙여서 '김씨', '이씨'라고 부르는 일이 거의 없습니다. (건설현장 같은 곳에서는 그렇게 부르기도 합니다만...) 더욱이 선배에게 '박 씨'라뇨???!!! 이게 말이나 되는 소립니까??? 그런데 일본어에서 「성+さん」의 형태, 즉 「박さん」은 아주 일반적인 표현입니다. 한국어의 '박 씨'와는 완전히 어감이 다르죠. 그러므로 일본어의 「박さん」을 한국어로 직역하여 '박 씨'라고 하면 안되겠네요. 그럼 일본어의 「박さん」과 가장 의미가 비슷한 한국어 표현은 무엇일까요? 격식을 갖추면서도 어색하지 않은 표현... 아무래도 '박철수 씨'가 가장 비슷할 것 같네요.

(정리) 사람의 이름을 부를 때, 「～さん」과 '~씨' 이렇게 다르다!

さん	씨
「성+さん」의 형태로 많이 사용 예 やまださん、きむらさん 등	「성+씨」의 형태로 많이 사용하지 않음 예 '박 씨, 김 씨'라고 부르는 용례 적음
윗사람에게 써도 결례가 아님 다만 「이름+さん」은 친한 사이에만 사용	윗사람에게 쓰면 결례 예 '박철수 씨', '철수 씨' 등

④ ～から 来(き)ました ~에서 왔습니다.

「～から」는 '~에서부터 · ~로부터'라는 뜻으로 출발지점을 나타냅니다. 「来(き)ました」는 '왔습니다'라는 뜻의 동사인데 여기서는 그 의미만 기억해 주세요. 동사에 관한 자세한 내용은 4과에서 공부하겠습니다.

⑤ どうぞ よろしく 잘 부탁합니다.

「どうぞ」는 '부디', 「よろしく」는 '잘'이라는 뜻입니다. 그렇다면 「どうぞ よろしく」는 '부디 잘…'???이라는 뜻이네요. 부디 잘 어쩌란 말일까요??? 뒤에 어떤 말이 생략된 것인데 눈치채셨나요? 그렇죠. '부탁드립니다'라는 의미의 「お願(ねが)いします」가 생략된 것입니다. 그런데 참 이상하네요. 「どうぞ よろしく お願(ねが)いします」라는 말 중에서 가장 핵심이 되는 말은 「お願(ねが)いします(부탁드립니다)」인데 가장 핵심되는 말을 확! 생략해 버리다니…. 일본인들의 언어습관 참 재미있죠? 여기서 질문! 여러분이 생각하기에 「どうぞ よろしく」와 「どうぞ よろしく お願(ねが)いします」중에서 어느 쪽이 더 정중한 표현일 것 같나요? 왠지 길게 말하는 게 더 정중한 표현일 것 같다고요? 맞습니다! 「どうぞ よろしく お願(ねが)いします」가 더 정중한 표현입니다.

도전 듣기 · 쓰기

1 질문을 듣고 자기의 상황에 맞게 자유롭게 답하세요.

L1-21

보기 いいえ、〔わたしは〕 先生(せんせい)じゃ ありません。 아니요, [나는] 선생님이 아닙니다.

1) ______________________

2) ______________________

3) ______________________

4) ______________________

5) ______________________

2 대화를 듣고 알맞은 그림을 고르세요.

L1-22

보기

1

2

3 대화를 듣고 제시문에 맞으면 ○, 틀리면 ×표를 하세요.

L1-23

보기 1) (×) 2) (○)

1) ( ) 2) ( ) 3) ( )

4 보기와 같이 알맞은 단어를 (　　) 안에 넣으세요.

> 보기　あなたは　(　学生[がくせい]　)ですか。→ はい、学生[がくせい]です。 당신은 학생입니까? → 네, 학생입니다.

1) あなたは　(　　　　　)ですか。→ はい、 わたしは　ミラーです。

2) ミラーさんは　(　　　　　)ですか。→ はい、 アメリカ人[じん]です。

3) ワットさんも　(　　　　　)ですか。→ いいえ、 アメリカ人[じん]じゃ　ありません。
イギリス人[じん]です。

4) あの　方[かた]は　(　　　　　)ですか。→ サントスさんです。

5) テレサちゃんは　(　　　　　)ですか。→ 9歳[さい]です。

5 보기와 같이 알맞은 단어를 (　　) 안에 넣으세요.

> 보기　わたし(　は　)　ミラーです。 나는 밀러입니다.

1) ワンさん(　　　)　医者[いしゃ]です。

2) カリナさん(　　　)　先生[せんせい]です(　　　)。→ いいえ、先生[せんせい]じゃ　ありません。

3) ミラーさんは　IMC(　　　)　社員[しゃいん]です。

4) ミラーさんは　会社員[かいしゃいん]です。サントスさん(　　　)　会社員[かいしゃいん]です。

6 본인의 상황에 맞게 문장을 완성하세요.

初[はじ]めまして。

わたしは ________________________ です。

________________________ から　来[き]ました。

どうぞ　よろしく。

Lesson 2

물건을 가리키며 명칭을 말해 봅시다.
또 그 물건의 주인이 누구인지 말해 봅시다.

중요단어 파악하기

これ(고레) 이것	この~(고노) 이~
それ(소레) 그것	その~(소노) 그~
あれ(아레) 저것	あの~(아노) 저~
どれ(도레) 어느 것	どの~(도노) 어느~
~の(노) ~의/~의 것	

눈도장 콱 찍기 L2-1

1 これは 辞書です。
고레와 지쇼데스
① ②
①이것은 ②사전입니다.

2 これは コンピューターの 本です。
고레와 콤퓨-타-노 홍데스
① ② ③
①이것은 ②컴퓨터(의) ③책입니다.

3 それは わたしの 傘です。
소레와 와따시노 카사데스
① ② ③
①그것은 ②나의 ③우산입니다.

4 この 傘は わたしのです。
고노 카사와 와따시노데스
① ② ③
①이 ②우산은 ③나의 것입니다.

문형 꼭꼭 익히기

1 이것은 ~입니다

고레와 데스
これは ~です。

「これ」는 '이것'이란 뜻으로 말하는 사람에게 가까이 있는 것을 가리킬 때 씁니다.

L2-2

음성을 들으면서 따라하세요.

고레와 これは	지쇼 じしょ 신붕 しんぶん 메이시 めいし	데스 です。
	난 なん	데스까 ですか。

じしょ
辞書 사전　しんぶん 新聞 신문
めいし
名刺 명함　なん 何 무엇

이것은 [사전 / 신문 / 명함]입니다. // 이것은 무엇입니까?

기억하세요! 지시대명사「こ・そ・あ・ど」

- これ – 이것 (말하는 사람에게 가까이 있는 것을 가리킬 때)
- それ – 그것 (듣는 사람에게 가까이 있는 것을 가리킬 때)
- あれ – 저것 (말하는 사람과 듣는 사람 모두에게서 멀리 있는 물건을 가리킬 때)
- どれ – 어느 것

2 그것은 ~입니까, ~입니까?

소레와 데스까 데스까
それは ~ですか、~ですか。

「それ」는 '그것'이란 뜻으로 듣는 사람에게 가까이 있는 것을 가리킬 때 씁니다.

L2-3

음성을 들으면서 따라하세요.

소레와 それは	보-루펜 ボールペン 이찌 「1」 아 「あ」	데스까 ですか、	샤-프펜시루 シャープペンシル 나나 「7」 오 「お」	데스까 ですか。

ボールペン(ball pen) 볼펜
シャープペンシル (sharp+pencil : 일본에서 만든 단어) 샤프

그것은 [볼펜 / 1 / あ] 입니까, [샤프 / 7 / お] 입니까?

3 이것은 ~책입니다

고레와 노 홍데스
これは ～の 本(ほん)です。

「の」가 '~의'라는 뜻으로 '소재, 소속' 등을 나타내는 용례는 이미 1과에서 공부했습니다. 예를 들어 '후지대학(의) 학생'은 「ふじ大学(だいがく)の学生(がくせい)」라고 했었죠. 2과에서는 '종류, 성질'을 나타내는 용례에 대해 공부하겠습니다. 한국어에서는 앞의 명사가 뒤의 명사의 종류나 성질을 나타내는 경우 '~의'라는 조사를 쓰지 않습니다. 하지만 일본어의 경우는 「の」라는 조사를 써야 한답니다. 다음과 같이 말이죠.

일본어 책
↳ 日本語(にほんご)の 本(ほん)

일본어 선생님
↳ 日本語の 先生(せんせい)

일본인 학생
↳ 日本人(にほんじん)の 学生(がくせい)

그리고 '무슨 책?'이냐고 책의 종류나 성질을 묻고 싶을 때가 있죠? 그럴 때 '무슨'에 해당하는 말이 「なんの」랍니다. 그러니까 '무슨 책?'이라는 말은 「なんの 本(ほん)」이 되겠군요.

L2-4

음성을 들으면서 따라하세요.

고레와 これは	지도-샤 じどうしゃ 콤퓨-타- コンピューター 니홍고 にほんご	노 の	홍데스 本(ほん)です。
	난 なん		홍데스까 本ですか。

이것은 [자동차 / 컴퓨터 / 일본어] 책입니다. // 이것은 무슨 책입니까?

自動車(じどうしゃ) 자동차　本(ほん) 책

コンピューター(computer) 컴퓨터

日本語(にほんご) 일본어

「これ・それ・あれ」를 그림을 이용하여 봅시다.

これ 이것
↳ 나(말하는 사람)에게 가까울 때

それ 그것
↳ 상대(듣는 사람)에게 가까울 때

あれ 저것
↳ 나와 상대 모두에게 멀 때

문형 꼭꼭 익히기

4 저것은 ~의 책상입니다.

아레와 노 츠꾸에 데스
あれは ～の 机(つくえ) です。

「あれ」는 '저것'이란 뜻으로 말하는 사람과 듣는 사람 모두에게 멀리 있는 것을 가리킬 때 씁니다. 여기서 「の」는 '소유'를 나타내는 용법으로 '~의'로 해석합니다. 이 정도는 문제 없으시죠?

L2-5

음성을 들으면서 따라하세요.

아레와 あれは	와따시 わたし 사토-상 さとうさん 센세- せんせい	노 の	츠꾸에데스 机(つくえ)です。
	다레 だれ		츠꾸에데스까 机ですか。

저것은 [나 / 사토 씨 / 선생님]의 책상입니다. // 저것은 누구의 책상입니까?

机(つくえ) 책상
佐藤(さとう)さん 사토 씨
先生(せんせい) 선생님　誰(だれ) 누구

5 저것은 ~의 것입니다.

あれは ～のです。

「の」에는 '~의 것'이라는 소유의 의미도 있습니다. 한국어의 '의'에는 없는 용법이라서 조금 낯설지만 일본어에서는 아주 많이 쓰니까 꼭 기억해 주세요.

예 나의 것 → わたしの　　선생님의 것 → せんせいの　　누구 것 → だれの

L2-6

음성을 들으면서 따라하세요.

아레와 あれは	와따시 わたし 사토-상 さとうさん 센세- せんせい	노데스 のです。
	다레 だれ	노데스까 のですか。

저것은 [나 / 사토 씨 / 선생님]의 것입니다. // 저것은 누구의 것입니까?

6 이 ~은 내 것입니다.

고노　　와　　와따시노데스
この ～は わたしのです。

L2-7

음성을 들으면서 따라하세요.

고노 この	테쵸- てちょう 카기 かぎ 가방 かばん	와 は	와따시노데스 わたしのです。

手帳(てちょう) 수첩　鍵(かぎ) 열쇠
かばん 가방

이 [수첩 / 열쇠 / 가방]은 내 것입니다.

지금까지 배운 「の」의 용례를 정리하면 다음과 같습니다.

L2-8

〈「の」의 쓰임새〉

한국어	의미	용례	
~의	소유	私(わたし)の 本(ほん)	나의 책
		先生(せんせい)の 本(ほん)	선생님의 책
(~의)	소속	ふじ大学(だいがく)の 学生(がくせい)	후지대학(의) 학생
	소재	IMCの 社員(しゃいん)	IMC의 사원
·	종류	日本語(にほんご)の 本(ほん)	일본어 책
	성질	日本語の 先生(せんせい)	일본어 선생님
~의 것	소유	私のです	나의 것입니다
		先生のです	선생님의 것입니다

입에 착 붙게 말하기

셀로판지를 이용하여 말하기 연습을 해봅시다.

1 남자가 여자에게 무언가 이야기를 하고 있네요. 잘 보고 「これ・それ・あれ」를 구분하여 문장을 만드세요. L2-9

보기
1) これは 雑誌(ざっし)です。 이것은 잡지입니다.
2) それは ノートです。 그것은 노트입니다.
3) あれは 辞書(じしょ)です。 저것은 사전입니다.

스스로 해본 후에 음성을 들으면서 따라하세요.

1) 　　　　2) 　　　　3)

雑誌(ざっし) 잡지 | ノート 노트 | 辞書(じしょ) 사전 | かばん 가방 | 鍵(かぎ) 열쇠 | テレビ 텔레비전

Answer 1) それは かばんです。 2) これは かぎです。 3) あれは テレビです。

문제 2 ~ 문제 3 에 해당하는 그림입니다.

2 내 앞에 어떤 물건이 놓여 있네요. 그 물건의 명칭을 묻고 답하는 연습입니다. 내 앞에 있는 물건이니까 「これ」를 써야겠군요. 보기와 같이 묻고 대답해보세요. L2-10

보기
1) 本(ほん) → Q : これは 本(ほん)ですか。 이것은 책입니까?
　　　　A : はい、そうです。本(ほん)です。 네, 그렇습니다. 책입니다.
2) 手帳(てちょう) → Q : これは 手帳(てちょう)ですか。 이것은 수첩입니까?
　　　　A : いいえ、そうじゃ ありません。本(ほん)です。 아니요, 그렇지 않습니다. 책입니다.

스스로 해본 후에 음성을 들으면서 따라하세요.

1) 時計(とけい)　　2) ラジオ　　3) ボールペン　　4) いす

本 책 | 手帳 수첩 | 時計 시계 | ラジオ 라디오 | カメラ 카메라 | いす 의자

Answer

1) Q：これは 時計ですか。 A：はい、そうです。時計です。
2) Q：これは ラジオですか。 A：いいえ、そうじゃ ありません。カメラです。
3) Q：これは ボールペンですか。 A：いいえ、そうじゃ ありません。シャープペンシルです。
4) Q：これは いすですか。 A：はい、そうです。いすです。

3 나와 상대방 모두에게 멀리 떨어진 곳에 어떤 물건이 있네요. 「これ・それ・あれ」 중 어느 것을 써야 할까요? 네, 「あれ」를 써야겠죠? L2-11

보기
Q：あれは 何ですか。 저것은 무엇입니까?
A：本です。 책입니다.

스스로 해본 후에 음성을 들으면서 따라하세요.

1) 2) 3) 4)

Answer

1) Q：あれは 何ですか。 A：時計です。
2) Q：あれは 何ですか。 A：カメラです。
3) Q：あれは 何ですか。 A：シャープペンシルです。
4) Q：あれは 何ですか。 A：いすです。

4 주어진 단어를 이용하여 묻고 대답하는 연습입니다. 보기와 같이 문장을 만드세요. L2-12

보기
シャープペンシル・ボールペン（ボールペン）→
Q：これは シャープペンシルですか、ボールペンですか。 이것은 샤프입니까, 볼펜입니까?
A：ボールペンです。 볼펜입니다.

스스로 해본 후에 음성을 들으면서 따라하세요.

1) 本・雑誌（本）→
2) 「い」・「り」（「り」）→
3) 「1」・「7」（「7」）→
4) 「シ」・「ツ」（「シ」）→

Answer

1) Q：これは 本ですか、雑誌ですか。 A：本です。
2) Q：これは 「い」ですか、「り」ですか。 A：「り」です。
3) Q：これは 「1」ですか、「7」ですか。 A：「7」です。
4) Q：これは 「シ」ですか、「ツ」ですか。 A：「シ」です。

입에 착 붙게 말하기

셀로판지를 이용하여 말하기 연습을 해봅시다.

5 물건의 '종류 · 성질'을 나타내는「の」연습입니다. 무슨 책인지 무슨 테이프인지 묻고 답해 보세요. L2-13

보기

1

2
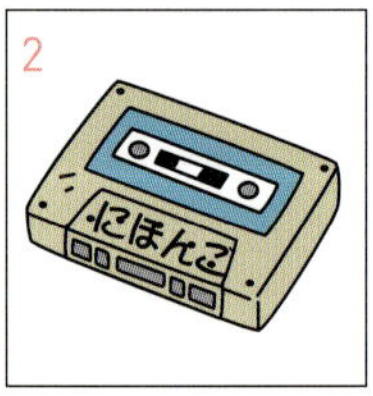

3

4

보기 雑誌(ざっし) → Q：それは　何(なん)の　雑誌(ざっし)ですか。 그것은 무슨 잡지입니까?
A：コンピューターの　雑誌(ざっし)です。 컴퓨터 잡지입니다.

스스로 해본 후에 음성을 들으면서 따라하세요.

1) 本(ほん)　　2) テープ　　3) 雑誌(ざっし)　　4) 本(ほん)

Answer
1) Q：それは　何(なん)の　本(ほん)ですか。　A：車(くるま)（自動車(じどうしゃ)）の　本(ほん)です。
2) Q：それは　何(なん)の　テープですか。　A：日本語(にほんご)の　テープです。
3) Q：それは　何(なん)の　雑誌(ざっし)ですか。　A：カメラの　雑誌(ざっし)です。
4) Q：それは　何(なん)の　本(ほん)ですか。　A：日本語(にほんご)の　本(ほん)です。

문제 6 ~ 문제 8에 해당하는 그림입니다.

보기

1

2

3
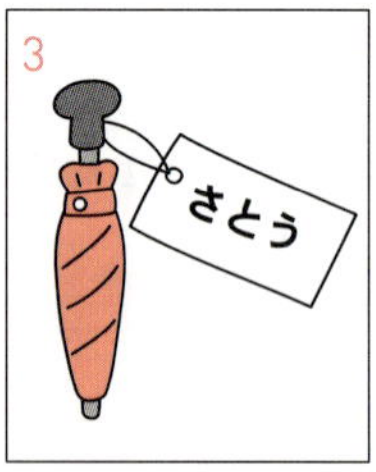

4

6 소유의「の」를 연습하는 문제입니다. 누구의 물건인지 묻고 답하세요. L2-14

보기 Q：これは　だれの　ノートですか。 이것은 누구의 노트입니까?
A：カリナさんの　ノートです。 카리나 씨의 노트입니다.

스스로 해본 후에 음성을 들으면서 따라하세요.

1)　　2)　　3)　　4)

Answer
1) Q：これは　だれの　机(つくえ)ですか。　A：やまださんの　机(つくえ)です。
2) Q：これは　だれの　カメラですか。　A：サントスさんの　カメラです。
3) Q：これは　だれの　かさですか。　A：佐藤(さとう)さんの　かさです。
4) Q：これは　だれの　手帳(てちょう)ですか。　A：ミラーさんの　手帳(てちょう)です。

7 「の」에는 '~의 것' 이라는 의미도 있었죠? 왼쪽 아래의 그림을 보고 보기와 같이 묻고 답하세요. L2-15

보기
1) カリナさん → Q：この　ノートは　カリナさんのですか。 이 노트는 카리나 씨의 것입니까?
A：はい、カリナさんのです。 네, 카리나 씨 것입니다.

2) ミラーさん → Q：この　ノートは　ミラーさんのですか。 이 노트는 밀러 씨의 것입니까?
A：いいえ、ミラーさんのじゃ　ありません。 아니요, 밀러 씨의 것이 아닙니다.

1) ワンさん
2) サントスさん
3) 佐藤(さとう)さん
4) ワットさん

Answer
1) Q：この　机(つくえ)は　ワンさんのですか。 A：いいえ、ワンさんのじゃ　ありません。
2) Q：この　カメラは　サントスさんのですか。 A：はい、サントスさんのです。
3) Q：この　かさは　佐藤(さとう)さんのですか。 A：はい、佐藤(さとう)さんのです。
4) Q：この　手帳(てちょう)は　ワットさんのですか。 A：いいえ、ワットさんのじゃ　ありません。

8 물건의 소유자를 말하는 연습입니다. 왼쪽 그림을 보고 보기와 같이 질문을 만들고 답하세요. L2-16

보기
Q：この　ノートは　だれのですか。 이 노트는 누구의 것입니까?
A：カリナさんのです。 카리나 씨의 것입니다.

1)
2)
3)
4)

Answer
1) Q：この　机(つくえ)は　だれのですか。 A：やまださんのです。
2) Q：この　カメラは　だれのですか。 A：サントスさんのです。
3) Q：この　かさは　だれのですか。 A：佐藤(さとう)さんのです。
4) Q：この　手帳(てちょう)は　だれのですか。 A：ミラーさんのです。

회화랑 친해지기

L2-17

회화 1

● 상대방 앞에 놓여있는 물건을 가리키며 무엇인지 물어보기

A それは 何(なん)ですか。 그것은 무엇입니까?

B ①テープ です。 테이프입니다.

A 何(なん)の ①テープ ですか。 무슨 테이프입니까?

B ②英語(えいご)の テープ です。 영어 테이프입니다.

A そうですか。 그렇습니까.

1) ① カード ② テレホンカード 2) ① 雑誌(ざっし) ② 自動車(じどうしゃ)の 雑誌(ざっし)

3) ① 本(ほん) ② コンピューターの 本(ほん)

英語(えいご) 영어 | テレホンカード(telephone car d → 일본에서 만든 단어) 전화카드

1) ①카드 ②전화카드 2) ①잡지 ②자동차 잡지 3) ①책 ②컴퓨터 책

L2-18

회화 2

● 소유의「の」연습하기

A この 傘(かさ)は あなたのですか。 이 우산은 당신 것입니까?

B いいえ、違(ちが)います。シュミットさんのです。 아니요, 그렇지 않습니다. 슈미트 씨 것입니다.

A そうですか。 그렇습니까.

1) かぎ 2) かばん 3) 鉛筆(えんぴつ)

1) 열쇠 2) 가방 3) 연필

「違(ちが)います」는 '틀립니다, 다릅니다'라는 뜻이지만 직역하면 어색한 경우가 많습니다. 위의 예문에서도 '아니요, 틀립니다', '아니요, 다릅니다'라고 번역하면 좀 어색하죠? 이럴 때는 '아니요, 그렇지 않습니다'라고 번역하는 것이 무난하겠네요.

L2-19

회화 3

●선물을 드릴 때 쓰는 표현

A	あのう、これ、ほんの 気持(きも)ちです。	저… 이거 그냥 제 성의입니다.
B	どうも…。何(なん)ですか。	고맙습니다. 무엇입니까?
A	コーヒー です。どうぞ。	커피예요. 드셔보세요.
B	あ、どうも ありがとうございます。	정말 고맙습니다.

1) チョコレート　　2) ボールペン　　3) テレホンカード

コーヒー(coffee) 커피 | チョコレート(chocolate) 초콜릿

1) 초콜릿　2) 볼펜　3) 전화카드

「ほんの 気持(きも)ちです」 그냥 제 성의입니다

「ほんの 気持(きも)ちです」라는 말은 남에게 선물을 줄 때 쓰는 말입니다. 「ほんの」의 원래 뜻은 '작다, 적다, 보잘 것 없다', 「気持(きも)ち」는 '기분, 마음'이라는 뜻이죠. 그래서 「ほんの 気持(きも)ちです」를 직역하면 '작은 마음뿐입니다'가 됩니다. '그저 마음뿐인 아주 보잘 것 없는 선물입니다'라는 의미로 자신의 선물을 겸손하게 표현하는 거죠. 한국에서도 '그냥 제 성의입니다', '그냥 제 마음의 표시입니다'라고 말하면서 선물을 건네곤 하죠. 겸손한 표현을 좋아하는 것은 일본이나 한국이나 마찬가지인가 봅니다.

どうも = 아무래도 = 고맙습니다 ??? 「どうも」의 놀라운 변천사!!!

「どうも」는 원래 '아무래도'라는 뜻입니다. '아무래도 이상해' '아무래도 이해가 안돼'라고 말할 때 쓰는 바로 그 '아무래도'라는 거죠. 그런데 이 말이 어쩌다가 '고맙습니다'가 되었을까요??? 놀랍고도 신비로운 「どうも」의 놀라운 변천사, 지금부터 살펴보시죠.

「どうも」의 변천사를 이해하려면 「ありがとうございます」의 의미부터 살펴봐야 합니다. 「ありがとうございます」의 원래 의미는 '있기 어렵습니다'라는 뜻입니다. 뭐가 있기 어렵다는 뜻이냐?

당신이 베풀어준 그 은혜가 있기 어렵다는 뜻이죠. 그러니까 일본사람들은 남에게 고마움의 마음을 표현할 때 '있기 어렵습니다' '있기 어렵습니다'라고 말하고 있는 셈이죠.

그런데 그 말 앞에 「どうも」를 붙여서 「どうも ありがとうございます」라고 하면 '아무래도 있기 어렵습니다'라는 의미가 됩니다. 당신이 베풀어주신 그 은혜는 아무래도 이 세상에 있기 어렵습니다, 정말 보기 드문 일입니다, 즉, '대단히 감사합니다', '정말 고맙습니다' 라는 뜻이 되는 겁니다.

どうも ありがとうございます = 당신이 베풀어주신 그 은혜는 아무래도 있기 어렵습니다
= 대단히 감사합니다, 정말 고맙습니다

「どうも」는 「どうも ありがとうございます」에서 「ありがとうございます」를 확! 빼버린 간략한 표현으로 가벼운 감사의 인사말입니다. 윗사람에게는 사용해선 안되겠죠. 어쨌거나 저쨌거나 일본사람들은 감사의 인사말로 '아무래도', '아무래도'라고 외치고 있는 겁니다. 재밌죠?

참, 이 참에 고맙다는 말을 가장 정중한 순서대로 나열해 보겠습니다.

どうも ありがとうございます →	ありがとうございます →	どうも →	ありがとう
대단히 감사합니다 정말 고맙습니다	감사합니다 고맙습니다	감사합니다 고맙습니다 고마워요 (동년배나 아랫사람에게 쓰지만 완전한 반말은 아니다)	고마워 (친구사이나 아랫사람에게 쓰는 반말)

회화 고수되기

■ 셀로판지를 이용하여 회화 연습을 해봅시다.

혼 노 기모치데스
ほんの 気持(きも)ちです (그냥 제 성의입니다.)

L2-20

일본인에게 선물을 줄 때, 그리고 받을 때 뭐라고 말하면서 주는 게 좋을까요? 품위있는 인사말을 익혀봅시다.

01 山田一郎(やまだいちろう)
하이 도나타데스까
はい。どなたですか。

サントス
욘제로하찌 노 산토스데스
408(よんぜろはち)の サントスです。

02 サントス
곤니찌와 산토스데스
こんにちは。サントスです。

고레까라 오세와니 나리마스
これから お世話(せわ)に なります。

도－조 요로시꾸 오네가이시마스
どうぞ よろしく お願(ねが)いします。

山田(やまだ)
고찌라코소 요로시꾸
こちらこそ よろしく。

サントス
아노－ 고레 혼노 기모치데스
あのう、これ、ほんの 気持(きも)ちです。

山田(やまだ)
아 도－모 난데스까
あ、どうも……。何(なん)ですか。

サントス
코－히－데스 도－조
コーヒーです。どうぞ。

山田(やまだ)
도－모 아리가또－고자이마스
どうも ありがとうございます。

ほんの 気持(きも)ちです 그냥 제 성의입니다
どなた 어느 분.「だれ」의 높임말
こんにちは 안녕하세요?(낮인사)
これから 앞으로, 이제부터
お世話(せわ)に なります 신세지게 됐습니다
お願(ねが)いします 부탁드립니다
こちらこそ 이쪽이야말로, 저야말로(こちら 이쪽 こそ ~야말로)
何(なん) 무엇
コーヒー 커피
どうも ①정말, 대단히(どうも ありがとうございます라고 하는 경우) ②고맙습니다(どうも만 쓰는 경우)
ありがとう ございます 고맙습니다

01

야마다 이치로 : 네. 누구세요?
산토스 : 408호의 산토스입니다.

02

산토스 : 안녕하세요? 산토스입니다.
앞으로 신세지게 됐습니다.
잘 부탁드립니다.
야마다 : 저야말로 잘 부탁드립니다.
산토스 : 저, 이거 그냥 제 성의입니다.
야마다 : 아, 고맙습니다…. 뭔가요?
산토스 : 커피입니다. 드셔 보세요.
야마다 : 정말 고맙습니다.

핵심표현 파악하기

① 408の サントスです 408호의 산토스입니다.

「の」가 '소재, 소속' 을 나타낸다는 것, 이제는 다 아시죠? 회화문에서는 산토스가 새로 이사를 와서 옆집에 인사하러 온 것 같아요. 그러니까 '408호에 사는 산토스입니다', '408호로 이사 온 산토스입니다' 라는 의미로 쓰인 것으로 보면 되겠습니다.

② これから お世話(せわ)に なります 앞으로 신세지게 됐습니다.

「から」는 '~부터' 라는 뜻입니다. 그렇다면 「これから」는 '이것부터'? Oh, No~! '이제부터, 앞으로' 라는 뜻이랍니다.

「お世話(せわ)」의 원래 뜻은 '보살핌' 으로 「お世話(せわ)に なります」를 직역하면 '보살핌을 받겠습니다' 라는 뜻이 됩니다. 하지만 '앞으로 보살핌을 받겠습니다' 라고 직역하면 좀 어색하죠? '앞으로 신세지게 됐습니다' 정도로 번역하면 될 것 같습니다.

그런데 여러분은 이웃집에 인사하러 가서 '앞으로 신세지게 됐습니다' 라고 말하나요? 글쎄요… 굳이 '신세' 라는 말을 사용하지는 않죠. 한국어에서 '신세' 란 말은 뭔가 큰 도움을 받는 경우에 사용하는 말이잖아요. 하지만 일본에서는 큰 도움을 받지 않더라도 「お世話(せわ)に なります」라는 말을 많이 씁니다. 아주 작은 도움을 받는 것도 남에게 신세를 지는 것이라고 생각하거든요.

③ こちらこそ よろしく 저야말로 잘 부탁드립니다.

「こちら」는 '이쪽', 「こそ」는 '~야말로' 라는 뜻입니다. 그러니까 「こちらこそ よろしく」를 직역하면 '이쪽이야말로 잘' 이 됩니다. 하지만 「よろしく」 뒤에 「お願(ねが)いします」가 생략되어 있습니다. 즉 「よろしく」라고만 해도 '잘 부탁드립니다' 라는 뜻이 되는 것이죠. 「どうぞ よろしく お願(ねが)いします」라는 말은 1과에서 배웠죠? '부디 잘 부탁드립니다' 라는 뜻인데 그에 대한 대답으로 「こちらこそ よろしく」라고 하시면 됩니다. 물론 더 정중하게 말하고 싶다면 「お願(ねが)いします」를 붙여서 「こちらこそ よろしく お願(ねが)いします」라고 하면 되죠.

④ あのう 저…

「あの」가 '저~' 라는 뜻이라는 건 다 아시죠? 「あの人(ひと)」라고 하면 '저 사람' 이란 뜻이잖아요. 그런데 「あの」가 단독으로도 쓰인답니다. 무슨 말을 꺼낼 때 또는 남을 부르거나 주의를 환기시킬 때 '저…', '저기요…' 라는 의미로 쓰이는 거죠. 「あの」라고 짧게 말하기도 하지만 「あのう」라고 길게 말하기도 합니다. 이 때 「あのう」는 [아노우]가 아니라 [아노-]라고 [노]를 길게 발음하면 됩니다.

⑤ どうぞ 드셔 보세요.

남에게 무언가를 권할 때는 언제나 「どうぞ」!

일본어의 「どうぞ」는 아주 쓸모가 많은 표현입니다. 남에게 무언가를 권할 때는 언제든지 쓸 수 있거든요. 예를 들어 남에게 선물을 권하며, '자, 받아주세요' 라고 말하고 싶을 때도 「**どうぞ**」.

음식을 권하며 '맛있게 드세요' 라고 말하고 싶을 때도 「**どうぞ**」.

엘리베이터나 자가용 앞에서 '먼저 타세요' 라고 말하고 싶을 때도 「**どうぞ**」.

경복궁에 놀러갔더니 나의 아름다운 한복 자태에 반한 일본인이 '오! 너무나 아름다우십니다. 사진 좀 찍어도 되겠습니까?' 라고 물었을 때 '오호호~, 네, 찍으세요' 라고 말하고 싶을 때도 「**どうぞ**」 라고 하면 된다는 거죠.

도전 듣기 · 쓰기

1 L2-21

그림을 보고 질문에 답하세요.

1

2

3

4

5

1) ______________________________

2) ______________________________

3) ______________________________

4) ______________________________

5) ______________________________

2 L2-22

그림을 보고 질문에 맞는 것을 고르세요.

1

1

2

3

2

1

2

3

3 L2-23

대화를 듣고 제시문에 맞으면 ○, 틀리면 ×표를 하세요.

1) (　　　)　　2) (　　　)　　3) (　　　)

4

주어진 단어 중 문맥상 가장 적당한 것을 골라 ○ 표시를 하세요.

보기 それは(だれ、何(なん)、本(ほん))ですか。→ 本(ほん)です。 그것은 무엇입니까? → 책입니다.

1) ミラーさんは (どなた、何歳(なんさい)、何(なん))ですか。→ 28歳(さい)です。

2) ワンさんは (だれ、先生(せんせい)、何(なん))ですか。→ いいえ、違(ちが)います。

3) それは (イーさん、だれ、何(なん))の 雑誌(ざっし)ですか。→ カメラの 雑誌(ざっし)です。

4) これは (わたし、あなた、あの 人(ひと))のですか。→ はい、わたしのです。

5

남자가 여자에게 무언가 이야기하고 있네요. 다음 그림을 보고 보기와 같이 「これ · それ · あれ」 중 가장 적당한 말을 넣으세요.

보기 (これ) は かぎです。 이것은 열쇠입니다.

1) (　　　)は ラジオです。

2) (　　　)は コンピューターです。

3) (　　　)は 辞書(じしょ)です。

도전 듣기 · 쓰기

6 답변을 보고 보기와 같이 빈칸에 알맞은 말을 넣으시오.

보기 あの 人(ひと)は （ だれ ）ですか。→ ミラーさんです。 저 사람은 누구입니까? → 밀러 씨입니다.

1) これは （　　　　）ですか。→ はい、新聞(しんぶん)です。

2) それは （　　　　）ですか。→ テレホンカードです。

3) それは （　　　　）の テープですか。→ 韓国語(かんこくご)の テープです。

4) これは （　　　　）の 鉛筆(えんぴつ)ですか。→ 木村(きむら)さんの 鉛筆(えんぴつ)です。

7 보기와 같이 주어진 단어를 이용하여 문장을 완성하세요.

보기 は／本(ほん)／です／これ → これは 本(ほん)です。 이것은 책입니다.

1) です／それ／は／の／わたし／かぎ

→ ____________________

2) の／です／ミラーさん／辞書(じしょ)／は／この

→ ____________________

3) だれ／その／の／か／傘(かさ)／です／は

→ ____________________

4) あれ ／です／先生(せんせい)／ 机(つくえ) ／の／は

→ ____________________

8 **보기와 같이 빈칸에 알맞는 말을 넣으세요.**

보기
山(やま)　田(だ)：はい。どなたですか。네. 누구십니까?
サントス：408の　(サントスです)。408호의 산토스입니다.

1) サントス：これから　(　　　　　　　　　　　　)。
　　　　　　どうぞ　よろしく。
　山(やま)　田(だ)：こちらこそ　よろしく。

2) サントス：あのう、これ、(　　　　　　　　　)。(　　　　　　　　)。
　山(やま)　田(だ)：どうも……。何(なん)ですか。
　サントス：コーヒーです。
　山(やま)　田(だ)：(　　　　　　　　　　　　　　)。

Lesson 3

장소를 물어봅시다. 그리고 가격을 물어보고 물건도 사봅시다.

중요단어 파악하기

ここ(고꼬) 여기	こちら(고찌라) 이 쪽
そこ(소꼬) 거기	そちら(소찌라) 그 쪽
あそこ(아소꼬) 저기	あちら(아찌라) 저 쪽
どこ(도꼬) 어디	どちら(도찌라) 어느 쪽

눈도장 콱 찍기 L3-1

고 꼬 와　　쇼꾸도- 데 스

1　ここは　食堂です。

①　　②

①여기는　②식당입니다.

뎅 와 와　　아 소 꼬 데 스

2　電話は　あそこです。

①　　②

①전화는　②저기 있습니다.

문형 꼭꼭 익히기

1 여기는 ~입니다

고꼬와　데스
ここは　~です

ここ 여기 (말하는 사람에게 가까운 곳)

L3-2

음성을 들으면서 따라하세요.

고꼬와 ここは	쿄-시쯔 きょうしつ 다이가꾸 だいがく 히로시마 ひろしま	데스 です。

きょうしつ
教室 교실

여기는 [교실 / 대학교 / 히로시마] 입니다.

ひろしま
広島 히로시마(일본의 도시명. 19세기말부터 군사도시로 성장, 군사본부가 있었던 탓에 1945년 원폭투하를 당함. 현재 일본 서중부지방 경제 문화의 중심지)

2 ~는 (여기/거기/저기) 입니다

와 고꼬 소꼬 아소꼬 데스
~は (ここ／そこ／あそこ)です

기억하세요!「こ・そ・あ・ど」

- ここ － 여기 (말하는 사람에게 가까운 곳)
- そこ － 거기 (듣는 사람에게 가까운 곳)
- あそこ － 저기 (말하는 사람과 듣는 사람 모두에게 먼 곳)
- どこ － 어디

L3-3

음성을 들으면서 따라하세요.

우케츠케와 受付は (うけつけ)	고꼬 ここ 소꼬 そこ 아소꼬 あそこ	데스 です。
	도꼬 どこ	데스까 ですか。

うけつけ
受付 접수, 접수처

접수처는 [여기 / 거기 / 저기] 입니다. // 접수처는 어디입니까?

3 사토 씨는 ~에 있습니다

사토- 상 와 데 스
佐藤さんは　～です

「～です」는 '～입니다'라는 뜻이지만 '～에 있다'라는 의미로 쓰이기도 합니다. 그래서 '사토 씨는 저기 있습니다'라는 말을 「佐藤(さとう)さんは あそこです(사토 씨는 저기입니다)」라고 말할 수 있습니다. 다른 말로는 「佐藤(さとう)さんは あそこに います」라고도 할 수 있습니다. 「～に います」는 '～에 있습니다'라는 뜻인데 자세한 것은 10과에서 공부하기로 하겠습니다.

L3-4

음성을 들으면서 따라하세요.

사또- 상 와 佐藤さんは	아 소 꼬 あそこ 지 무 쇼 じむしょ 로 비 - ロビー	데 스 です。
	도 꼬 どこ	데 스 까 ですか。

事務所(じむしょ) 사무실

ロビー(lobby) 로비

사토 씨는 [저기 / 사무실 / 로비]에 있습니다. // 사토 씨는 어디에 있습니까?

4 ~는 (이쪽/그쪽/저쪽)입니다

와 고 찌 라 소 찌 라 아 찌 라 데 스
～は　(こちら／そちら／あちら)です

- こちら – 이쪽 (ここ의 공손한 말로 쓰이기도 함)
- そちら – 그쪽 (そこ의 공손한 말로 쓰이기도 함)
- あちら – 저쪽 (あそこ의 공손한 말로 쓰이기도 함)
- どちら – 어느 쪽 (どこ의 공손한 말로 쓰이기도 함)

L3-5

음성을 들으면서 따라하세요.

에 레 베 - 타 - 와 エレベーターは	고 찌 라 こちら 소 찌 라 そちら 아 찌 라 あちら	데 스 です。
	도 찌 라 どちら	데 스 까 ですか。

エレベーター(elevator) 엘리베이터

엘리베이터는 [이쪽 / 그쪽 / 저쪽]입니다. // 엘리베이터는 어느 쪽입니까?

문형 꼭꼭 익히기

5 이것은 (어느 나라)의 자동차입니다

これは ～の 自動車(じどうしゃ)です

「の」가 '～의'라는 뜻이라는 거 이제는 다 아시죠? 기억이 가물가물하신 분은 2과에서 정리해 드린 〈「の」의 용례〉를 살짝 컨닝해 주세요. (잠깐 컨닝할 시간...)
어때요? 확인하셨죠? 그렇다면 질문입니다. 「韓国(かんこく)の 自動車(じどうしゃ)」라고 하면 무슨 뜻일까요? 그렇습니다. '한국의 자동차'라는 뜻이겠죠. 그런데 가만! '한국의 자동차'라는 표현이 좀 어색하다고요? '의'를 빼는 게 낫겠다고요? 알겠습니다. 그럼 '한국 자동차'라고 하죠 뭐. 이와 같이 「の」는 굳이 '의'라고 번역하지 않아도 되는 경우가 많이 있습니다. 여러분의 한국어 감각에 따라 느낌 가는대로 번역하세요~!

L3-6

음성을 들으면서 따라하세요.

自動車(じどうしゃ) 자동차

これは	にほん アメリカ ドイツ	の	自動車(じどうしゃ)です。
	どこ		自動車ですか。

이것은 [일본 / 미국 / 독일](의) 자동차입니다. // 이것은 어디 자동차입니까?

6 이 넥타이는 (얼마)입니다

この ネクタイは ～です

우리가 일본여행을 갔을 때 가장 하고 싶은 말 한 마디! "이거 얼마예요?"
아… 예쁘고 깜찍한 일본 상품들을 보고 이 한 마디 던지고 싶지 않은 분 안 계실 겁니다. 그렇다면 과연 "이거 얼마예요? "는 일본어로 무엇이냐? 짜잔~! 「これ、 いくらですか。」 캬~! 좋습니다. 이제 당장 쇼핑하러 가자구요!!
앗! 잠깐! 물어볼 줄만 알고 대답을 못 알아들으면 대략 난감이죠…;;; 네? 1부터 20까지 읽을 줄 안다고요?
우하하핫! 그걸로는 택도 없죠! 1엔짜리 물건, 20엔짜리 물건은 없으니까요. 최소 100 이상은 읽어야 되는 거 아닙니까? 자, 그럼 100부터 천만까지, 무시무시한 숫자 읽기 도전입니다!

● 숫자 읽기2 L3-7

100	200	300	400	500
ひゃく	にひゃく	さんびゃく	よんひゃく	ごひゃく
600	700	800	900	1,000
ろっぴゃく	ななひゃく	はっぴゃく	きゅうひゃく	せん
2,000	3,000	4,000	5,000	6,000
にせん	さんぜん	よんせん	ごせん	ろくせん
7,000	8,000	9,000	10,000	20,000
ななせん	はっせん	きゅうせん	いちまん	にまん
30,000	40,000	50,000	60,000	70,000
さんまん	よんまん	ごまん	ろくまん	ななまん
80,000	90,000	100,000	1,000,000	10,000,000
はちまん	きゅうまん	じゅうまん	ひゃくまん	いっせんまん

L3-8

음성을 들으면서 따라하세요.

고노 네꾸타이와 この ネクタイは	센고햐꾸 엔 1,500 えん せんごひゃく 고센핫빠꾸 엔 5,800 えん ごせんはっぴゃく 이찌망산젠 엔 13,000 えん いちまんさんぜん	데스 です。
	이꾸라 いくら	데스까 ですか。

ネクタイ(necktie) 넥타이
いくら 얼마

이 넥타이는 [1500엔 / 5800엔 / 13000엔]입니다. // 이 넥타이는 얼마입니까?

〈숫자읽기 연습문제〉

다 맞으면 천재~!!! 10개 이상 맞으면 지금 당장 쇼핑도 가능해요! 자 도전! L3-9

(1) 520	(2) 780	(3) 860	(4) 942	(5) 137
(6) 1,300	(7) 3,700	(8) 6,990	(9) 8,479	(10) 9,625
(11) 15,400	(12) 47,600	(13) 69,210	(14) 289,000	(15) 753,000

Answer

(1) ごひゃくにじゅう (2) ななひゃくはちじゅう (3) はっぴゃくろくじゅう
(4) きゅうひゃくよんじゅうに (5) ひゃくさんじゅう なな (6) せんさんびゃく
(7) さんぜん ななひゃく (8) ろくせんきゅうひゃくきゅうじゅう (9) はっせんよんひゃくななじゅうきゅう
(10) きゅうせん ろっぴゃくにじゅうご (11) いちまんごせんよんひゃく (12) よんまんななせんろっぴゃく
(13) ろくまん きゅうせんにひゃくじゅう (14) にじゅうはちまんきゅうせん (15) ななじゅうごまんさんぜん

입에 착 붙게 말하기

셀로판지를 이용하여 말하기 연습을 해봅시다.

1 「ここ」를 사용하여 말하는 연습입니다. 여기가 어디인지 다음 그림을 보고 보기와 같이 문장을 만드세요. L3-10

보기 ここは 食堂(しょくどう)です。 여기는 식당입니다.

스스로 해본 후에 음성을 들으면서 따라하세요.

1) →
2) →
3) →
4) →

보기

会議室(かいぎしつ) 회의실 | トイレ 화장실

Answer
1) ここは 受付(うけつけ)です。
2) ここは 事務室(じむしつ)です。
3) ここは 会議室(かいぎしつ)です。
4) ここは トイレです。

2 「ここ・そこ・あそこ」의 연습입니다. 여자가 묻고 남자가 대답하네요. 다음 그림을 보고 보기와 같이 질문과 답변을 만드세요. L3-11

보기 ロビー → Q：ロビーは どこですか。 로비는 어디입니까?
A：あそこです。 저기입니다.

스스로 해본 후에 음성을 들으면서 따라하세요.

1) 会議室(かいぎしつ)　2) 電話(でんわ)　3) 山田(やまだ)さん

ロビー 로비 | どこ 어디 | 電話(でんわ) 전화

Answer
1) Q：会議室(かいぎしつ)は どこですか。 A：ここです。 2) Q：電話(でんわ)は どこですか。 A：そこです。
3) Q：山田(やまだ)さんは どこですか。 A：あそこです。

어디(どこ), 무엇(なん), 누구(だれ) 등의 의문사 앞에는 「が」대신 「は」를 쓰세요.

한국사람들은 장소를 물을 때 '~는 어디입니까?'라고 하기도 하지만 '~가 어디입니까'라고도 하죠. '화장실은 어디예요?' '화장실이 어디예요?'와 같아요. 그런데 '화장실이 어디예요?'를 직역해서 「トイレが どこですか」라고 하면 일본어로는 매우 어색하답니다. '어디(どこ)' '무엇(なん)' '누구(だれ)' 등의 의문사 앞에 「が」를 쓰면 어색하거든요. 이럴 때는 「は」를 써주세요. 그러니까 '화장실이 어디입니까'라고 묻고 싶더라도 「トイレは どこですか」라고 해야겠네요.

생일이 언제예요?	이름이 뭐예요?	야마다 씨가 누구예요?
誕生日(たんじょうび)は いつですか。(○)	名前(なまえ)は なんですか。(○)	山田(やまだ)さんは だれですか。(○)
誕生日が いつですか。(?)	名前が なんですか。(?)	山田さんが だれですか。(?)

3 물건이 어디 있는지, 장소가 어디인지 묻고 대답해 봅시다. L3-12

보기
電話(でんわ)（2階(かい)）→
Q：電話(でんわ)は　どこですか。 전화는 어디 있나요?
A：2階(かい)です。 2층에 있습니다.

스스로 해본 후에 음성을 들으면서 따라하세요.

1) トイレ（1階(かい)）
2) コンピューター（事務所(じむしょ)）
3) テレサちゃん（教室(きょうしつ)）
4) ワイン売(う)り場(ば)（地下(ちか)）

～階(かい) ～층 ｜ 売(う)り場(ば) 매장 ｜ 地下(ちか) 지하

Answer
1) Q：トイレは　どこですか。　A：1階(いっかい)です。　2) Q：コンピューターは　どこですか。　A：事務所(じむしょ)です。
3) Q：テレサちゃんは　どこですか。　A：教室(きょうしつ)です。　4) Q：ワイン売(う)り場(ば)は　どこですか。　A：地下(ちか)です。

●층 읽기 L3-13

1층	2층	3층	4층	5층
いっかい	にかい	さんがい	よんかい	ごかい
6층	**7층**	**8층**	**9층**	**10층**
ろっかい	ななかい	はちかい, はっかい	きゅうかい	じゅっかい
몇 층?				
なんがい				

4 위치나 장소를 묻고 대답해 봅시다. L3-14

보기
階段(かいだん)（あちら）→
Q：階段(かいだん)は　どちらですか。 계단은 어느 쪽입니까?
A：あちらです。 저쪽입니다.

스스로 해본 후에 음성을 들으면서 따라하세요.

1) エスカレーター（そちら）
2) 電話(でんわ)（こちら）
3) カリナさんの　部屋(へや)（3階(がい)）
4) うち（大阪(おおさか)）

階段(かいだん) 계단 ｜ 部屋(へや) 방 ｜ うち 집 ｜ 大阪(おおさか) 오사카(西(にし)일본의 경제 · 교통의 중심도시. 1583년 도요토미 히데요시(豊臣秀吉)가 오사카성(大阪城)을 축조한 이래 상업이 발달, 근대 이후에는 상공업도시로 발달)

Answer
1) Q：エスカレーターは　どちらですか。　A：そちらです。　2) Q：電話(でんわ)は　どちらですか。　A：こちらです。
3) Q：カリナさんの　部屋(へや)は　どちらですか。　A：3階(さんがい)です。　4) Q：うちは　どちらですか。　A：大阪(おおさか)です。

입에 착 붙게 말하기

셀로판지를 이용하여 말하기 연습을 해봅시다.

문제 5 ~ 문제 6 에 해당하는 그림입니다.

보기 ミラー	1 サントス	2 ワット	3 シュミット	4 カリナ

アメリカ	ブラジル	イギリス	ドイツ	インドネシア
IMC	ブラジルエアー	さくら大学(だいがく)	パワー電気(でんき)	富士大学(ふじだいがく)

5 국적을 묻는 연습입니다. 위 그림을 보고 보기와 같이 질문을 만들고 답하세요. L3-15

보기
Q：ミラーさんの　お国(くに)は　どちらですか。 밀러 씨의 고향은 어디십니까?
A：アメリカです。 미국입니다.

1)　　2)　　3)　　4)

스스로 해본 후에 음성을 들으면서 따라하세요.

「国(くに)」는 '나라', '지방', '고향' 등 여러 가지 뜻이 있습니다. 문맥에 맞게 번역하세요. 「国(くに)」 앞에 붙은 「お」는 존경의 접두사입니다. 상대방의 고향이 어디냐고 묻는 거니까 「お」를 붙여서 정중하게 말했군요.

Answer
1) Q：サントスさんの　お国(くに)は　どちらですか。　A：ブラジルです。
2) Q：ワットさんの　お国(くに)は　どちらですか。　A：イギリスです。
3) Q：シュミットさんの　お国(くに)は　どちらですか。　A：ドイツです。
4) Q：カリナさんの　お国(くに)は　どちらですか。　A：インドネシアです。

6 소속을 묻는 연습입니다. 위 그림을 보고 보기와 같이 질문을 만들고 답하세요. L3-16

보기
会社(かいしゃ) →
Q：ミラーさんの　会社(かいしゃ)は　どちらですか。 밀러 씨의 회사는 어디십니까?
A：ＩＭＣです。 IMC입니다.

1) 会社(かいしゃ)　　2) 大学(だいがく)　　3) 会社(かいしゃ)　　4) 大学(だいがく)

스스로 해본 후에 음성을 들으면서 따라하세요.

「どちらですか」는 '어느 쪽입니까?' 라는 뜻도 있지만 「どこですか」의 공손한 표현으로 '어디십니까? ' 라는 뜻도 있습니다.

Answer
1) Q：サントスさんの　会社(かいしゃ)は　どちらですか。　A：ブラジルエアーです。
2) Q：ワットさんの　大学(だいがく)は　どちらですか。　A：さくら大学(だいがく)です。
3) Q：シュミットさんの　会社(かいしゃ)は　どちらですか。　A：パワー電気(でんき)です。
4) Q：カリナさんの　大学(だいがく)は　どちらですか。　A：富士大学(ふじだいがく)です。

문제 ⑦ ~ 문제 ⑧ 에 해당하는 그림입니다.

보기	1	2	3	4

イタリア	韓国(かんこく)	日本(にほん)	アメリカ	ドイツ
¥8,400	¥7,300	¥25,800	¥243,000	¥4,500,000

7 제조 나라를 묻는 연습입니다. 위 그림을 보고 보기와 같이 질문을 만들고 답하세요. L3-17

보기
Q : これは　どこの　<u>ネクタイ</u>ですか。 이것은 어디 넥타이입니까?
A : <u>イタリア</u>の　<u>ネクタイ</u>です。 이탈리아 넥타이입니다.

스스로 해본 후에 음성을 들으면서 따라하세요.

1)　　2)　　3)　　4)

イタリア(Italia) 이탈리아

Answer

1) Q : これは　どこの　かばんですか。　A : 韓国(かんこく)の　かばんです。
2) Q : これは　どこの　カメラですか。　A : 日本(にほん)の　カメラです。
3) Q : これは　どこの　コンピューターですか。　A : アメリカの　コンピューターです。
4) Q : これは　どこの　自動車(じどうしゃ)ですか。　A : ドイツの　自動車(じどうしゃ)です。

8 금액을 말하는 연습입니다. 위 그림을 보고 보기와 같이 질문을 만들고 답하세요. L3-18

보기
Q : この　<u>ネクタイ</u>は　いくらですか。 이 넥타이는 얼마입니까?
A : <u>8,400円(えん)</u>です。 8,400엔입니다.

스스로 해본 후에 음성을 들으면서 따라하세요.

1)　　2)　　3)　　4)

▶ 가격을 정확히 말할 수 있나요? 정답을 확인하세요.

Answer

1) Q : この　かばんは　いくらですか。　A : 7,300(ななせんさんびゃく)円(えん)です。
2) Q : この　カメラは　いくらですか。　A : 25,800(にまんごせん はっぴゃく)円(えん)です。
3) Q : この　コンピューターは　いくらですか。　A : 243,000(にじゅうよんまん さんぜん)円(えん)です。
4) Q : この　自動車(じどうしゃ)は　いくらですか。　A : 4,500,000(よんひゃくごじゅうまん)円(えん)です。

회화랑 친해지기

L3-19

회화 1

●장소 묻기

A すみません。トイレは どこですか。 실례합니다. 화장실이 어디입니까?

B あそこです。 저기입니다.

A どうも。 고맙습니다.

1) 電話(でんわ)　2) エレベーター　3) ネクタイ売り場(うりば)

1) 전화　2) 엘리베이터　3) 넥타이 매장

L3-20

회화 2

●직장 묻기

A 会社(かいしゃ)は　どちらですか。 회사는 어디십니까?

B ① パワー電気(でんき) です。 파워 전기입니다.

A 何(なん)の　会社ですか。 무슨 회사입니까?

B ② コンピューター の　会社(かいしゃ)です。 컴퓨터 회사입니다.

1) ① MT　② たばこ　2) ① ヨーネン　② チョコレート
3) ① アキックス　② 靴(くつ)

MT 엠티 (회사이름) | たばこ(포르투갈어 tabaco) 담배 | 靴(くつ) 구두

1) ①MT ②담배　2) ①요넨 ②초콜릿　3) ①아킥스 ②구두

「会社(かいしゃ)は どちらですか」 회사는 어디십니까?

상대방의 회사가 어디인지 묻고 싶을 때, 「どこですか」라고 해도 되지 않을까요? 왜 「どちらですか」라고 했을까요?

그렇죠! 「どこ」보다 「どちら」가 더 공손한 느낌이 들기 때문입니다.

L3-21

회화 3

● 제조국과 가격 말하기

A	これは　どこの ① カメラ ですか。	이것은 어디 카메라입니까?
B	② 日本(にほん) のです。	일본 것입니다.
A	いくらですか。	얼마입니까?
B	③ 23,600円(えん) です。	23,600 엔입니다.

1) ① ネクタイ　② イタリア　③ 7,300円(えん)

2) ① 時計(とけい)　② スイス　③ 18,800円(えん)

3) ① コンピューター　② アメリカ　③ 178,000円(えん)

スイス(프랑스어 Suisse) 스위스 | 時計(とけい) 시계

1) ①넥타이 ②이탈리아 ③7,300 엔　2) ①시계 ②스위스 ③18,800 엔　3) ①컴퓨터 ②미국 ③178,000 엔

가격 읽기 확인하세요!

1) 7,300(ななせんさんびゃく)　2) 18,800(いちまんはっせんはっぴゃく)

3) 178,000(じゅうななまんはっせん)

「日本(にほん)のです」 일본 것입니다.

「の」가 '~의 것'이라는 뜻이 있다는 거 잊지 않으셨죠? 그래서 「日本(にほん)のです」라고 하면 '일본의 것입니다'라는 의미가 됩니다. 한국말로 좀 자연스럽게 하자면 '일본 것입니다'라고 하면 되겠죠.

회화 고수되기

셀로판지를 이용하여 회화 연습을 해봅시다.

고레오 쿠다사이
これを　ください (이걸로 주세요.)

L3-22

백화점에서 점원에게 매장 위치나 물건 가격을 물어봅시다.

01

マリア　스미마셍。 와인 우리바와 도꼬데스까
すみません。ワイン売(う)り場(ば)は　どこですか。

店員(てんいん)A　치까잇까이데 고자이마스
地下(ちか)１階(いっかい)で　ございます。

マリア　도-모
どうも。

02

マリア　스미마셍。 소노 와인오 미세떼 쿠다사이
すみません。その　ワインを　見(み)せて　ください。

店員(てんいん)B　하이、 도-조
はい、どうぞ。

マリア　고레와 후랑스노 와인데스까
これは　フランスの　ワインですか。

店員(てんいん)B　이-에、 이타리아노데스
いいえ、イタリアのです。

マリア　이꾸라데스까
いくらですか。

店員(てんいん)B　니센고햐꾸 엔데스
2,500円です。

マリア　쟈、 고레오 쿠다사이
じゃ、これを　ください。

これを ください '이것을 주세요' 보다는 '이걸로 주세요'로 해석
すみません 실례합니다
ワイン売(う)り場(ば) 와인매장
地下(ちか) 지하
～でございます ~입니다(～です의 정중한 표현)
どうも 고맙습니다, 고마워요
見(み)せる 보여주다
～てください ~해 주세요
見せてください 보여주세요
どうぞ 여기 있습니다(남에게 무언가를 권할 때 쓰는 말)
いくら 얼마

01
마리아 : 실례합니다. 와인매장이 어딘가요?
점원A : 지하 1층입니다.
마리아 : 고맙습니다.

02
마리아 : 실례합니다. 그 와인 좀 보여주세요.
점원B : 네, 여기 있습니다.
마리아 : 이건 프랑스 와인인가요?
점원B : 아니요, 이탈리아 겁니다.
마리아 : 얼마예요?
점원B : 2,500엔입니다.
마리아 : 그럼, 이걸로 주세요.

핵심표현 파악하기

① すみません ①미안합니다 ②실례합니다 ③고맙습니다

① 미안합니다! 이건 다 아시죠?

② 실례합니다.

한국에서는 상점에서 점원에게 말을 걸 때 뭐라고 부르나요? 아줌마! 아저씨! 저기요! 언니!? 호칭도 다양하네요. 그렇다면 일본에서도 그렇게 부를까요? 아뇨! 함부로 아줌마, 아저씨라고 불렀다가는 큰일납니다. 이럴 때 쓸 수 있는 말이 바로「すみません」이에요. '실례합니다' 라는 뜻으로 남녀노소 누구에게나 쓸 수 있어요. 다만, 미안하다는 뜻이 아니니까 당당하게 외치시면 됩니다.

연습해 볼게요. 미안하다고 말할 때는 미안한 말투로「すみません…」, 누군가에게 말을 걸 때는 당당한 말투로「すみません!」.

③ 고맙습니다

우리도 남에게 과분한 선물을 받으면 '아니 뭐 이런 걸 다…… 미안해서 어쩌나……' 라고 말할 때가 있죠. 일본사람들도 마찬가지네요. 고맙지만 미안한 마음도 표현하고 싶을 때, 그럴 때는「すみません」이라고 해보세요.

② 売り場(うりば) 매장, 파는 곳

「売り場」는「売り+場」로써 '매장, 파는 곳' 이라는 뜻입니다.

「売り」는「売る(팔다)」라는 동사의 활용형 중 하나입니다. 동사활용에 대해서는 다음에 배우기로 하고 3과에서는「売り場」가 '매장, 파는 곳' 이라는 뜻이라는 점만 기억해 주세요. 참,「場」는 '장소, 곳' 이라는 뜻이랍니다.

「売り場」라는 단어를 기억해 두시면 일본여행을 할 때 매우 유용할 거예요. 기차나 전철을 탈 때 '표 파는 곳' 을 찾아야 하잖아요.「切符(きっぷ)」는 '표' 라는 뜻이니까 '표 파는 곳' 은「切符売り場」가 되요.

③ ～で ございます ~입니다.

「～で ございます」는「～です」보다 더 정중한 표현입니다. 그럼 나이 많은 어른에게 말씀을 드릴 때는「～です」대신에「～で ございます」를 써야 할까요? 아뇨, 그렇진 않아요. 일반적인 회화에서는 그냥「～です」를 쓰면 됩니다. 여기서는 점원이 손님에게 이야기하는 것이므로「～で ございます」를 썼습니다.

일본의 경어체계는 한국과 달라서 어른에게는 존댓말을 안 쓰더라도 물건을 사러 온 손님에게는 깍듯이 예의를 지키며 존댓말을 쓰지요. 이 회화문에서는 그다지 경어가 많이 쓰이지 않았지만 실제로 일본의 슈퍼나 백화점에 한 번 가보세요. 같은 말도 엄청나게 경어를 섞어 쓰기 때문에 일본어 초보자들은 알아듣기조차 힘들 지경이랍니다.

④ その ワインを 見(み)せて ください 그 와인 좀 보여주세요.

「見せて ください」는 '(남에게) 보여주다' 라는 뜻의 동사인「見せる」에「て ください」가 연결된 말입니다. 그런데「見せる」를 잘 보세요.「る」가 탈락하고「見せ」만 남아있죠? 이런 형태를「て형」이라고 하는데요, 자세한 사항은 나중에 배우기로 하고 여기서는 우선「見せて ください」가 '보여주세요' 라는 뜻이라는 것만 기억해 주세요.

「その ワインを 見せて ください」을 직역하면 '그 와인을 보여주세요' 가 됩니다. 하지만 한국어로 자연스럽게 번역해서 '그 와인 좀 보여주세요' 라고 하면 더 멋지겠죠.

도전 듣기 · 쓰기

1 L3-23 질문을 듣고 본인의 상황에 맞게 자유롭게 답하세요.

1) ________________

2) ________________

3) ________________

4) ________________

5) ________________

2 L3-24 대화를 듣고 제시문에 맞으면 ○, 틀리면 ×표를 하세요.

1) (　　　)　2) (　　　)　3) (　　　)　4) (　　　)　5) (　　　)

3 여자가 남자에게 안내를 해주고 있습니다. 그림을 잘 보고 「ここ · そこ · あそこ」를 넣어 문장을 만드세요.

보기 (ここ) は (受付(うけつけ)) です。 여기는 접수처입니다.

1) (　　　) は (　　　　　　) です。　2) (　　　) は (　　　　　　) です。

3) (　　　) は (　　　　　　) です。　4) (　　　) は (　　　　　　) です。

5) (　　　) は (　　　　　　) です。

4 **주어진 단어 중 문맥상 가장 적당한 것을 골라 ○ 표시를 하세요.**

보기 （ わたし、(わたしは)、わたしの ） ミラーです。 나는 밀러입니다.

1) （ これ、この、ここ ）は ドイツの 自動車(じどうしゃ)です。

2) （ それ、その、そこ ） かばんは （ わたし、わたしは、わたしの ）です。

3) 事務所(じむしょ)は （ あれ、あの、あそこ ）です。

4) すみません。電話(でんわ)は （ だれ、何(なん)、どこ ）ですか。

5 **빈칸에 어떤 말이 들어가야 할까요? 대답을 보고 적당한 의문사를 써 넣으세요.**

보기 それは （ 何(なん) ）ですか。→ 辞書(じしょ)です。 그것은 무엇입니까? → 사전입니다.

1) すみません。お手洗(てあら)いは （　　　）ですか。→ あちらです。

2) ミラーさんは （　　　）ですか。→ 会議室(かいぎしつ)です。

3) カメラ売(う)り場(ば)は （　　　）ですか。→ ５階(ごかい)です。

4) お国(くに)は （　　　）ですか。→ アメリカです。

5) 会社(かいしゃ)は （　　　）ですか。→ ＭＴです。

6) ＭＴは （　　　）の 会社(かいしゃ)ですか。→ たばこの 会社(かいしゃ)です。

7) これは （　　　）の ワインですか。→ イタリアの ワインです。

8) この ワインは （　　　）ですか。→ 2,800円(えん)です。

Lesson

4

시간과 요일을 익히고 언제 무엇을 했는지 말해 봅시다.

중요단어 파악하기

～から(까라) ～まで(마데) ～부터 ～까지

～に(니)(조사) ～에

～ます(마스) ～합니다/하겠습니다(동사의 현재형/미래형)

～ました(마시타) ～했습니다(동사의 과거형)

눈도장 콱 찍기 L4-1

이마 요 지 고 훈 데 스

1 今 4時 5分です。

①今 ②4時 5分

①지금 ②4시 5분입니다.

와 따 시 와 쿠 지 까 라 고 지 마 데 하타라 키 마 스

2 わたしは 9時から 5時まで 働きます。

①わたしは ②9時から ③5時まで ④働きます

①나는 ②9시부터 ③5시까지 ④일합니다.

와 따 시 와 아사 로꾸 지 니 오 키 마 스

3 わたしは 朝 6時に 起きます。

①わたしは ②朝 ③6時に ④起きます

①나는 ②아침 ③6시에 ④일어납니다.

와 따 시 와 키 노 ー 벵 꾜- 시 마 시 타

4 わたしは きのう 勉強しました。

①わたしは ②きのう ③勉強しました

①나는 ②어제 ③공부했습니다.

문형 꼭꼭 익히기

1 지금 (몇 시)입니다.

이마 데 스
今 ～です。
いま

4과에서는 시간읽기에 도전할 겁니다. 겁난다고요? 오오, 천만에요. 3과에서 이미 천만읽기까지 성공한 여러분이 아닙니까?! 시간읽기는 땅 짚고 헤엄치기, 누워서 떡먹기입니다. 그럼 시작해 볼까요!

시 → じ (時)　　분 → ふん (分)
반 → はん(半)　　몇 시 → なんじ (何時)

어때요? 쉽죠?
하지만 여기서 끝이 아니라는 거. 숫자에 따라 발음이 바뀌는 경우가 있으니 아래 표를 보고 소리내서 읽으며 외워 주세요. 꼭 소리내서 읽어야 합니다!

●시간 읽기 L4-2

1시	2시	3시	4시	5시	6시
いちじ	にじ	さんじ	よじ	ごじ	ろくじ
7시	**8시**	**9시**	**10시**	**11시**	**12시**
しちじ	はちじ	くじ	じゅうじ	じゅういちじ	じゅうにじ

●분 읽기 L4-3

1분	2분	3분	4분	5분
いっぷん	にふん	さんぷん	よんぷん	ごふん
6분	**7분**	**8분**	**9분**	**10분**
ろっぷん	ななふん	はっぷん	きゅうふん	じゅっぷん・じっぷん
20분	**30분**	**40분**	**50분**	**60분**
にじゅっぷん	さんじゅっぷん	よんじゅっぷん	ごじゅっぷん	ろくじゅっぷん

L4-4

음성을 틀으면서 따라하세요.

이마 今 いま	요 지　고 훈 4じ　5ふん 쿠 지　항 9じ　はん	데 스 です。
	난 지 なんじ	데 스 까 ですか。

지금 [4시 5분 / 9시 반]입니다. // 지금 몇 시입니까?

今(いま) 지금　時(じ) 시
分(ふん) 분　半(はん) 반
何時(なんじ) 몇 시

2 ~부터 ~까지입니다.

까 라　　마 데 데 스
~から　~までです。

「から」는 '~부터' 라는 뜻으로 시간이나 장소의 출발점을 나타냅니다.
반대로 「まで」는 '~까지' 라는 뜻으로 시간이나 장소의 종점을 나타내지요.

예 9時(くじ)から 5時(ごじ)まで 働(はたら)きます。 9시부터 5시까지 일합니다.
大阪(おおさか)から 東京(とうきょう)まで 3時間(さんじかん) かかります。 오사카에서 도쿄까지 3시간 걸립니다.

자, 그럼 연습해 볼게요.

(1) 3시부터 4시까지 → さんじから　よじまで
(2) 9시부터 12시반까지 → くじから　じゅうにじはんまで
(3) 6시 20분부터 11시 40분까지
→ ろくじ にじゅっぷんから　じゅういちじ　よんじゅっぷんまで

L 4-5

음성을 들으면서 따라하세요.

히루야스 미 와 昼休みは ひるやす	쥬-니지 12じ 쥬-니지 항 12じ はん	까 라 から	이찌 지 1じ 이찌 지 쥬-고 훈 1じ 15ふん	마 데 데 스 までです。
	난 지 なんじ		난 지 なんじ	마 데 데 스 까 までですか。

점심시간은 [12시 / 12시반]부터 [1시 / 1시 15분]까지입니다. // 점심시간은 몇 시부터 몇 시까지입니까?

昼休(ひるやす)み 점심시간
昼(ひる) 점심, 낮
休(やす)み ①휴식, 쉬는 시간 ②휴일, 휴가
塾(じゅく) 학원
夕食(ゆうしょく) 저녁(밥)

다음 시계를 보고 「~から ~まで」로 문장을 만드세요.

→ 塾(じゅく)は＿＿＿＿＿＿＿＿＿＿です。

→ 夕食(ゆうしょく)は＿＿＿＿＿＿＿＿＿＿です。

답 4時(よじ)から 9時(くじ)まで ／ 6時半(ろくじはん)から 7時半(しちじはん)まで

문형 꼭꼭 익히기

3 쉬는 날은 (무슨 요일)입니다.

야스 미 와 데 스
休(やす)みは　～(요일)です。

이번에는 요일 읽기에 도전합니다! 요일 읽기는 정말 걱정하실 것 없어요. 월화수목금토일~! 한자도 똑같고 발음도 비슷하거든요. 어? 왜 한자가 똑같지? 앗싸! 일본이 우리나라 한자를 따라했구나! 좋아하실 거 없습니다. 우리가 일본 한자를 따라한 거거든요.

「と」는 '~와/과' 라는 의미의 조사입니다. 몇 가지 연습을 해볼까요?
한국과 일본 → 韓国(かんこく)と 日本(にほん)　　당신과 나 → あなたと わたし
야마다 씨와 산토스 씨 → 山田(やまだ)さんと サントスさん

● **요일 읽기** L4-6

월요일	화요일	수요일	목요일
げつようび	かようび	すいようび	もくようび
금요일	**토요일**	**일요일**	**무슨 요일?**
きんようび	どようび	にちようび	なんようび

L4-7

음성을 들으면서 따라하세요.

야스 미 와 休(やす)みは	스 이 요 - 비 すいようび 도 요 - 비 또　니 찌 요 - 비 どようびと　にちようび	데 스 です。
	난 요 - 비 なんようび	데 스 까 ですか。

水曜日(すいようび) 수요일
土曜日(どようび) 토요일
日曜日(にちようび) 일요일

쉬는 날(비번)은 [수요일 / 토요일과 일요일]입니다. // 쉬는 날(비번)은 무슨 요일입니까?

4 나는 (몇 시)부터 (몇 시)까지 일합니다.

와 따 시 와　까 라　마 데　하타라키 마 스
わたしは　～から　～まで　働(はたら)きます。

「동사+ます」 ① ~합니다 ② ~하겠습니다
4과에서는 「동사+ます」형태를 공부하겠습니다. 오른쪽 표를 봐 주세요.

L4-8

동사의 기본형	의미		동사+ます	의미 ①	의미 ②
働(はたら)く	일하다	→	働(はたら)きます	일합니다	일하겠습니다
休(やす)む	쉬다	→	休(やす)みます	쉽니다	쉬겠습니다
終(お)わる	끝나다	→	終(お)わります	끝납니다	끝내겠습니다
起(お)きる	일어나다	→	起(お)きます	일어납니다	일어나겠습니다
寝(ね)る	자다	→	寝(ね)ます	잡니다	자겠습니다
勉強(べんきょう)する	공부하다	→	勉強(べんきょう)します	공부합니다	공부하겠습니다

「ます」는 '①~합니다 ②~하겠습니다' 라는 의미의 조동사입니다. 조동사가 뭔지 아시죠? 동사에 연결되어 어떤 의미를 추가하는 단어를 조동사라고 하죠.

예를 들어 「働(はたら)く(일하다)」라는 말을 '일합니다' 라는 의미로 바꾸고 싶다면 위 표에서 보는 바와 같이 「働(はたら)きます」라고 하면 됩니다. 「休(やす)む(쉬다)」라는 말을 '쉽니다' 라는 의미로 바꾸고 싶다면 역시 위 표에서 보는 바와 같이 「休(やす)みます」라고 하면 되죠.

여기서 잠깐!! 비상한 분들은 눈치채셨을 거예요. 동사에 「ます」가 연결될 때 동사의 형태가 약간 바뀌었다는 것을... 예를 들어 「働(はたら)く」의 마지막 음인 「く」가 「き」로 바뀌고 「ます」가 붙었다는 것을 말이죠.

이게 무슨 조화냐고요? 후훗... 「働(はたら)く」의 변형된 형태인 「働(はたら)き」를 바로 동사의 「ます형」이라고 하는데요 변신하는 원리는 나중에 가르쳐 드릴게요. 4과에서는 일단 동사의 기본형은 잊으시고 「동사+ます」형태만 기억해 주세요.

그리고 참! 「~ます」에는 '① ~합니다 ② ~하겠습니다' 라는 두 가지 의미가 있으니까 문맥상 어떤 의미인지 구분하셔야 합니다.

예를 들자면 다음과 같습니다.

毎日(まいにち) 勉強(べんきょう)します	① 매일 공부합니다	② 매일 공부하겠습니다
5時(ごじ)まで 働(はたら)きます	① 5시까지 일합니다	② 5시까지 일하겠습니다

되셨죠? 자, 그럼 본격적으로 「동사+ます」형태 들어갑니다!

L4-9

음성을 들으면서 따라하세요.

와 따 시 와 わたしは	쿠 지 9じ 아 사 あさ 게 쯔 요 - 비 げつようび	까 라 から	고 지 5じ 밤 ばん 킹 요 - 비 きんようび	마 데 まで	하타라 키 마 스 働(はたら)きます。

나는 [9시 / 아침 / 월요일]부터 [5시 / 저녁 / 금요일]까지 일합니다.

働(はたら)きます 일합니다
あさ 아침
ばん 저녁

문형 꼭꼭 익히기

5 나는 (몇 시)에 일어납니다.

와 따 시 와　　니　오 키 마 스
わたしは　～に　起(お)きます。

「に」는 '～에'

「に」는 '～에' 라는 뜻의 조사입니다. '6시에' 라고 하려면 「6時(ろくじ)に」, '3시반에' 라고 하려면 「3時(さんじ) 半(はん)に」라고 하면 됩니다. 어때요? 한국어와 똑같죠?

의문문을 만들려면 의문의 종조사 「か」를 붙이세요!

「起(お)きます」는 '일어납니다' 라는 뜻이지요. '일어납니까?' 라고 의문문을 만들고 싶다면 「起(お)きます」에 「か」만 붙이세요. 연습해 볼까요.

L4-10

동사+ます	의미		동사+ますか	의미
働(はたら)きます	일합니다	→	働(はたら)きますか	일합니까?
休(やす)みます	쉽니다	→	休(やす)みますか	쉽니까?
終(お)わります	끝납니다	→	終(お)わりますか	끝납니까?
起(お)きます	일어납니다	→	起(お)きますか	일어납니까?
寝(ね)ます	잡니다	→	寝(ね)ますか	잡니까?
勉強(べんきょう)します	공부합니다	→	勉強(べんきょう)しますか	공부합니까?

L4-11

음성을 들으면서 따라하세요.

와 따 시 와 わたしは	마이아사 로꾸 지 毎朝(まいあさ) 6じ 시찌 지 항 7じはん	니 に	오 키 마 스 起(お)きます。
아 나 타 와 あなたは	난 지 なんじ		오 키 마 스 까 起(お)きますか。

나는 [매일 아침 6시 / 7시 반]에 일어납니다. // 당신은 몇 시에 일어납니까?

毎朝(まいあさ) 매일 아침

6 나는 (언제) 공부합니다. // 공부했습니다.

와 따 시 와 / 벵 꾜- 시 마 스 / 벵 꾜- 시 마 시 따

わたしは (언제)勉強(べんきょう)します。// 勉強しました。

「동사+ました」 ~했습니다

「동사+ます」는 문맥에 따라서 '~합니다' 또는 '~하겠습니다' 라고 번역하면 된다는 거, 앞에서 말씀드렸습니다. 그런데 「ます」의 과거형(완료형)이 있었으니, 이름하여 「ました」. 그래서 「동사+ました」는 '~했습니다' 라고 번역하면 되겠습니다. 몇 가지 예를 들어보겠습니다.

L4-12

동사+ます	의미	→	동사+ました	의미
働(はたら)きます	일합니다	→	働(はたら)きました	일했습니다
休(やす)みます	쉽니다	→	休(やす)みました	쉬었습니다
終(お)わります	끝납니다	→	終(お)わりました	끝났습니다
起(お)きます	일어납니다	→	起(お)きました	일어났습니다
寝(ね)ます	잡니다	→	寝(ね)ました	잤습니다
勉強(べんきょう)します	공부합니다	→	勉強(べんきょう)しました	공부했습니다

일본어의 두 시제 '비과거'와 '과거'

비과거 (현재, 미래)	과거
동사+ます	동사+ました
매일 1시부터 3시까지 공부합니다 毎日(まいにち) 1時(じ)から 3時(じ)まで 勉強(べんきょう)します	어제 1시부터 3시까지 공부했습니다 きのう 1時(じ)から 3時(じ)まで 勉強(べんきょう)しました
내일 1시부터 3시까지 공부하겠습니다 あした 1時(じ)から 3時(じ)まで 勉強(べんきょう)します	

시간을 나타내는 말 ①

그제	어제	오늘	내일	모레
おととい	きのう	きょう	あした	あさって

문형 꼭꼭 익히기

음성을 들으면서 따라하세요.

L4-13

와 따 시 와 わたしは	마 이 니 찌 まいにち 아 시 따 あした	벵 꾜- 시 마 스 勉強(べんきょう)します。
	키 노 - きのう 오 또 또 이 おととい	벵 꾜- 시 마 시 따 勉強しました。

勉強(べんきょう)します 공부합니다
毎日(まいにち) 매일
明日(あした) 내일
おととい 그저께

나는 [매일] 공부합니다. // 나는 [내일] 공부하겠습니다. // 나는 [어제 / 그저께] 공부했습니다.

7 ~합니다 ~하지 않습니다 ~했습니다 ~하지 않았습니다

~ます(마스) ~ません(마 셍) ~ました(마 시 타) ~ませんでした(마 셍 데 시 타)

「ます」↔「ません」 「ました」↔「ませんでした」
「ます」의 부정은 「ません」으로 '①~하지 않습니다 ②~하지 않겠습니다' 라는 뜻입니다.
「ました」의 부정은 「ませんでした」이며 '~하지 않았습니다' 라는 뜻입니다.

L4-14

	비과거(현재, 미래)		과거
긍 정	起(お)きます	①일어납니다 ②일어나겠습니다	起(お)きました 일어났습니다
부 정	起(お)きません	①일어나지 않습니다 ②일어나지 않겠습니다	起(お)きませんでした 일어나지 않았습니다

그럼 다음 시제와 긍정, 부정에 조심하면서 다음 표의 빈칸에 알맞는 말을 넣어보세요. 의미도 적어보세요.

	비과거(현재, 미래)	과거
긍 정	働(はたら)きます ①일합니다 ②일하겠습니다	働(はたら)きました 일했습니다
부 정	(1)	働(はたら)きませんでした 일하지 않았습니다
긍 정	休(やす)みます ①쉽니다 ②쉬겠습니다	(2)
부 정	(3)	(4)
긍 정	寝(ね)ます ①잡니다 ②자겠습니다	(5)
부 정	(6)	(7)
긍 정	勉強(べんきょう)します ①공부합니다 ②공부하겠습니다	(8)
부 정	(9)	(10)

Answer

(1) 働(はたら)きません ①일하지 않습니다 ②일하지 않겠습니다
(2) 休(やす)みました 쉬었습니다
(3) 休(やす)みません ①쉬지 않습니다 ②쉬지 않겠습니다
(4) 休(やす)みませんでした 쉬지 않았습니다
(5) 寝(ね)ました 잤습니다
(6) 寝(ね)ません ①자지 않습니다 ②자지 않겠습니다
(7) 寝(ね)ませんでした 자지 않았습니다
(8) 勉強(べんきょう)しました 공부했습니다
(9) 勉強(べんきょう)しません ①공부하지 않습니다 ②공부하지 않겠습니다
(10) 勉強(べんきょう)しませんでした 공부하지 않았습니다

입에 착 붙게 말하기

셀로판지를 이용하여 말하기 연습을 해봅시다.

1 시간을 말하는 연습입니다. 그림을 보고 보기와 같이 말하세요. L4-15

보기
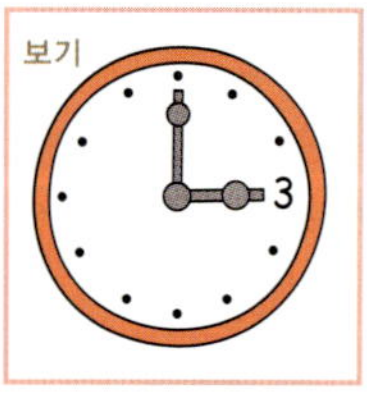

1

2

3
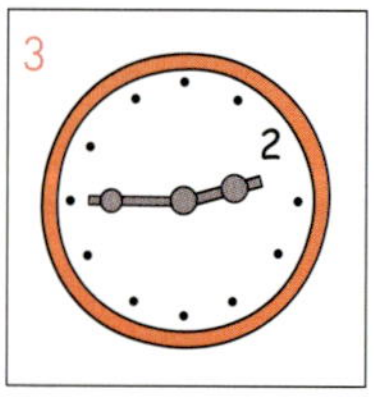

4
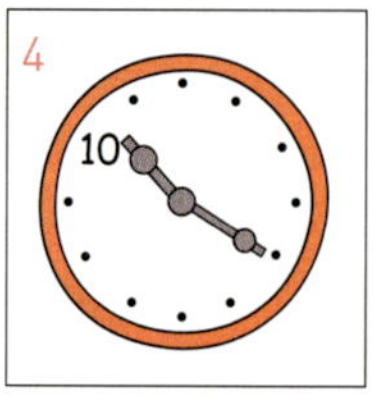

보기 3時(じ)です。 3시입니다.

1) 2) 3) 4)

스스로 해본 후에 음성을 들으면서 따라하세요.

Answer 1) 7時(しちじ) 半(はん)です。또는 7時 30分(さんじゅっぷん)です。 2) 12時(じゅうにじ) 15分(じゅうごふん)です。 3) 2時(にじ) 45分(よんじゅうごふん)です。 4) 10時(じゅうじ) 20分(にじゅっぷん)です。

2 시간을 묻고 답하는 연습입니다. 그림을 보고 보기와 같이 질문하고 대답하세요. L4-16

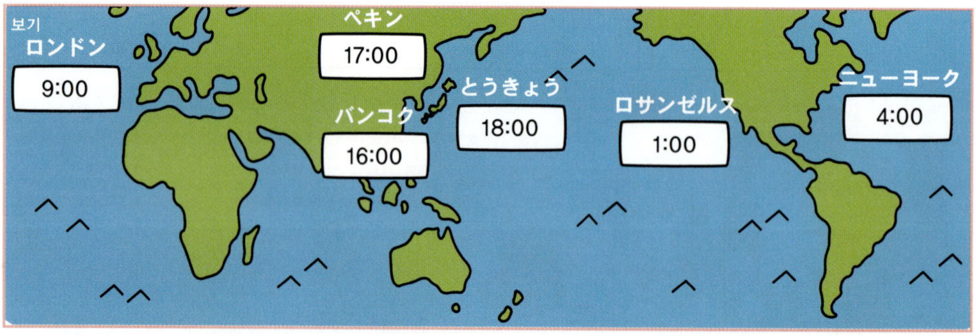

보기 東京(とうきょう) → Q : 東京(とうきょう)は 今(いま) 何時(なんじ)ですか。도쿄는 지금 몇 시입니까?
A : 午後(ごご) 6時(ろくじ)です。오후 6시입니다.

1) ペキン 2) バンコク

3) ロンドン 4) ロサンゼルス

스스로 해본 후에 음성을 들으면서 따라하세요.

午前(ごぜん) 오전 | 午後(ごご) 오후 | ペキン 베이징, 북경 | バンコク(Bangkok) 방콕. 태국의 수도 | ロンドン(London) 런던. 영국의 수도 | ロサンゼルス(Los Angeles) 로스앤젤레스. 미국 캘리포니아남부의 항만도시

Answer 1) Q : ペキンは 今(いま) 何時(なんじ)ですか。 A : 午後(ごご) 5時(ごじ)です。 2) Q : バンコクは 今(いま) 何時(なんじ)ですか。 A : 午後(ごご) 4時(よじ)です。 3) Q : ロンドンは 今(いま) 何時(なんじ)ですか。 A : 午前(ごぜん) 9時(くじ)です。 4) Q : ロサンゼルスは 今(いま) 何時(なんじ)ですか。 A : 午前(ごぜん) 1時(いちじ)です。

3 「~から~まで」를 말하는 연습입니다. 보기와 같이 묻고 답하세요. L4-17

보기 銀行(9：00~3：00) →

Q：銀行は　何時から　何時までですか。 은행은 몇 시부터 몇 시까지입니까?

A：9時から　3時までです。 9시부터 3시까지입니다.

스스로 해본 후에 음성을 들으면서 따라하세요.

1) 郵便局(9：00~5：00) →

2) デパート(10：30~7：30) →

3) 図書館(9：00~6：30) →

4) 会社(9：15~5：45) →

郵便局 우체국 | デパート(デパートメント・ストア department store의 줄임말) 백화점 | 図書館 도서관

Answer

1) Q：郵便局は　何時から　何時までですか。　A：9時(くじ)から　5時(ごじ)までです。

2) Q：デパートは　何時から　何時までですか。

A：10時(じゅうじ)半(はん)・30分(さんじゅっぷん)から　7時(しちじ)半(はん)・30分(さんじゅっぷん)までです。

3) Q：図書館は　何時から　何時までですか。　A：9時(くじ)から　6時(ろくじ)半(はん)・30分(さんじゅっぷん)までです。

4) Q：会社は　何時から　何時までですか。　A：9時(くじ)15分(じゅうごふん)から　5時(ごじ)45分(よんじゅうごふん)までです。

4 「~から~まで」를 말하는 연습입니다. 동사에도 유의하면서 보기와 같이 묻고 답하세요. L4-18

보기 毎晩・勉強します(7：30~9：30) →

Q：毎晩　何時から　何時まで　勉強しますか。 매일 밤 몇 시부터 몇 시까지 공부합니까?

A：7時半から　9時半まで　勉強します。 7시 반부터 9시 반까지 공부합니다.

스스로 해본 후에 음성을 들으면서 따라하세요.

1) 毎日・働きます(9：30~5：30) →

2) 昼・休みます(12：00~1：00) →

3) 土曜日・働きます(9：00~2：00) →

4) 毎朝・勉強します(7：00~8：00) →

毎日 매일 | 昼 점심, 낮 | 毎朝 매일 아침

Answer

1) Q：毎日　何時から　何時まで　働きますか。　A：9時(くじ)半(はん)から　5時(ごじ)半(はん)まで　働きます。

2) Q：昼　何時から　何時まで　休みますか。　A：12時(じゅうにじ)から　1時(いちじ)まで　休みます。

3) Q：土曜日　何時から　何時まで　働きますか。　A：9時(くじ)から　2時(にじ)まで　働きます。

4) Q：毎朝　何時から　何時まで　勉強しますか。　A：7時(しちじ)から　8時(はちじ)まで　勉強します。

입에 착 붙게 말하기

셀로판지를 이용하여 말하기 연습을 해봅시다.

5 기상 · 취침 시간을 말하는 연습입니다. 그림을 보고 보기와 같이 묻고 답하세요. L 4-19

보기 毎朝(まいあさ) → Q：毎朝(まいあさ) 何時(なんじ)に 起(お)きますか。 매일 아침 몇 시에 일어납니까?
A：7時(しちじ)に 起(お)きます。 7시에 일어납니다.

스스로 해본 후에 음성을 들으면서 따라하세요.

1) 毎晩(まいばん)
2) あした
3) 今晩(こんばん)
4) 日曜日(にちようび)

起(お)きます 일어납니다 | 寝(ね)ます 잡니다 | 毎晩(まいばん) 매일 밤 | 今晩(こんばん) 오늘 밤

Answer
1) Q：毎晩(まいばん) 何時(なんじ)に 寝(ね)ますか。 A：11時(じゅういちじ)に 寝(ね)ます。
2) Q：あした 何時(なんじ)に 起(お)きますか。 A：6時(ろくじ)半(はん)に 起(お)きます。
3) Q：今晩(こんばん) 何時(なんじ)に 寝(ね)ますか。 A：12時(じゅうにじ)に 寝(ね)ます。
4) Q：日曜日(にちようび) 何時(なんじ)に 起(お)きますか。 A：10時(じゅうじ)に 起(お)きます。

6 시제에 따라 어미를 바꾸는 연습입니다. 그림을 보고 보기와 같이 문장을 만드세요. L 4-20

보기 あした → あした 働(はたら)きます。 내일 일하겠습니다.

스스로 해본 후에 음성을 들으면서 따라하세요.

1) 毎日(まいにち)
2) きのうの 晩(ばん)
3) あさって
4) おととい

きのうの晩(ばん) 어젯밤 | あさって 모레

Answer 1) 毎日(まいにち) 勉強(べんきょう)します。 2) きのうの 晩(ばん) 働(はたら)きました。 3) あさって 勉強(べんきょう)します。 4) おととい 働(はたら)きました。

7 비과거 · 과거 시제에 따른 긍정 · 부정 연습입니다. 보기와 같이 답하세요. L 4-21

> **보기**
> 1) Q : きょう 勉強(べんきょう)しますか。(はい) 오늘 공부합니까? (네)
> A : はい、勉強(べんきょう)します。 네, 공부합니다.
>
> 2) Q : きのう 勉強(べんきょう)しましたか。(いいえ) 어제 공부했습니까? (아니요)
> A : いいえ、勉強(べんきょう)しませんでした。 아니요, 공부하지 않았습니다.

스스로 해본 후에 음성을 들으면서 따라하세요.

1) あさって 働(はたら)きますか。(いいえ) →
2) 毎晩(まいばん) 勉強(べんきょう)しますか。(はい) →
3) きのうの 晩(ばん) 勉強(べんきょう)しましたか。(はい) →
4) きのう 働(はたら)きましたか。(いいえ) →

Answer 1) いいえ、働(はたら)きません。 2) はい、勉強(べんきょう)します。 3) はい、勉強(べんきょう)しました。 4) いいえ、働(はたら)きませんでした。

8 보기와 같이 주어진 단어를 이용하여 질문을 만들고 답하세요. L 4-22

> **보기**
> 1) 毎朝(まいあさ)・起(お)きます(6：00)
> → Q : 毎朝(まいあさ) 何時(なんじ)に 起(お)きますか。 매일 아침 몇 시에 일어납니까?
> A : 6時(じ)に 起(お)きます。 6시에 일어납니다.
>
> 2) きのう・働(はたら)きます(9：00～5：00)
> → Q : きのう 何時(なんじ)から 何時(なんじ)まで 働(はたら)きましたか。 어제 몇 시부터 몇 시까지 일했습니까?
> A : 9時(じ)から 5時(じ)まで 働(はたら)きました。 9시부터 5시까지 일했습니다.

스스로 해본 후에 음성을 들으면서 따라하세요.

1) 毎晩(まいばん)・寝(ね)ます(11：00) →
2) けさ・起(お)きます(7：30) →
3) 毎日(まいにち)・働(はたら)きます(10：00～6：00) →
4) きのうの 晩(ばん)・勉強(べんきょう)します(7：00～8：30) →

けさ 오늘 아침 | 晩(ばん) 저녁, 밤

Answer
1) Q : 毎晩(まいばん) 何時(なんじ)に 寝(ね)ますか。 A : 11時(じゅういちじ)に 寝(ね)ます。
2) Q : けさ 何時(なんじ)に 起(お)きましたか。 A : 7時(しちじ)半(はん)に 起(お)きました。
3) Q : 毎日(まいにち) 何時(なんじ)から 何時(なんじ)まで 働(はたら)きますか。 A : 10時(じゅうじ)から 6時(ろくじ)まで 働(はたら)きます。
4) Q : きのうの 晩(ばん) 何時(なんじ)から 何時(なんじ)まで 勉強(べんきょう)しましたか。 A : 7時(しちじ)から 8時(はちじ)半(はん)まで 勉強(べんきょう)しました。

회화랑 친해지기

L 4-23

회화 1

● 전화걸기

A はい、①やまと美術館(びじゅつかん)です。　　네, 야마토 미술관입니다.

B すみません。そちらは何時(なんじ)から何時(なんじ)までですか。　　실례합니다. 거기는 몇 시부터 몇 시까지입니까?

A ②10時(じゅうじ)から4時(よじ)までです。　　10시부터 4시까지입니다.

B 休(やす)みは何曜日(なんようび)ですか。　　휴일은 무슨 요일입니까?

A ③月曜日(げつようび)です。　　월요일입니다.

1) ① 大阪(おおさか)デパート　② 10時半(じはん)・7時半(じはん)　③ 火曜日(かようび)
2) ① みどり図書館(としょかん)　② 9時(じ)・6時(じ)　③ 木曜日(もくようび)
3) ① アップル銀行(ぎんこう)　② 9時(じ)・3時(じ)　③ 土曜日(どようび)と日曜日(にちようび)

美術館(びじゅつかん) 미술관 | 休(やす)み 휴(관)일

1) ①오사카 백화점 ②10시반 · 7시반 ③화요일　2) ①미도리 도서관 ②9시 · 6시　③목요일
3) ①애플 은행 ②9시 · 3시 ③토요일과 일요일

「そちら」는 「そこ」의 정중한 표현

「そちら」는 '그쪽'이란 뜻으로 상대방이 있는 쪽을 가리키는 말이죠.
그런데 위의 대화에서 「そちらは何時(なんじ)から何時(なんじ)までですか」라는 문장을 '그쪽은 몇 시부터 몇 시까지입니까?' 라고 번역하면 뭔가 어색하네요. 이럴 때는 「そちら」를 '거기'라고 번역하면 자연스럽습니다. 「そちら」가 「そこ」의 정중한 표현으로 쓰인 거거든요. 3과에서도 배운 내용인데, 기억나시죠?

L 4-24

회화 2

● 일정 묻기

A 大学(だいがく)は何時(なんじ)からですか。　　대학은 몇 시부터입니까?

B ①9時(じ)からです。　　9시부터입니다.

A 何時(なんじ)に終(お)わりますか。　　몇 시에 끝납니까?

B ②5時(じ)に終(お)わります。　　5시에 끝납니다.

A 毎日(まいにち)ですか。　　매일입니까?

B はい。　　네.

A 大変(たいへん)ですね。 힘들겠네요.

1) ① 10時(じ) ② 6時半(じはん) 2) ① 8時半(じはん) ② 4時(じ)
3) ① 9時半(じはん) ② 8時(じ)

1) ①10시 ②6시반 2) ①8시반 ②4시 3) ①9시반 ②8시

「大学(だいがく)は 何時(なんじ)からですか」는 '대학은 몇 시부터예요?', 즉 대학교의 수업이 몇 시에 시작되나는 의미입니다. 그런데 좀 와 닿지가 않네요. 여러분은 '대학은 몇 시부터예요?'라는 표현을 쓰나요? 저는 오히려 '학교는 몇 시부터예요?'라든가 '수업은 몇 시부터예요?'라는 표현을 자주 쓰거든요. 좀 낯설지만 일본어를 배우는 이상「大学は 何時からですか」라는 표현에 익숙해져야겠네요.

「大変(たいへん)ですね」라는 말은 '힘들겠네요', '큰일이네요'라는 뜻으로 아주 많이 쓰이는 표현입니다. 친구가 고생하고 있을 때「大変ですね」라고 위로와 격려의 한 마디를 남겨주세요. 참, 여기서「ね」라는 종조사는 동의를 구하는 의미를 갖고 있답니다. 그러니까「大変です」라고만 하면 '힘들어요', '큰일이에요'라는 뜻이 되지만「大変ですね」라고 하면 '힘들겠네요', '큰일이네요'라는 느낌이 되지요.

L 4-25

회화 3

● 전화번호 묻기

A すみません。①さくら大学(だいがく)の 電話番号(でんわばんごう)は 何番(なんばん)ですか。 실례합니다. 사쿠라대학 전화번호는 몇 번입니까?

B えーと、②872(はちななに)の 6813(ろくはちいちさん)です。 음… 872의 6813입니다.

A ②872の 6813ですね。どうも。 872의 6813이죠? 감사합니다.

1) ① 大阪(おおさか)デパート ② 433－1887 (よんさんさん の いちはちはちなな)
2) ① IMC ② 287－4949 (にはちなな の よんきゅうよんきゅう)
3) ① みどり図書館(としょかん) ② 06－673－1901 (ぜろろく の ろくななさん の いちきゅうぜろいち)

1) ①오사카 백화점 ②433-1887 2) ①IMC ②287-4949 3) ①미도리 도서관 ②06-673-1901

「えーと」라는 말은 무언가를 생각할 때 하는 말이에요. 우리말로는 '음…'에 가깝다고나 할까요. 우리나라 어르신들 중에도 연설을 하다가 말이 생각이 나지 않으면 '에…', '마~'라는 감탄사를 늘어놓으며 시간을 끄시는 경우가 있죠. 일본도 비슷하군요.

0 = れい = ゼロ = まる
「0」은 일본어로「れい」라고 읽는데, 영어의 영향을 받아「ゼロ(zero)」라고 읽는 경우도 많답니다.

회화 고수되기

셀로판지를 이용하여 회화 연습을 해봅시다.

소 찌 라 와　난 지 까 라　난 지 마 데 데 스 까
そちらは　何時から　何時までですか。 (거기는 몇 시부터 몇 시까지입니까?)
なんじ　なんじ

전화번호를 모를 때 한국에서는 114에 전화를 겁니다. 일본에서는 어디로 전화를 걸까요? 바로 104! 그렇다면 104에 직접 전화를 걸어서 일본어로 미술관 전화번호를 물어볼까요? 과연 성공할 수 있을지? 두근두근! 도전!

L 4-26

01

番号案内(ばんごうあんない)
하 이　이찌레- 욘 노　이시 다 데 스
はい、１０４の　石田(いしだ)です。

カリナ
야 마 토 비쥬쯔깐 노　뎅 와 방 고- 오　오 네가 이 시 마 스
やまと美術館(びじゅつかん)の　電話番号(でんわばんごう)を　お願(ねが)いします。

番号案内(ばんごうあんない)
야 마 토 비쥬쯔깐 데 스 네　카 시 꼬 마 리 마 시 타
やまと美術館ですね。かしこまりました。

テープ
오 토 이 아 와 세 노　방 고- 와　제로나나큐-나나노　상하치노　고욘상니 데 스
お問(と)い合(あ)わせの　番号は　０７９７の　38の　5432です。

02

美術館の人(びじゅつかんのひと)
하 이　야 마 토 비쥬쯔깐 데 스
はい、やまと美術館です。

カリナ
스 미 마 셍　소 찌 라 와　난 지 까 라　난 지 마 데 데 스 까
すみません。そちらは　何時(なんじ)から　何時(なんじ)までですか。

美術館の人(びじゅつかんのひと)
쿠 지 까 라　요 지 마 데 데 스
９時から　４時までです。

カリナ
야스 미 와　난 요- 비 데 스 까
休(やす)みは　何曜日(なんようび)ですか。

美術館の人(びじゅつかんのひと)
게쯔요- 비 데 스
月曜日(げつようび)です。

カリナ
도 - 모　아 리 가 또 - 고 자 이 마 시 타
どうも　ありがとうございました。

104(いちれいよん) 전화번호를 안내해주는 번호. 우리나라의 '114'와 같은 곳이죠.
美術館(びじゅつかん) 미술관
電話番号(でんわばんごう) 전화번호
かしこまりました 알겠습니다(わかりましたの 정중한 표현) 주로 손님이나 상사에게 사용한다.
お問(と)い合(あ)わせ 문의
休(やす)み 쉬는 날, 휴관일
何曜日(なんようび) 무슨 요일

01

번호안내원 : 네, 104번의 이시다입니다.
카리나 : 야마토 미술관 전화번호 좀 부탁합니다.
번호안내원 : 야마토 미술관 말씀이시죠. 알겠습니다.

테 이 프 : 문의하신 번호는 0797의 38의 5432입니다.

02

미술관 직원 : 네, 야마토 미술관입니다.
카리나 : 실례합니다. 거기는 몇 시부터 몇 시까지입니까?
미술관직원 : 9시부터 4시까지입니다.
카리나 : 휴일은 무슨 요일입니까?
미술관직원 : 월요일입니다.
카리나 : 대단히 감사합니다.

① 104の 石田です 104번의 이시다입니다.

한국에서는 자신의 이름을 말할 때 성만 말하는 경우가 거의 없죠. 하지만 일본에서는 자신의 성만 말하는 경우가 아주 많습니다. 성이 워낙 많기 때문에 성만으로도 구분이 가기 때문이죠.

회화처럼 104에서 전화번호 안내를 하는 石田라는 사람도 전화를 받으며 「104번의 이시다입니다」라고 성만 밝히고 있군요.

② やまと美術館 야마토 미술관

「やまと(大和)」는 「日本」의 다른 이름입니다. 이 「やまと」라는 말에는 「日本」이라는 말에서는 느낄 수 없는 뭔가가 있습니다. 「やまとうた(大和歌)」라고 하면 중국풍의 노래가 아닌 일본고유의 노래인 와카(和歌)를 가리키고, 「やまとえ(大和絵)」라고 하면 중국을 주제로 한 그림이 아니라 일본의 풍경과 풍속을 그린 그림을 가리킵니다. 또한 「やまとだましい(大和魂)」라고 하면 일본민족 고유의 정신, 일본인으로서의 의식이라는 뜻으로써 일본인 특유의 투지와 패기가 뭉클하게 느껴지는 말입니다. 이와 같이 「やまと」란 외국풍(특히 중국)이 아닌 '일본 고유의' 것이라는 느낌을 강하게 나타내줍니다. 이를 테면 애국심을 불끈 솟게 하는 말이라고나 할까요.

그러니까 「やまと美術館」이라는 미술관에는 외국 작품보다는 일본 작품이 전시되어 있어야 이름과 이미지가 맞을 것 같네요? ^^

③ お願いします 부탁합니다.

이제 일본여행도 걱정 없어요. 「お願いします」만 알면 무슨 부탁이든 다 할 수 있거든요.

전화번호를 알고 싶을 땐 「電話番号を お願いします(전화번호를 부탁합니다)」라고 하면 되죠. 커피를 달라고 하고 싶을 땐 「コーヒー お願いします(커피 부탁합니다)」라고 하면 됩니다. 택시를 타고 신주쿠역까지 가고 싶을 땐 「新宿駅まで お願いします(신주쿠역까지 부탁합니다)」라고 하면 되고요. 「お願いします」하나만 알아도 남한테 뭔가를 부탁할 때 아주 다양하게 써먹을 수 있으니, 기/죽/지/마/세/요!

④ やまと美術館ですね。 야마토 미술관 말씀이시죠?

「ですね」는 주로 '~이죠, ~이네요, ~로군요' 정도로 번역할 수 있습니다. 그런데 위와 같이 상대방이 한 말을 다시 한 번 확인할 때 '~말씀이시죠'라는 의미로 쓰이기도 합니다.

일본에서 종업원들이 손님이 주문한 메뉴를 확인할 때 잘 들어보세요. 「ですね」라고 확인하는 경우가 많을 겁니다.

손님 : とんかつ 二つ ください。 돈까스 두 개 주세요.

점원 : とんかつ 二つ<u>ですね</u>。 かしこまりました。 돈까스 두 개시죠. 알겠습니다.

⑤ お問い合わせの 番号は… 문의하신 번호는…

「問い合わせ」란 잘 모르는 것을 전화나 편지로 물어서 확인하는 것을 말합니다. 「お」를 붙여서 존경의 의미를 추가하였군요.

도전 듣기 · 쓰기

1 L 4-27

질문을 듣고 본인의 상황에 맞게 자유롭게 답하세요.

1) ______________________________

2) ______________________________

3) ______________________________

4) ______________________________

5) ______________________________

2 L 4-28

지금 있는 곳은 도쿄입니다. 대화를 듣고 알맞은 그림을 고르세요.

1

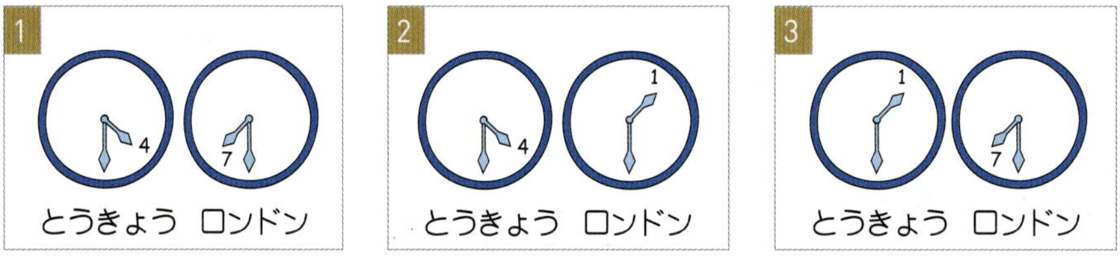

2

3 L 4-29

대화를 듣고 제시문에 맞으면 ○, 틀리면 ×표를 하세요.

1) (　　　)　　2) (　　　)　　3) (　　　)

4 L 4-30

음성을 듣고 맞는 쪽에 ○하세요.

보기 (6 : 30　　　　(9 : 30))

1) (8 : 30　　　　7 : 30)

2) (午前(ごぜん) 8 : 20　　　　午後(ごご) 8 : 20)

3) (9 : 30～6 : 30　　　　9 : 00～6 : 00)

4) (12 : 15～1 : 15　　　　12 : 50～1 : 50)

5) (349 − 7895　　　　349 − 7865)

6) (075 − 831 − 6697　　　　075 − 138 − 6697)

7) (3,850　　　　3,650)

8) (208,000　　　　128,000)

5

다음 문장의 빈칸에 알맞은 단어를 넣으세요. 아무 단어도 필요없다면 ×표를 하세요.

보기
1) これは　スイス(の)　時計(とけい)です。 이것은 스위스(의) 시계입니다.
2) 電話(でんわ)は　どこ(X)ですか。 전화는 어디(X)입니까?

1) 毎朝(まいあさ)(　　)　6時(ろくじ)(　　)　起(お)きます。

2) 美術館(びじゅつかん)は　何時(なんじ)(　　)　何時(なんじ)(　　)ですか。

3) 今(いま)　何時(なんじ)(　　)ですか。

4) 木曜日(もくようび)(　　)　午後(ごご)　病院(びょういん)は　休(やす)みです。

5) 大学(だいがく)は　何時(なんじ)(　　)　終(お)わりますか。

6) 銀行(ぎんこう)の　休(やす)みは　土曜日(どようび)(　　)　日曜日(にちようび)です。

도전 듣기 · 쓰기

6 **다음 문장의 빈칸에 알맞은 단어를 넣으세요.**

> 보기 あの　人(ひと)は　（　だれ　）ですか。 저 사람은 누구입니까?
> → ミラーさんです。 밀러 씨입니다.

1) 今(いま)　（　　　　）ですか。→ 5時(ごじ)です。

2) 佐藤(さとう)さんの　うちの　電話番号(でんわばんごう)は　（　　　　）ですか。→ 333の　4367です。

3) きょうは　（　　　　）ですか。→ 火曜日(かようび)です。

4) テレサちゃんは　（　　　　）ですか。→ 9歳(さい)です。

5) きのう　（　　　　）まで　働(はたら)きましたか。→ 9時(じ)まで　働(はたら)きました。

7 **다음 문장을 완성하는데 알맞은 쪽에 ○하세요.**

> 보기 毎日(まいにち)　9時(じ)から　5時(じ)まで　（ 働(はたら)きます、働(はたら)きました ）。
> 매일 9시부터 5시까지 (일합니다, 일했습니다)

1) きのう　10時(じ)に　（　寝(ね)ます、寝(ね)ました　）。

2) 毎日(まいにち)　昼(ひる)　12 時(じ)から　1時(じ)まで　（　休(やす)みます、休(やす)みました　）。

3) おとといの　晩(ばん)　9時(じ)から　11時(じ)まで　（　勉強(べんきょう)します、勉強(べんきょう)しました　）。

4) 毎朝(まいあさ)　何時(なんじ)に　（　起(お)きます、起(お)きました　）か。

5) あさっては　日曜日(にちようび)です。（　働(はたら)きません、働(はたら)きませんでした　）。

8 **다음 문장을 읽고 빈칸에 알맞은 말을 쓰세요.**

보기 今晩(こんばん) 勉強(べんきょう)しますか。 오늘 밤 공부합니까? → はい、(勉強(べんきょう)します)。 네, 공부합니다.

1) おととい 休(やす)みましたか。→ はい、(　　　　　　　　　　)。

2) 日曜日(にちようび) 働(はたら)きますか。→ いいえ、(　　　　　　　　　　)。

3) きのう 勉強(べんきょう)しましたか。→ いいえ、(　　　　　　　　　　)。

4) 大学(だいがく)は 3時(じ)に 終(お)わりますか。→ はい、(　　　　　　　　　　)。

Lesson 5

무엇을 타고 어디에 갔는지 말해 봅시다.

중요단어 파악하기

行きます(이키마스) 갑니다

来ます(키마스) 옵니다

帰ります(카에리마스) 돌아갑니다, 돌아옵니다

눈도장 콱 찍기 L5-1

1
와 따 시 와　쿄- 또 에　이 키 마 스
わたしは　京都へ　行きます。
①　②　③
①나는　②교토에　③갑니다.

2
와 따 시 와　타 꾸 시 - 데　우 찌 에　카에 리 마 스
わたしは　タクシーで　うちへ　帰ります。
①　②　③　④
①나는　②택시로　③집에　④갑니다.

3
와 따 시 와　카 조꾸 또　니 홍 에　키 마 시 타
わたしは　家族と　日本へ　来ました。
①　②　③　④
①나는　②가족과　③일본에　④왔습니다.

문형 꼭꼭 익히기

1 나는 ~에 갑니다.

わたしは(와따시와) ~へ(에) 行(い)きます(이키마스)

조사 「へ」는 '~에, ~로(으로)'라는 뜻으로 방향을 나타냅니다.
원래 발음은 [헤]이지만 조사로 쓰일 때만은 [에]라고 발음한답니다.

L5-2

음성을 들으면서 따라하세요.

わたしは(와따시와)	スーパー(스-파-) かいしゃ(카이샤) とうきょう(토-꾜-)	へ(에)	行(い)きます(이키마스)。
あなたは(아나타와)	どこ(도꼬)		行(い)きますか(이키마스까)。

나는 [슈퍼 / 회사 / 도쿄]에 갑니다. // 당신은 어디에 갑니까?

スーパー 슈퍼마켓
会社(かいしゃ) 회사
東京(とうきょう) 도쿄
どこ 어디

2 나는 ~로 회사에 갑니다.

わたしは(와따시와) ~で(데) 会社(かいしゃ)へ(카이샤에) 行(い)きます(이키마스)

조사 「で」는 '~로(으로)'라는 뜻으로 교통수단, 방법을 나타냅니다.
'무엇으로(무엇을 타고) 갑니다 / 옵니다'라고 말할 때 사용하세요.

L5-3

음성을 들으면서 따라하세요.

わたしは(와따시와)	バス(바스) ちかてつ(치까테츠) じてんしゃ(지뗀샤)	で(데)	会社(かいしゃ)へ(카이샤에) 行(い)きます(이키마스)。
あなたは(아나타와)	なん(난)		会社(かいしゃ)へ(카이샤에) 行(い)きますか(이키마스까)。

나는 [버스 / 지하철 / 자전거]로 회사에 갑니다. // 당신은 무엇으로 회사에 갑니까?

バス 버스
自転車(じてんしゃ) 자전거
何(なん)で 무엇으로

地下鉄(ちかてつ) 지하철
일본에서는 '지하철'과 '전철'을 구분해서 말합니다. 지하로 다니면 지하철(地下鉄(ちかてつ)), 지상으로 다니면 전철(電車(でんしゃ)).

3 나는 ~와 일본에 왔습니다.

わたしは ~と 日本(にほん)へ 来(き)ました
와 따 시 와 / 또 / 니 홍 에 / 키 마 시 타

조사 「と」는 '~와(과)' 라는 뜻으로 무언가를 열거할 때 씁니다.
'당신과 나' 라고 말하려면? 「あなたと わたし」라고 하면 되겠군요.

「ました」는 「ます」의 과거형. 4과에서 공부한 거 기억나시죠?

L5-4

음성을 들으면서 따라하세요.

わたしは (와 따 시 와)	ミラーさん (미 라 - 상) ともだち (도 모 다 치) かぞく (카 조 꾸)	と (또)	日本(にほん)へ 来(き)ました。 (니 홍 에 키 마 시 타)
あなたは (아 나 타 와)	だれ (다 레)		日本(にほん)へ 来(き)ましたか。 (니 홍 에 키 마 시 타 까)

나는 [밀러 씨 / 친구 / 가족]와(과) 일본에 왔습니다. // 당신은 누구와 일본에 왔습니까?

友(とも)だち 친구
家族(かぞく) 가족
誰(だれ) 누구

4 나는 (언제) 고향에 갑니다.

わたしは ~ 国(くに)へ 帰(かえ)ります
와 따 시 와 / 쿠니 에 / 카에 리 마 스

「帰(かえ)ります」는 '집 · 고향 · 고국으로 갑니다(옵니다)', 즉 원래 있었던 곳으로 '돌아간다' 는 뜻입니다. 퇴근하면서 '집에 갑니다' 라는 의미로 「うちへ 行(い)きます」라고 하는 분이 계신데요, Oh~ NO~! 「うちへ 帰(かえ)ります」가 맞는 표현입니다.

L5-5

음성을 들으면서 따라하세요.

わたしは (와 따 시 와)	らいしゅう (라 이 슈 -) にちようび(に) (니 찌 요 - 비 니) 7がつ 15にちに (시찌가 쯔 쥬-고 니 찌 니)	国(くに)へ 帰(かえ)ります。 (쿠니 에 카에 리 마 스)
あなたは (아 나 타 와)	いつ (이 츠)	国(くに)へ 帰(かえ)りますか。 (쿠니 에 카에 리 마 스 까)

나는 [다음 주 / 일요일 / 7월 15일]에 고향에 갑니다. // 당신은 언제 고향에 갑니까?

国(くに) 고향, 고국
来週(らいしゅう) 다음 주
日曜日(にちようび) 일요일
いつ 언제

입에 착 붙게 말하기

셀로판지를 이용하여 말하기 연습을 해봅시다.

1 「～へ 行(い)きます」를 연습하는 문제입니다. 그림을 보고 보기와 같이 문장을 만드세요. L5-6

보기

スーパー

1

ゆうびんきょく

2

デパート

3

ぎんこう

4

びじゅつかん

보기 スーパー → スーパーへ　行(い)きます。 슈퍼에 갑니다.

스스로 해본 후에 음성을 들으면서 따라하세요.

1)　　2)　　3)　　4)

郵便局(ゆうびんきょく) 우체국 | デパート 백화점(department store 의 줄임말) | 銀行(ぎんこう) 은행 | 美術館(びじゅつかん) 미술관

Answer 1) 郵便局(ゆうびんきょく)へ 行(い)きます。 2) デパートへ 行(い)きます。 3) 銀行(ぎんこう)へ 行(い)きます。 4) 美術館(びじゅつかん)へ 行(い)きます。

2 시제를 연습하는 문제입니다. 그림을 보고 보기와 같이 알맞은 시제의 문장을 만들고 답하세요. L5-7

보기

1

2

3

4

보기 けさ → Q : けさ　どこへ　行(い)きましたか。 오늘 아침 어디에 갔습니까?
A : スーパーへ　行(い)きました。 슈퍼에 갔습니다.

스스로 해본 후에 음성을 들으면서 따라하세요.

1) 先月(せんげつ)　　2) きのうの　午後(ごご)
3) 来週(らいしゅう)の　月曜日(げつようび)　　4) 先週(せんしゅう)の　日曜日(にちようび)

けさ 오늘 아침 | アメリカ 미국 | 図書館(としょかん) 도서관 | パワー電気(でんき) 파워전기(회사이름) | 先月(せんげつ) 지난 달 | きのう 어제 | 午後(ごご) 오후
来週(らいしゅう) 다음 주 | 先週(せんしゅう) 지난 주

Answer
1) Q : 先月(せんげつ)　どこへ　行(い)きましたか。　A : アメリカへ　行(い)きました。
2) Q : きのうの　午後(ごご)　どこへ　行(い)きましたか。　A : 図書館(としょかん)へ　行(い)きました。
3) Q : 来週(らいしゅう)の　月曜日(げつようび)　どこへ　行(い)きますか。　A : パワー電気(でんき)へ　行(い)きます。
4) Q : 先週(せんしゅう)の　日曜日(にちようび)　どこへ　行(い)きましたか。　A : どこも(どこへも)　行(い)きませんでした。

3 교통수단을 말하는 연습입니다. 그림을 보고 보기와 같이 문장을 만들고 답하세요. L5-8

보기 Q：何で　京都へ　行きますか。 뭘로 교토에 갑니까?
A：電車で　行きます。 전철로 갑니다.

스스로 해본 후에 음성을 들으면서 따라하세요.

1)　　　2)　　　3)　　　4)

京都 교토 (일본의 옛 수도. 794년부터 1869년까지 약 1100년 동안의 수도로 많은 전통문화유산을 보존하고 있다. 천황의 궁궐이었던 황궁을 비롯해 많은 사원이 남아 있어 관광 명소로 유명하다) | 学校 학교 | 飛行機 비행기 | 駅 역 | 九州 규슈 (일본의 4대 열도 중 가장 서남쪽에 위치한 섬. 고대 한반도와의 교류가 많아 한반도 관련 신사 등 유적들이 많이 있다. 최근에는 온천의 명소로 유명하다) | 船 배 | 徒歩 도보

Answer
1) Q：何で　学校へ　行きますか。　A：自転車で　行きます。　2) Q：何で　東京へ　行きますか。　A：飛行機で　行きます。
3) Q：何で　九州へ　行きますか。　A：船で　行きます。　4) Q：何で　駅へ　行きますか。　A：徒歩で　行きます。

4 주어진 단어를 이용하여 말하는 연습입니다. 보기와 같이 문장을 만드세요. L5-9

보기 京都(友達) → Q：だれと　京都へ　行きますか。 누구랑 교토에 갑니까?
A：友達と　行きます。 친구랑 갑니다.

스스로 해본 후에 음성을 들으면서 따라하세요.

1) 大阪城(彼女) →　　2) 広島(会社の　人) →
3) フランス(家族) →　　4) 病院(一人で) →

大阪城 오사카성 (16세기 말 도요토미 히데요시(豊臣秀吉)가 건축) | 彼女 그녀, 여자 친구 | 広島 히로시마 (일본의 도시. 19세기말부터 군사도시로 성장, 군사본부가 있었던 탓에 1945년 원폭투하를 당함. 현재 일본 서중부지방 경제 문화의 중심지) | 会社の人 회사 사람 | フランス 프랑스 | 家族 가족 | 病院 병원 | 一人で 혼자서

Answer
1) Q：だれと　大阪城へ　行きますか。　A：彼女と　行きます。　2) Q：だれと　広島へ　行きますか。　A：会社の　人と　行きます。
3) Q：だれと　フランスへ　行きますか。　A：家族と　行きます。　4) Q：だれと　病院へ　行きますか。　A：一人で　行きます。

입에 착 붙게 말하기

셀로판지를 이용하여 말하기 연습을 해봅시다.

5 주어진 단어를 이용하여 묻고 답하는 연습입니다. 보기와 같이 문장을 만들고 답하세요. L5-10

보기
1) 京都（3月3日）
→ Q：いつ 京都へ 行きますか。 언제 교토에 갑니까?
A：3月3日に 行きます。 3월 3일에 갑니다.

2) 東京（来週）
→ Q：いつ 東京へ 行きますか。 언제 도쿄에 갑니까?
A：来週 行きます。 다음 주에 갑니다.

스스로 해본 후에 음성을 들으면서 따라하세요.

1) さくら大学（9月14日）→
2) アメリカ（来年の 3月）→
3) 病院（今週の 水曜日）→
4) 広島（来月）→

Answer
1) Q：いつ さくら大学へ 行きますか。 A：9月14日に 行きます。
2) Q：いつ アメリカへ 行きますか。 A：来年の 3月に 行きます。
3) Q：いつ 病院へ 行きますか。 A：今週の 水曜日に 行きます。
4) Q：いつ 広島へ 行きますか。 A：来月 行きます。

6 괄호 안의 단어를 이용하여 답하는 연습입니다. 시제에 유의하면서 대답해 보세요. L5-11

보기
いつ アメリカへ 行きますか。（来週） 언제 미국에 갑니까? (다음 주)
→ 来週 行きます。 다음 주에 갑니다.

스스로 해본 후에 음성을 들으면서 따라하세요.

1) いつ 日本へ 来ましたか。（去年） →
2) だれと 日本へ 来ましたか。（一人で） →
3) いつ 国へ 帰りますか。（来年） →
4) 先週の 土曜日 どこへ 行きましたか。（どこも） →
5) きょう 何時に ここへ 来ましたか。（9時） →
6) だれと ここへ 来ましたか。（佐藤さん） →
7) 何で うちへ 帰りますか。（バス） →
8) きのう 何時に うちへ 帰りましたか。（7時） →

Answer
1) 去年 来ました。 2) 一人で 来ました。 3) 来年 帰ります。 4) どこも 行きませんでした。
5) 9時に 来ました。 6) 佐藤さんと 来ました。 7) バスで 帰ります。 8) 7時に 帰りました。

7 날짜를 말하는 연습입니다. 그림을 보고 보기와 같이 질문을 만들고 답하세요. L5-12

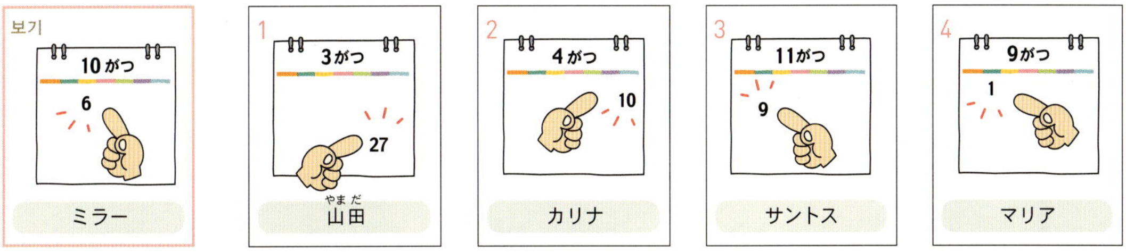

보기 Q：ミラーさんの 誕生日(たんじょうび)は いつですか。 밀러 씨의 생일은 언제입니까?

A：10月(がつ) 6日(むいか)です。 10월 6일입니다.

스스로 해본 후에 음성을 들으면서 따라하세요.

1) 2) 3) 4)

誕生日(たんじょうび) 생일 | 6日(むいか) 6일

Answer

1) Q：山田(やまだ)さんの 誕生日(たんじょうび)は いつですか。 A：3月(さんがつ) 27(にじゅうしち)日(にち)です。

2) Q：カリナさんの 誕生日(たんじょうび)は いつですか。 A：4月(しがつ) 10日(とおか)です。

3) Q：サントスさんの 誕生日(たんじょうび)は いつですか。 A：11月(じゅういちがつ) 9日(ここのか)です。

4) Q：マリアさんの 誕生日(たんじょうび)は いつですか。 A：9月(くがつ) 1日(ついたち)です。

하나~더!

★ 시간을 나타내는 말 중에 「に」를 붙이는 것과 붙이지 않는 것

(1) 「に」를 붙이지 않는 것

현재를 기준으로 해서 변하는 시각에는 「に」를 붙이지 않습니다. 예를 들어 '다음 주'라는 것은 이번 주에 따져보면 다음 주이지만, 다음 주에 생각하면 이번 주가 되고 다다음주에 생각하면 지난 주가 되어 버리죠. 이렇게 현재를 기준으로 해서 변하는 시각에는 「に」를 붙이지 않으며 이와 같은 종류로 다음과 같은 단어들이 있습니다.

おととい・きのう・きょう・あした・あさって (그저께 · 어제 · 오늘 · 내일 · 모레)

先週(せんしゅう)・今週(こんしゅう)・来週(らいしゅう) (지난 주 · 이번 주 · 다음 주)

先月(せんげつ)・今月(こんげつ)・来月(らいげつ) (지난 달 · 이번 달 · 다음 달)

去年(きょねん)・今年(ことし)・来年(らいねん) (작년 · 금년 · 내년)

(2) 「に」를 붙이는 것

이에 반해 '3월 3일'과 같이 숫자로 나타내는 시각은 언제 따져 봐도 '3월 3일'입니다. 이렇게 현재와 관계없이 고정되어 있는 시각에는 「に」를 붙여 주세요.

10時(じ)に　3日(みっか)に　2月に　1971年に　日曜日(にちようび)に

(3) 「に」를 붙이기도 하고 안 붙이기도 하는 것 – (1)번과 (2)번의 성격을 모두 가지고 있는 경우

朝(あさ)・昼(ひる)・夜(よる) (아침 · 점심 · 저녁)

午前(ごぜん)・午後(ごご) (오전 · 오후)

春(はる)・夏(なつ)・秋(あき)・冬(ふゆ) (봄 · 여름 · 가을 · 겨울)

회화랑 친해지기

L5-13

회화 1

● 교통수단 묻고 답하기

A	あした ①東京(とうきょう) へ 行(い)きます。	내일 도쿄에 갑니다.
B	何(なん)で 行(い)きますか。	뭘로 갑니까?
A	②新幹線(しんかんせん) で 行(い)きます。	신칸센으로 갑니다.
B	一人(ひとり)で 行(い)きますか。	혼자 갑니까?
A	いいえ、会社(かいしゃ)の 人(ひと)と 行(い)きます。	아니요, 회사 사람과 갑니다.

1) ① 広島(ひろしま) ② バス　　2) ① 名古屋(なごや) ② 電車(でんしゃ)
3) ① 博多(はかた) ② 飛行機(ひこうき)

新幹線(しんかんせん) 신칸센 (일본의 고속열차) | 名古屋(なごや) 나고야 (일본의 도시명. 도쿄와 오사카의 중간지점. 중부일본의 중심지) | 博多(はかた) 하카타(규슈(九州)의 중심도시인 후쿠오카(福岡)시의 구명(区名)). 고대부터 한반도와의 교통의 중심지로 발전했던 항구마을.

1) ①히로시마 ②버스　2) ①나고야 ②전철　3) ①하카타 ②비행기

L5-14

회화 2

● 고국 묻기

A	お国(くに)は どちらですか。	고향은 어디십니까?
B	①アメリカ です。	미국입니다.
A	そうですか。いつ 日本(にほん)へ 来(き)ましたか。	그렇습니까? 언제 일본에 왔습니까?
B	②去年(きょねん)の 9月(がつ) に 来(き)ました。	작년 9월에 왔습니다.

1) ① インドネシア ② 先月(せんげつ)の 10日(とおか)　　2) ①イギリス ② ことしの 3月(がつ)
3) ① 中国(ちゅうごく) ② 先週(せんしゅう)の 月曜日(げつようび)

1) ①인도네시아 ②지난달 10일　2) ①영국 ②올해 3월　3) ①중국 ②지난주 월요일

L5-15

회화 3

● 어떤 전철을 타야하는지 묻기

A	この電車(でんしゃ)は ① 甲子園(こうしえん) へ 行(い)きますか。	이 전철은 고시엔에 갑니까?
B	いいえ、行(い)きません。	아니요, 안 갑니다.
	次(つぎ)の 「② 普通(ふつう)」ですよ。	다음 '보통' 입니다.(다음에 오는 '보통열차' 입니다)
A	そうですか。どうも。	그래요? 감사합니다.

1) ① 京都(きょうと) ② 急行(きゅうこう)　2) ① 神戸(こうべ) ② 特急(とっきゅう)
3) ① 伏見(ふしみ) ② 普通(ふつう)

甲子園(こうしえん) 고시엔 (오사카시 부근의 도시 내의 지명. 전국고교야구대회로 유명) | 神戸(こうべ) 고베 (일본의 도시. 유명한 무역항이자 한신공업지대의 중심지) | 伏見(ふしみ) 후시미 (교토(京都(きょうと))시 내의 지명. 봉건시대 귀족의 별장지로 유명) | 特急(とっきゅう) 특급열차 | 急行(きゅうこう) 급행열차 | 普通(ふつう) 보통열차

1) ①교토 ②급행　2) ①고베 ②특급　3) ①후시미 ②보통

하나~더!

★ 일본의 열차 종류를 속도순으로 말하면 「特急(とっきゅう)(특급) – 急行(きゅうこう)(급행) – 快速(かいそく)(쾌속) – 普通(ふつう)(보통)」입니다. '특급'이 가장 빠르고 정차하는 역도 적지요. '보통'은 모든 역에 정차하는 완행열차랍니다.

★ 문장 맨마지막의 「よ」는 '종조사'라고 하는데요, 상대방이 모르는 사실을 알려주거나, 자기의 판단과 의견 등을 강하게 전달할 때 씁니다. 이에 비해 종조사 「ね」는 자신의 감정이나 감탄을 나타내거나 상대방에게 동의를 구할 때 쓴답니다. 혼동하지 마세요!

· リサさんは 日本人(にほんじん)です<u>よ</u>。 리사 씨는 일본인이에요.
· リサさんは 日本人(にほんじん)です<u>ね</u>。 리사 씨는 일본인이지요?

회화 고수되기

셀로판지를 이용하여 회화 연습을 해봅시다.

코- 시 엥 에　이 키 마 스 까

甲子園へ　行きますか (고시엔에 갑니까?)

こう し えん　い

L5-16

> 일본의 전철역에는 선로가 왜 이리 많지요?! 어디서 타야할지 모르겠어요.
> 게다가 특급, 급행, 보통… 열차 종류도 많네요.
> 몇 번 승강장에서 어떤 전철을 타야 고시엔에 갈 수 있는지 물어봅시다.

01

サントス　すみません。甲子園まで　いくらですか。
(스미마셍　코-시엥마데　이꾸라데스까 / こうしえん)

女の人(おんな ひと)　３５０円です。
(삼바꾸고쥬- 엔 데스 / えん)

サントス　３５０円ですね。ありがとう　ございました。
(삼바꾸고쥬- 엔 데 스 네　아 리 가 또 -　고 자 이 마 시 타 / えん)

女の人(おんな ひと)　どういたしまして。
(도 - 이 따 시 마 시 테)

02

サントス　すみません。甲子園は　何番線ですか。
(스 미 마 셍　코- 시 엥 와　난 방 센 데 스 까 / こうしえん　なんばんせん)

駅員(えきいん)　５番線です。
(고 방 센 데 스 / ごばんせん)

サントス　どうも。
(도 - 모)

03

サントス　あのう、この電車は　甲子園へ　行きますか。
(아 노 -　고 노 덴 샤 와　코- 시 엥 에　이 키 마 스 까 / でんしゃ　こうしえん　い)

男の人(おとこ ひと)　いいえ、次の　「普通」ですよ。
(이 - 에　츠기 노　후 쯔-　데 스 요 / つぎ　ふつう)

サントス　そうですか。どうも。
(소 - 데 스 까　도 - 모)

すみません 실례합니다
いくらですか 얼마입니까?
どういたしまして 천만에요
何番線(なんばんせん) 몇 번선
どうも 고맙습니다
電車(でんしゃ) 전철
行(い)きます 갑니다
次(つぎ) 다음
普通(ふつう) 보통(보통열차)

01
산토스 : 실례합니다. 고시엔까지 얼마입니까?
여　자 : 350엔입니다.
산토스 : 350엔이요? 고맙습니다.
여　자 : 천만에요.

02
산토스 : 실례합니다. 고시엔은 몇 번선입니까?
역무원 : 5번선입니다.
산토스 : 고맙습니다.

03
산토스 : 저…, 이 전철은 고시엔으로 갑니까?
남　자 : 아니요. 다음(다음에 오는) 보통열차입니다.(다음에 오는 보통열차가 고시엔에 갑니다)
산토스 : 그렇습니까? 고맙습니다.

핵심표현 파악하기

① ありがとう　ございました ① 고마웠습니다 ② 고맙습니다

「ありがとう　ございました」를 잘 보세요. 현재형인「ます」가 아니라 과거형인「ました」로 끝나고 있네요. 그러므로「ありがとう　ございました」는 예전에 있었던 일에 대해 '고마웠습니다' 라는 뜻이 될 겁니다.

그런데! 항상 과거의 뜻은 아닙니다.「ました」에는 완료의 의미도 있거든요. 즉, 방금 끝난 일에 대해서 고맙다고 말할 때도「ありがとう　ございました」라고 쓸 수 있답니다. 물건을 사고 나올 때, 음식점에서 식사를 하고 나올 때, 점원이 하는 말을 잘 들어보세요.「ありがとう　ございました」라고 하는 경우가 많을 겁니다.

회화에서 산토스 역시「ありがとう　ございました」라고 하고 있네요. 상황을 보니 '고마웠습니다' 라고 번역하는 것보다 '고맙습니다' 라고 하는 게 나을 것 같죠?

② どういたしまして 천만에요, 별말씀을요.

상대방이 감사의 말을 하거나 사과의 말을 했을 때 쓰는 응답의 말입니다.

굳이 분석을 하자면「どう(어떻게)」+「いたしまして(해서)」인데요, 이미 한 단어처럼 굳어졌으니 통째로 외우는 게 좋겠습니다. 연습해 볼게요.

A : ありがとうございました。　　B : どういたしまして。

또한「いいえ(아뇨)」라고만 해도 가벼운 응대의 말이 됩니다.

③ 番線(ばんせん) ~번선

일본의 철도 시스템은 세계 최고 수준! 그 명성에 걸맞게 전철역에 선로가 아주 많답니다. 그래서 선로마다 '1번선', '2번선' 하는 식으로 번호를 붙여 놓았어요. 선로의 번호는 승강장의 번호이기도 하니까 목적지에 가려면 몇 번선에서 타야 하는지 꼭 확인하세요.

그리고 일본에 갈 일이 있다면 전철역 승강장에서 귀기울여 잘 들어보세요.「1番線(ばんせん)に電車(でんしゃ)がまいります(1번선에 전철이 들어옵니다)」와 같은 안내방송이 자주 들릴 겁니다.

④ 次(つぎ)の 다음의, 다음에 오는

「の」는 주로 '의' 로 번역하면 되지만「次(つぎ)の　普通(ふつう)ですよ」를 '다음의 보통열차입니다' 라고 번역하면 이상하죠?

「の」를 '의' 로 번역하는 것이 이상할 때는 다른 동사로 대치할 수 없는지 생각해 보셔야 합니다. 이 경우에는 '다음에 오는 보통열차입니다' 라고 하면 되겠네요. 이렇게「の」는 다른 동사로 대치해서 해석하기도 하는데요. 예를 들면,「雨(あめ)の日(ひ)は　何(なに)を　しますか。」에서「雨(あめ)の日(ひ)」는 '비의 날' 이 아니라 '비가 오는 날' 로 해석해야 자연스럽습니다.

회화로 다시 돌아가서 '이 전철은 고시엔에 갑니까?(この 電車(でんしゃ)は 甲子園(こうしえん)へ 行(い)きますか)라고 물었더니 '다음의 보통열차입니다' 라고 대답했는데 무슨 뜻일까요?

네. '다음에 오는 보통열차가 고시엔에 갑니다. 그러니까 다음에 오는 보통열차를 타십시오.' 라는 뜻이 되겠습니다. 그 말을 간단하게「次(つぎ)の　普通(ふつう)ですよ」라고 한 거죠.

도전 듣기 · 쓰기

1 L5-17 질문을 듣고 자기의 상황에 비추어 자유롭게 답하세요.

1) ______________________

2) ______________________

3) ______________________

4) ______________________

5) ______________________

2 L5-18 대화를 듣고 알맞은 그림을 고르세요.

1

2

3 L5-19 대화를 듣고 제시문에 맞으면 ○, 틀리면 ×표를 하세요.

1) ( ) 2) ( ) 3) ( )

4 보기와 같이 알맞은 단어를 (　　) 안에 넣으세요.

보기
これは　(　だれ　)の　ノートですか。 이것은 누구의 노트입니까?
→カリナさんの　ノートです。 카리나 씨의 노트입니다.

1) (　　　　　)　日本(にほん)へ　来(き)ましたか。 → 8月(がつ)17日(にち)に　来(き)ました。
2) (　　　　　)と　日本(にほん)へ　来(き)ましたか。 → 家族(かぞく)と　来(き)ました。
3) あした　(　　　　　)へ　行(い)きますか。 → どこも　行(い)きません。
4) すみません。京都(きょうと)まで　(　　　　　)ですか。 → 390円(えん)です。
5) (　　　　　)で　京都(きょうと)へ　行(い)きますか。 → 電車(でんしゃ)で　行(い)きます。
6) (　　　　　)に　うちへ　帰(かえ)りますか。 → 7時(じ)に　帰(かえ)ります。
7) 誕生日(たんじょうび)は　(　　　　　)(　　　　　)ですか。 → 9月1日(がつついたち)です。

5 보기와 같이 알맞은 단어를 (　　) 안에 넣으세요.

보기
これ(　は　)　本(ほん)です。 이것은 책입니다.

1) わたしは　ミラーです。ことし(　　)　4月(がつ)(　　)　アメリカ(　　)　来(き)ました。
2) 毎日(まいにち)　電車(でんしゃ)(　　)　会社(かいしゃ)(　　)　行(い)きます。
3) きのう　9時半(じはん)(　　)　うち(　　)　帰(かえ)りました。
4) けさ　わたしは　松本(まつもと)さん(　　)　ここ(　　)　来(き)ました。
5) おととい　どこ(　　)　行(い)きませんでした。
6) あさって　一人(ひとり)(　　)　デパート(　　)　行(い)きます。

도전 듣기 · 쓰기

6 산토스 씨의 수첩을 살짝 들여다볼까요. 스케줄이 아주 빽빽하군요. 언제 무엇을 하는지 보기와 같이 문장을 만들어 보세요.

サントスさんの　手帳(てちょう) (산토스 씨의 수첩) – 오늘은 수요일입니다.

보기　サントスさんは　おととい　新幹線(しんかんせん)で　東京(とうきょう)へ　行(い)きました。

산토스 씨는 그저께 신칸센으로 도쿄에 갔습니다.

1) サントスさんは　きのう ＿＿＿＿＿＿＿＿＿＿＿＿＿＿＿＿。

2) サントスさんは　きょう ＿＿＿＿＿＿＿＿＿＿＿＿＿＿＿＿。

3) サントスさんは　あしたの　午後(ごご) ＿＿＿＿＿＿＿＿＿＿＿＿＿＿＿＿。

4) サントスさんは　あさって ＿＿＿＿＿＿＿＿＿＿＿＿＿＿＿＿。

5) サントスさんは　日曜日(にちようび)に ＿＿＿＿＿＿＿＿＿＿＿＿＿＿＿＿。

하나~더!

● 월 읽기 L5-20

1월	2월	3월	4월	5월
いちがつ	にがつ	さんがつ	しがつ	ごがつ
6월	7월	8월	9월	10월
ろくがつ	しちがつ	はちがつ	くがつ	じゅうがつ
11월	12월	몇 월?		
じゅういちがつ	じゅうにがつ	なんがつ		

● 날짜 읽기 L5-21

1일	2일	3일	4일
ついたち	ふつか	みっか	よっか
5일	6일	7일	8일
いつか	むいか	なのか	ようか
9일	10일	11일	12일
ここのか	とおか	じゅういちにち	じゅうににち
13일	14일	15일	16일
じゅうさんにち	じゅうよっか	じゅうごにち	じゅうろくにち
17일	18일	19일	20일
じゅうしちにち	じゅうはちにち	じゅうくにち	はつか
21일	22일	23일	24일
にじゅういちにち	にじゅうににち	にじゅうさんにち	にじゅうよっか
25일	26일	27일	28일
にじゅうごにち	にじゅうろくにち	にじゅうしちにち	にじゅうはちにち
29일	30일	31일	몇 일?
にじゅうくにち	さんじゅうにち	さんじゅういちにち	なんにち

Lesson 6

일상생활에서 많이 사용하는 기본적인 동사를 익혀봅시다.

중요단어 파악하기

～を[오] (조사) ～을/를

～で[데] (조사) ～에서

～ませんか[마셍까] ～하지 않겠습니까? ～하지 않을래요?

～ましょう[마쇼–] ～합시다

눈도장 콱 찍기 L6-1

1 와따시와 쥬―스오 노미마스
わたしは ジュースを 飲みます。
①나는 ②주스를 ③마십니다.

2 와따시와 에끼데 신붕오 카이마스
わたしは 駅で 新聞を 買います。
①나는 ②역에서 ③신문을 ④삽니다.

3 잇쇼니 코―베에 이키마셍까
いっしょに 神戸へ 行きませんか。
①함께 ②고베에 ③가지 않겠습니까?

4 춋또 야스미마쇼―
ちょっと 休みましょう。
①잠깐 ②쉽시다.

문형 꼭꼭 익히기

1 나는 ~을 먹습니다.

와따시와 오 다베마스
わたしは ~を 食べます。
(食: た)

「を」는 '~을/를'이라는 의미의 조사입니다. 주로 타동사 앞에 쓰여 목적어를 나타내지요. '빵을 먹습니다'는 「パンを 食(た)べます」, '주스를 마십니다'는 「ジュースを 飲(の)みます」라고 하면 됩니다.

L6-2

음성을 들으면서 따라하세요.

와따시와 わたしは	팡 パン 쿠다모노 くだもの 니꾸또 야사이 にくと やさい	오 を	다베마스 食(た)べます。
아나따와 あなたは	나니 なに		다베마스까 食べますか。

나는 [빵 / 과일 / 고기와 야채] 을(를) 먹습니다 // 당신은 무엇을 먹습니까?

パン 빵　果物(くだもの) 과일
肉(にく) 고기　野菜(やさい) 야채
食(た)べます 먹습니다

하나~더!

★ '빵'은 어느 나라 말???

'빵'이란 단어는 우리에게도 너무나 익숙해서 외래어라는 느낌조차 들지 않습니다. 그런데 원래는 포르투갈어라고 하는군요! 일본은 오래전부터 포르투갈과 교역을 했기 때문에 포르투갈어가 많이 남아 있습니다. 그 중 대표적인 것이 「パン」「テンプラ(튀김)」「タバコ(담배)」등이랍니다. 또한 총과 크리스트교를 전파해준 것도 포르투갈입니다.

★「何」는 '무엇'이라는 뜻인데 「なに」 또는 「なん」으로 읽습니다. 「なん」으로 읽는 경우는 다음과 같습니다.

(1) 「何」 다음에 오는 말의 어두가 た행, だ행, な행인 경우

なんですか。(무엇입니까?)　　なんで 行(い)きますか。(뭘로 갑니까?)
なんの 本(ほん)ですか。(무슨 책입니까?)　　なんと 言(い)いますか。(뭐라고 말합니까?)

(2) 조수사가 붙는 수 등을 묻는 경우

テレサちゃんは なん歳(さい)ですか。(테레사는 몇 살입니까?)

그 외에는 「なに」라고 읽습니다. 몇 가지 예를 들어보겠습니다.

なにを 食(た)べますか。무엇을 먹겠습니까?　　なにが いいですか。무엇이 좋을까요?
なにに しますか。무엇으로 하겠습니까?　　なにも 食(た)べません。아무 것도 먹지 않겠습니다.

2 나는 아무것도 ~하지 않습니다. / ~하지 않았습니다.

와 따 시 와　나 니 모　마 셍　마 셍 데 시 타
わたしは　なにも　～ません。/ ～ませんでした。

「も」는 '～도'라는 의미의 조사죠. 「なにも」라고 하면 '아무것도'라는 뜻이 됩니다.

L6-3

음성을 들으면서 따라하세요.

와따시와 わたしは	나니모 何も(なに)	카이마셍 かいません。 다베마셍 たべません。 시마셍데시타 しませんでした。

나는 아무것도 [안 삽니다 · 안 사겠습니다 / 먹지 않습니다 · 먹지 않겠습니다 / 하지 않았습니다].

買(か)いません 사지 않습니다, 사지 않겠습니다
食(た)べません 먹지 않습니다, 먹지 않겠습니다
しませんでした 하지 않았습니다

3 나는 ~에서 시계를 샀습니다.

와 따 시 와　데　토 케- 오　카 이 마 시 타
わたしは　～で　時計(とけい)を　買(か)いました。

5과에서는 「で」가 교통수단을 나타내는 용법으로 배우셨죠? 6과에서는 '~에서'라는 의미로, 동작이 행해지는 장소를 나타내는 용법으로 공부하겠습니다. 예를 들어 볼까요.

학교에서	공부를	합니다.	역에서	신문을	샀습니다.
学校(がっこう)で	勉強(べんきょう)を	します。	駅(えき)で	新聞(しんぶん)を	買(か)いました。

L6-4

음성을 들으면서 따라하세요.

와따시와 わたしは	데파-토 デパート 아노 미세 あの みせ 토-꾜- とうきょう	데 で	토케-오 時計(とけい)を	카이마시타 買(か)いました。
아나타와 あなたは	도꼬 どこ		토케-오 時計(とけい)を	카이마시타까 買(か)いましたか。

나는 [백화점 / 저 가게 / 도쿄]에서 시계를 샀습니다. // 당신은 어디에서 시계를 샀습니까?

時計(とけい) 시계
買(か)いました 샀습니다
店(みせ) 가게

문형 꼭꼭 익히기

4 같이 · 함께 ~하지 않겠습니까?

いっしょに ~ませんか。
(잇쇼니 ~마셍까)

「~ませんか」는 '~하지 않겠습니까, ~하지 않을래요? '라는 뜻으로 상대방에게 무언가를 권유할 때 사용합니다. 그럼 이제 마음에 드는 일본인에게 데이트신청을 할 수 있겠군요. 와우!! 「いっしょに お茶(ちゃ)を 飲(の)みませんか。」

L6-5

음성을 들으면서 따라하세요.

いっしょに (잇쇼니)	お茶(ちゃ)を のみ**ませんか**。 (오챠오 노미마셍까)
	京都(きょうと)へ いき**ませんか**。 (쿄-또에 이키마셍까)
	映画(えいが)を み**ませんか**。 (에-가오 미마셍까)

같이 [차를 마시지 않겠습니까? / 교토에 가지 않겠습니까? / 영화를 보지 않겠습니까?]

一緒(いっしょ)に 같이, 함께
お茶(ちゃ) 차. 주로 녹차.
映画(えいが) 영화

하나~더!

「お茶(ちゃ)」는 무슨 차일까요???

①녹차 ②보리차 ③둥굴레차 ④인삼차 ⑤오미자차

정답은 ①번!

「お茶(ちゃ)」란 녹차를 가리키며 일본인들은 대개 녹차를 마십니다. 종류도 다양해서 「煎茶(せんちゃ)」「玉露(ぎょくろ) : 煎茶(せんちゃ) 중 최고품)」「番茶(ばんちゃ) : 煎茶(せんちゃ) 중 최하품)」「ほうじ茶(ちゃ)(番茶(ばんちゃ)를 강한 불에 볶은 것)」「抹茶(まっちゃ) : 다도 도구로 거품을 내어 마시는 차)」 등이 있습니다. 그런데 우리나라에서 흔히 볼 수 있는 옥수수차, 둥굴레차, 유자차, 모과차, 인삼차, 오미자차, 결명자차, 대추차, 쌍화차 등은 찾아보기가 어려워요. 보리차(むぎちゃ)는 있지만 우리나라처럼 많이 마시지는 않습니다. 맛도 좋고 건강에도 좋은 다양한 차를 전수해주신 우리 선조님들, 정말 존경스럽지 않나요?

5 ~합시다.

마 쇼 ー
~ましょう。

やすみます 쉽니다 → やすみましょう 쉽시다
いきます 갑니다 → いきましょう 갑시다
たべます 먹습니다 → たべましょう 먹읍시다
します 합니다 → しましょう 합시다

「~ましょう」는 '~합시다' 라는 뜻으로 남에게 무엇을 권할 때 사용합니다. 「~ませんか」도 남에게 뭔가를 권할 때 쓰는 말이지만 '~하지 않겠습니까? ' 라는 소극적인 표현인 반면 「~ましょう」는 '~합시다' 라는 적극적인 표현이죠. 적극적이니만큼 상대방의 의견을 무시하는 듯한 느낌도 줄 수 있으니 다짜고짜 「~ましょう」만 연발해서는 곤란하겠죠. 어쨌거나 저쨌거나 「~ましょう」의 연습을 위해서 4번 문장을 모두 「~ましょう」로 바꿔볼까요.

L6-6

음성을 들으면서 따라하세요.

잇 쇼 니 いっしょに	오 챠 오 노 미 마 쇼 ー お茶(ちゃ)を 飲(の)みましょう。 쿄- 또 에 이 키 마 쇼 ー 京(きょう)都(と)へ いきましょう。 에- 가 오 미 마 쇼 ー 映画(えいが)を みましょう。

같이 [차를 마십니다 / 교토에 갑시다 / 영화를 봅시다].

하나~더!

참, 「~ましょう」에는 '~합시다' 이외에 내가 '~하겠습니다, ~하지요' 라는 의미도 있답니다. 누군가의 제안에 적극적으로 응할 때 이런 표현을 씁니다. 예를 들어서 휴일인데도 누군가 회사에 가야하는 경우, 모두 망설이고 있는데 어느 한 사람이 선뜻 나서며 이렇게 말하는 거예요. 「わたしが 行(い)きましょう」. 이 때는 '내가 갑시다' 즉, '내가 가겠습니다, 내가 가지요' 라는 뜻이 됩니다.

입에 착 붙게 말하기

셀로판지를 이용하여 말하기 연습을 해봅시다.

1 동사를 연습하는 문제입니다. 그림을 보고 보기와 같이 말하세요. L6-7

보기

1

2

3

4

보기 ラジオを　聞(き)きます。 라디오를 듣습니다.

스스로 해본 후에 음성을 들으면서 따라하세요.

1)　　2)　　3)　　4)

水(みず) 물 | 飲(の)みます 마십니다 | タバコ(포르투갈어 tabaco) 담배 | 吸(す)います 피웁니다 | 手紙(てがみ) 편지 | 書(か)きます 씁니다 | 写真(しゃしん) 사진 | 撮(と)ります 찍습니다

Answer 1) 水(みず)を　飲(の)みます。 2) タバコを　吸(す)います。 3) 手紙(てがみ)を　書(か)きます。 4) 写真(しゃしん)を　撮(と)ります。

2 동사의 긍정 · 부정 연습입니다. 보기와 같이 주어진 はい 또는 いいえ를 이용해 답하세요. L6-8

보기 たばこを　吸(す)いますか。(はい) 담배를 피웁니까?(예) → はい、吸(す)います。 네, 피웁니다.

스스로 해본 후에 음성을 들으면서 따라하세요.

1) お酒(さけ)を　飲(の)みますか。(いいえ) →

2) あした　日本語(にほんご)を　勉強(べんきょう)しますか。(はい) →

3) けさ　新聞(しんぶん)を　読(よ)みましたか。(はい) →

4) きのうの　晩(ばん)　テレビを　見(み)ましたか。(いいえ) →

お酒(さけ) ①술 ②정종 | 新聞(しんぶん) 신문 | テレビ 텔레비전

Answer 1) いいえ、飲(の)みません。 2) はい、勉強(べんきょう)します。 3) はい、読(よ)みました。 4) いいえ、見(み)ませんでした。

3 보기와 같이 주어진 단어로 질문을 만들고 답하세요. L6-9

보기 買います (かばん) →

Q：何を　買いますか。무엇을 삽니까?

A：かばんを　買います。가방을 삽니다.

스스로 해본 후에 음성을 들으면서 따라하세요.

1) 勉強します (日本語) →　　2) 飲みます (紅茶) →

3) 食べました (魚) →　　4) 買いました (雑誌と　CD) →

紅茶 홍차 | 魚 물고기, 생선 | 雑誌 잡지

Answer

1) Q：何を　勉強しますか。　A：日本語を　勉強します。

2) Q：何を　飲みますか。　A：紅茶を　飲みます。

3) Q：何を　食べましたか。　A：魚を　食べました。

4) Q：何を　買いましたか。　A：雑誌と　CDを　買いました。

4 주어진 단어의 시제에 유의하면서 그림을 보고 보기와 같이 질문을 만들고 답하세요. L6-10

보기

1

2

3

4

보기 あした → Q：あした　何を　しますか。내일 무엇을 합니까?

A：デパートへ　行きます。백화점에 갑니다.

스스로 해본 후에 음성을 들으면서 따라하세요.

1) きょうの　午後　　2) 今晩　　3) きのう　　4) おととい

します 합니다 | サッカー(soccer) 축구 | ～と(に)会いました ～랑(을) 만났습니다

Answer

1) Q：きょうの　午後、何を　しますか。　A：レポートを　書きます。

2) Q：今晩　何を　しますか。　A：テレビを　見ます。

3) Q：きのう、何を　しましたか。　A：友だちと　会いました。

4) Q：おととい　何を　しましたか。　A：サッカーを　しました。

입에 착 붙게 말하기

셀로판지를 이용하여 말하기 연습을 해봅시다.

5 장소를 묻고 답하는 문제입니다. 보기와 같이 묻고 답하세요. L6-11

보기 写真(しゃしん)を　撮(と)ります(庭(にわ)) →
Q：どこで　写真(しゃしん)を　撮(と)りますか。어디서 사진을 찍습니까?
A：庭(にわ)で　撮(と)ります。정원에서 찍습니다.

스스로 해본 후에 음성을 들으면서 따라하세요.

1) ミラーさんに　会(あ)います(駅(えき))
2) 昼(ひる)ごはんを　食(た)べます(会社(かいしゃ)の　食堂(しょくどう))
3) 牛乳(ぎゅうにゅう)を　買(か)いました(スーパー)
4) 日本語(にほんご)を　勉強(べんきょう)しました(国(くに))

庭(にわ) 뜰, 마당, 정원 | ~に 会(あ)います ~을/를 만납니다 | 駅(えき) 역 | 昼(ひる)ごはん 점심(밥) | 食堂(しょくどう) 식당 | 牛乳(ぎゅうにゅう) 우유 | 国(くに) 고향, 고국

Answer

1) Q：どこで　ミラーさんに　会(あ)いますか。　A：駅(えき)で　会(あ)います。
2) Q：どこで　昼(ひる)ごはんを　食(た)べますか。　A：会社(かいしゃ)の　食堂(しょくどう)で　食(た)べます。
3) Q：どこで　牛乳(ぎゅうにゅう)を　買(か)いましたか。　A：スーパーで　買(か)いました。
4) Q：どこで　日本語(にほんご)を　勉強(べんきょう)しましたか。　A：国(くに)で　勉強(べんきょう)しました。

6 「それから(그리고나서)」 연습입니다. 두 개의 그림을 보고 보기와 같이 말하세요. L6-12

보기 今晩(こんばん) → 今晩(こんばん)　宿題(しゅくだい)を　します。それから、CDを　聞(き)きます。
오늘 밤 숙제를 합니다. 그리고 나서, CD를 듣습니다.

스스로 해본 후에 음성을 들으면서 따라하세요.

1) あした →
2) 来週(らいしゅう)の　土曜日(どようび) →
3) きのうの　午後(ごご) →
4) 先週(せんしゅう)の　日曜日(にちようび) →

宿題(しゅくだい) 숙제 | 聞(き)きます 듣습니다 | 仕事(しごと) 일 | 食事(しょくじ) 식사 | ビール 맥주

Answer
1) あした 仕事を します。それから、日本語を 勉強します。
2) 来週の 土曜日 食事を します。それから、映画を 見ます。
3) きのうの 午後 テレビを 見ました。それから、手紙を 書きました。
4) 先週の 日曜日 サッカーを しました。それから、ビールを 飲みました。

7 「～ませんか」와 「～ましょう」 연습입니다. 그림을 보고 보기와 같이 묻고 답하세요. L6-13

보기

1

2

3

4

보기
Q：いっしょに 京都へ 行きませんか。 함께 교토에 가지 않겠습니까?
A：ええ、行きましょう。 네, 갑시다.

스스로 해본 후에 음성을 들으면서 따라하세요.

1) 2) 3) 4)

昼ごはんを 食べます 점심을 먹습니다 | コーヒーを 飲みます 커피를 마십니다 | 映画を 見ます 영화를 봅니다 | テニスを します 테니스를 칩니다

Answer
1) Q：いっしょに 昼ごはんを 食べませんか。 A：ええ、食べましょう。
2) Q：いっしょに コーヒーを 飲みませんか。 A：ええ、飲みましょう。
3) Q：いっしょに 映画を 見ませんか。 A：ええ、見ましょう。
4) Q：いっしょに テニスを しませんか。 A：ええ、しましょう。

하나~더!

① '~을/를 만납니다'는 「~に 会います」라고 합니다. 한국어에서는 '~을/를'이라는 조사를 사용하지만 일본어에서는 「を」를 쓰지 않고 「に」를 쓴다는 것! 꼭 기억해 주세요!
② 「国」는 '고향, 고국'이라는 뜻이 있어요. 윗 문장에서는 「国で 勉強しました」는 어떻게 번역하면 좋을까요? '우리 나라에서 공부했습니다' 정도로 번역하면 될 것 같네요.
③ 「それから」는 '그리고 나서'라는 뜻으로 앞 문장의 행동이 일어난 후 뒷 문장의 행동이 일어날 때 쓰는 말입니다.
④ 「ええ」는 '네'라는 의미로 긍정을 나타내는 말인데요 「はい」에 비해서 정중함이 덜하고 가벼운 말투입니다.
⑤ 테니스를 칩니다? 테니스를 합니다?
한국어에서는 테니스를 '칩니다'라고 말하죠. 하지만 일본어에서는 테니스를 '합니다'라고 말한답니다. 그러니까 「テニスを します」라고 하시면 됩니다.

회화랑 친해지기

L6-14

회화 1

●「それから」를 이용해 문장 이어서 말하기

A	日曜日　何を　しましたか。	일요일에 무엇을 했습니까?
B	①手紙を　書きました。それから	편지를 썼습니다. 그리고 나서
	②ビデオを　見ました。	비디오를 봤습니다.
	田中さんは？	다나카 씨는요?
A	わたしは　京都へ　行きました。	나는 교토에 갔었습니다.

1) ① テニスを　します　② ビールを　飲みます
2) ① 図書館で　勉強します　② 友達に　会います
3) ① デパートで　ワインを　買います　② サントスさんの　うちへ　行きます

ビール(네덜란드어 bier) 맥주 ｜ うち 집

1) ①테니스를 칩니다 ②맥주를 마십니다　2) ①도서관에서 공부합니다 ②친구를 만납니다

3) ①백화점에서 와인을 삽니다 ②산토스 씨 집에 갑니다

「日曜日」에 「に」를 왜 안 붙였을까? 원래는 「に」를 붙여야 하지만, 회화체에서는 생략하기도 합니다.

L6-15

회화 2

●목적어가 있는 타동사 연습하기

A	いつも　この　①店で	늘 이 가게에서
	②本を　買いますか。	책을 삽니까?
B	ええ。	네.
A	わたしも　時々　ここで　②買います。	나도 가끔 여기에서 삽니다.
B	そうですか。	그렇습니까.

1) ① レストラン　② 昼ごはんを　食べます　2) ① 図書館　② 宿題を　します
3) ① スーパー　② パンを　買います

時々 가끔, 때때로 ｜ レストラン(restaurant) 레스토랑

1) ①레스토랑 ②점심을 먹습니다　2) ①도서관 ②숙제를 합니다　3) ①슈퍼마켓 ②빵을 삽니다

L6-16

회화 3

● 남에게 권유하기

A 今晩(こんばん) いっしょに	오늘밤 함께
ビールを 飲(の)み ませんか。	맥주를 마시지 않을래요?
B ええ、いいですね。	네, 좋지요.
A じゃ、6時(じ)に 駅(えき)で 会(あ)いましょう。	그럼, 6시에 역에서 만납시다.
B わかりました。	알겠습니다.

1) 神戸(こうべ)へ 行(い)きます　2) ごはんを 食(た)べます
3) 映画(えいが)を 見(み)ます

1) 고베에 갑니다　2) 밥을 먹습니다　3) 영화를 봅니다

「じゃ」는 「では」의 줄임말로 '그럼'이라는 뜻입니다. 친구와 헤어질 때 '그럼 또 만나요'라는 의미로 인사를 해 볼까요. 「じゃ、また。」라고 한답니다. 직역하면 '그럼 또'가 되지요.

셀로판지를 이용하여 회화 연습을 해봅시다.

一緒(いっしょ)に　行(い)きませんか (함께 안 가실래요?)

잇 쇼 니　이 키 마 셍 까

L6-17

벚꽃이 흐드러지는 4월, 일본사람들은 벚꽃놀이를 즐깁니다.
친구에게 함께 벚꽃놀이 가자고 말해볼까요.

佐藤(さとう)　ミラーさん。
미 라 - 상

ミラー　何(なん)ですか。
난 데 스 까

佐藤(さとう)　あした　友達(ともだち)と　お花見(はなみ)を　します。
아 시 타　도모다치 또　오 하나 미 오　시 마 스

ミラーさんも　いっしょに　行きませんか。
미 라 - 상 모　잇 쇼 니　이 키 마 셍 까

ミラー　いいですね。どこへ　行きますか。
이 - 데 스 네　도 꼬 에　이 키 마 스 까

佐藤(さとう)　大阪城公園(おおさかじょうこうえん)です。
오-사까 죠- 코- 엔 데 스

ミラー　何時(なんじ)ですか。
난 지 데 스 까

佐藤(さとう)　10時(じ)です。大阪城公園駅(おおさかじょうこうえんえき)で　会(あ)いましょう。
쥬- 지 데 스　오-사까 죠- 코- 엔 에끼 데　아 이 마 쇼 -

ミラー　わかりました。
와 까 리 마 시 타

佐藤(さとう)　じゃ、また　あした。
쟈　마 타　아 시 타

お花見(はなみ) 벚꽃놀이, 꽃구경
します 합니다, 하겠습니다
わかりました 알겠습니다
じゃ 그럼
また 또
あした 내일

사토 : 밀러 씨.
밀러 : 왜요?
사토 : 내일 친구랑 벚꽃놀이 갈 거예요.
밀러 씨도 같이 가지 않을래요?
밀러 : 좋지요. 어디로 가나요?
사토 : 오사카성 공원이요.
밀러 : 몇 시예요?
사토 : 10시예요. 오사카성 공원역에서 만나요.
밀러 : 알겠습니다.
사토 : 그럼, 내일 또 봐요.

핵심표현 파악하기

① 何(なん)ですか。 왜요? 무슨 일이시죠?

「何(なん)ですか」는 원래 '무엇입니까?' 라는 뜻이죠. 하지만 윗 문장에서는 '나를 왜 부르느냐, 용건이 무엇이냐' 라는 의미로 쓰였습니다. 그러니까 '무엇입니까?' 라고 번역하지 마시고 '왜요?' '무슨 일이시죠?' 등으로 번역하면 되겠습니다.

② お花見(はなみ)を します。 벚꽃놀이 갈 거예요. 꽃구경 갈 거예요.

「花見(はなみ)」는 꽃을 본다는 뜻으로 윗 문장을 직역하면 '꽃구경을 합니다/하겠습니다' 가 됩니다. 하지만 '내일 친구랑 꽃구경을 하겠습니다' 라는 표현은 뭔가 어색하군요. 한국어로 자연스럽게 의역을 하면 '내일 친구랑 꽃구경을 가겠습니다' 가 좋을 것 같네요.

그리고 참, '꽃구경' 이라고 했는데 주로 무슨 꽃일까요? 장미? 진달래? 아뇨. 벚꽃이랍니다. 다시 말해서 「お花見(はなみ)」는 '벚꽃놀이' 를 가리키는 것이지요.

그렇다면 벚꽃놀이 가서 벚꽃만 보고 올까요? 그럴리가요! 도시락과 돗자리를 챙겨들고 벚꽃나무 아래서 음주가무를 즐기는 것이 진정한 「お花見(はなみ)」랍니다. 남에게 피해주기 싫어하는 일본사람들도 이 때만큼은 좋은 자리를 차지하기 위해 치열한 쟁탈전을 벌인다는군요. 벚꽃이 흐드러지는 4월, 여러분도 「お花見(はなみ)に 行(い)きませんか」.

③ お花見(はなみ) 벚꽃놀이

「お」는 존경의 접두사로 상대방을 높여서 말하고자 할 때 붙입니다. 예를 들어 상대방의 이름이라면 「お名前(なまえ)」, 상대방의 전화라면 「お電話(でんわ)」라고 하지요.

그런데 「お花見(はなみ)」는 뭔가요? 누구를 높이는 건가요? 이 경우에는 특별히 누구를 높여서 말하는 것이 아니라 말을 아름답고 품위있게 하기 위해 붙이는 거랍니다(이것을 미화어라고 불러요). 그러니까 「花見(はなみ)」라고 하는 것보다 「お花見(はなみ)」라고 하면 좀더 아름답고 품위있게 들리는 것이지요. 비슷한 예로 「お酒(さけ)」「お食事(しょくじ)」 등이 있습니다.

그 외에 관용적으로 항상 「お」를 붙이는 경우도 있어요. 「おちゃ(차)」「おかね(돈)」 등이죠.

④ 大阪城公園(おおさかじょうこうえん) 오사카성 공원

「大阪城(おおさかじょう)」는 임진왜란의 원흉 도요토미 히데요시(豊臣秀吉)가 축조한 성입니다. 1583년부터 1585년까지 공사를 하였다고 하니 1592년의 임진왜란을 일으키기 9년 전부터 짓기 시작했던 것이지요. 성 내부에는 히데요시를 기리기 위해 그의 초상화나 갑옷, 검 등이 전시되어 있습니다. 한국인에게는 원수이지만 일본인에게는 영웅으로 추앙받고 있는 거죠. 하지만 히데요시는 조선정벌의 꿈을 이루지 못하고 눈을 감았고 그가 지었던 오사카성도 1615년에 불타 없어졌으며 정권 또한 아들에게 이어지지 못하고 도쿠가와 이에야스(徳川家康)에게 빼앗겼습니다. 무모한 전쟁을 일으킨 지도자의 말로가 어떤 것인지 여실히 보여주는 증거이지요.

참, 오사카성이 불타버렸으면 현재 남아있는 오사카성은 뭐냐고요? 그건 에도(江戸)시대에 다시 지은 것이라고 하네요. 그리고 현재는 오사카성 주변을 공원으로 만들어 관광의 명소로 이용되고 있습니다.

도전 듣기 · 쓰기

1 L6-18 질문을 듣고 본인의 상황에 맞게 자유롭게 답하세요.

1) ____________________

2) ____________________

3) ____________________

4) ____________________

5) ____________________

2 L6-19 대화를 듣고 제시문에 맞으면 ○, 틀리면 ×표를 하세요.

1) (　　) 2) (　　) 3) (　　) 4) (　　) 5) (　　)

메모하며 문제를 풀어보세요.

3 다음 그림을 보고 빈칸에 알맞는 말을 넣어세요.

보기 電車[でんしゃ](で) 会社[かいしゃ]へ 行[い]きます。 전철로 회사에 갑니다.

1) 友達[ともだち]( ) ________________。

2) 12時[じ]( ) ________________。

3) デパート( ) ________________。

4) ロビー( ) ________________。

5) 8時[じ]( ) 9時[じ]( ) ________________。

4 문맥에 맞는 단어에 ○ 하세요.

보기 毎晩(まいばん) （ **何時(なんじ)に** 、いつ、どこで ） 寝(ね)ますか。 매일 밤 몇 시에 잡니까?

→ 11時(じ)に 寝(ね)ます。 11시에 잡니다.

1) 日曜日(にちようび) （ どこで、何(なに)を、何(なん)で ） しますか。→ テニスを します。

2) （ どこへ、どこで、いつ ） その カメラを 買(か)いましたか。

→ 大阪(おおさか)デパートで 買(か)いました。

3) けさ （ 何(なに)を、何(なん)で、どこで ） 食(た)べましたか。→ 何(なに)も 食(た)べませんでした。

4) おととい （ どこで、だれに、何時(なんじ)に ） 会(あ)いましたか。

→ グプタさんに 会(あ)いました。

5 문맥에 맞는 단어에 ○ 하세요.

보기 おととい 東京(とうきょう)へ （ **行(い)きました** 、行きます ）。 그저께 도쿄에 갔습니다.

1) きのうの 晩(ばん) 手紙(てがみ)を （ 書(か)きます、書(か)きました ）。

2) 毎朝(まいあさ) 新聞(しんぶん)を （ 読(よ)みますか、読(よ)みましたか ）。→ いいえ、読(よ)みません。

3) いっしょに 美術館(びじゅつかん)へ （ 行(い)きませんでしたか、行(い)きませんか ）

→ ええ、（ 行(い)きましょう、行(い)きません ）。

4) あした 大阪城公園(おおさかじょうこうえん)で 花見(はなみ)を （ しました、します ）。

6 다음 글을 읽고 제시된 문장과 일치하면 ○, 틀리면 ×표를 하세요.

ミラーさんの 毎日(まいにち) 밀러 씨의 하루하루

ミラーさんは 毎朝(まいあさ) 7時(じ)に 起(お)きます。朝(あさ)ごはんは いつも パンと コーヒーです。電車(でんしゃ)で 会社(かいしゃ)へ 行(い)きます。会社(かいしゃ)は 9時(じ)から 5時(じ)までです。7時(じ)に うちへ 帰(かえ)ります。7時半(じはん)に 晩(ばん)ごはんを 食(た)べます。それから テレビを 見(み)ます。英語(えいご)の 新聞(しんぶん)を 読(よ)みます。夜(よる) 12時(じ)に 寝(ね)ます。

土曜日(どようび)と 日曜日(にちようび)は 働(はたら)きません。土曜日(どようび)は 朝(あさ) 図書館(としょかん)へ 行(い)きます。午後(ごご) テニスを します。日曜日(にちようび)は どこも 行(い)きません。休(やす)みます。

보기
1) (O) ミラーさんは 毎朝(まいあさ) コーヒーを 飲(の)みます。밀러 씨는 매일 아침 커피를 마십니다.
2) (X) ミラーさんは 毎朝(まいあさ) 7時半(じはん)に 起(お)きます。밀러 씨는 매일 아침 7시 반에 일어납니다.

1) (　　) ミラーさんは 朝(あさ)ごはんを 食(た)べません。

2) (　　) ミラーさんは 月曜日(げつようび)から 金曜日(きんようび)まで 働(はたら)きます。

3) (　　) ミラーさんは 毎朝(まいあさ) 英語(えいご)の 新聞(しんぶん)を 読(よ)みます。

4) (　　) ミラーさんは 土曜日(どようび) どこも 行(い)きません。

중간고사

1 보기와 같이 알맞은 단어를 (　　) 안에 넣으세요.

보기　わたし（は）　マイク・ミラーです。

1) こちらは　IMC（　　）　マイク・ミラーさんです。

2) カリナさんは　学生です。タワポンさん（　　）　学生です。

3) これは　コンピューター（　　）　雑誌です。

4) それは　わたし（　　）　本です。

5) あの　傘は　タワポンさん（　　）です。

6) これは　日本（　　）　カメラです。

7) 事務所（　　）　どこですか。

8) この　ネクタイ（　　）　ください。

9) 銀行は　10時（　　）　3時（　　）です。

10) きのう（　　）　晩　10時（　　）　寝ました。

11) わたしは　昼　12時（　　）　1時（　　）　休みます。

12) サントスさんは　ブラジル（　　）　来ました。

13) きのう　タクシー（　　）　うち（　　）　帰りました。

14) わたしは　8月（　　）　友達（　　）　北海道（　　）　行きます。

15) スーパー（　　）　パン（　　）　牛乳（　　）　買いました。

16) けさ　何（　　）　食べませんでした。

2 그림을 보고 보기와 같이 문장을 완성하세요.

보기
1　ミラーさんは　朝(あさ)　6時(じ)に　起(お)きます。
2　会社(かいしゃ)は　9時(じ)から　5時(じ)までです。

1) ミラーさんは ______________________。

2) 昼休(ひるやす)みは ______________________。

3) 会社(かいしゃ)は　5時(じ)に ______________________。

4) ミラーさんは ______________________。

5) ミラーさんは ______________________。

3 보기와 같이 알맞은 단어를 (　　) 안에 넣으세요.

보기　あの　人(ひと)は　(　だれ　)ですか。→ ミラーさんです。

1) 太郎君(たろうくん)は　(　　　　)ですか。→ 8歳(さい)です。

2) それは　(　　　　)ですか。→ テレホンカードです。

3) それは　(　　　　)の　テープですか。→ 日本語(にほんご)の　テープです。

중간고사

4) これは　(　　　　)の　傘ですか。→ わたしの　傘です。

5) あの　かばんは　(　　　　)のですか。→ カリナさんのです。

6) 電話は　(　　　　)ですか。→ あそこです。

7) 受付は　(　　　　)ですか。→ そちらです。

8) お国は　(　　　　)ですか。→ タイです。

9) それは　(　　　　)の　ワインですか。→ フランスの　ワインです。

10) この　カメラは　(　　　　)ですか。→ 35,000円です。

11) 図書館の　電話番号は　(　　　　)ですか。→ 31の　8698です。

12) 今　(　　　　)ですか。→ 9時15分です。

13) きょう　(　　　　)に　うちへ　帰りますか。→ 7時に　帰ります。

14) 会社は　(　　　　)から　(　　　　)までですか。
→ 10時から　6時までです。

15) きょうは　(　　　　)ですか。→ 火曜日です。

16) 誕生日は　(　　　　)(　　　　)ですか。→ 2月11日です。

17) (　　　　)へ　行きますか。→ 北海道へ　行きます。

18) (　　　　)　行きますか。→ 6月に　行きます。

19) (　　　　)と　行きますか。→ 一人で　行きます。

20) (　　　　)で　行きますか。→ 飛行機で　行きます。

21) 日曜日　(　　　　)を　しましたか。→ 大阪で　映画を　見ました。

22) いつも　(　　　　)で　新聞を　買いますか。→ 駅で　買います。

23) 神戸で　(　　　　)を　買いましたか。→ 靴を　買いました。

해답은 별책에 있습니다

4 보기와 같이 문장을 완성하세요.

보기 ミラーさんは　アメリカ人(じん) ___です___ か。
→ はい、アメリカ人(じん) ___です___ 。

1) ミラーさんは　学生(がくせい) __________ か。

→ いいえ、学生(がくせい) ____________________ 。

2) 毎日(まいにち)　新聞(しんぶん)を　読(よ)み __________ か。

→ いいえ、読(よ)み ____________________ 。

3) あした　病院(びょういん)へ　行(い)き __________ か。

→ いいえ、行(い)き ____________________ 。

4) きのう　どこへ　行(い)き __________ か。

→ どこも　行(い)き ____________________ 。

5) 今晩(こんばん)　いっしょに　飲(の)み __________ か。

→ ええ、いいですね。

じゃ、6時(じ)に　駅(えき)で　会(あ)い __________ 。

점수 환산(문제당 1점) : 합계득점÷49×100점 [　　　] 점

Lesson

7

선물이나 물건을 주고 받아 볼까요?

중요단어 파악하기

～で (조사) ～로/으로(수단, 도구, 방법을 나타냄)

～に (조사) ①～에게 ②～로부터

もう (부사) 이미, 벌써

あげます 줍니다, 드립니다

もらいます 받습니다

눈도장 콱 찍기 L7-1

1 わたしは ワープロで 手紙(てがみ)を 書(か)きます。

① ② ③ ④

①나는 ②워드프로세서로 ③편지를 ④씁니다.

2 わたしは 木村(きむら)さんに 花(はな)を あげます。

① ② ③ ④

①나는 ②기무라 씨에게 ③꽃을 ④드립니다.

3 わたしは カリナさんに チョコレートを

① ② ③

①나는 ②카리나 씨한테서 ③초콜릿을

もらいました。

④

④받았습니다.

문형 꼭꼭 익히기

1 (식기구) ~(으)로

~で

조사 「で」에는 수단, 도구를 나타내는 용법이 있습니다. 「~으로, ~을 가지고」라는 뜻이지요. 앞서 5과에서 공부한 교통수단 뒤에 붙는 「で」와 같아요!

예	한국인	은	숟가락	과	젓가락	으로	밥을	먹습니다.
	↓	↓	↓	↓	↓	↓	↓	↓
	韓国人(かんこくじん)	は	スプーン	と	はし	で	ごはんを	食(た)べます。

L7-2

음성을 들으면서 따라하세요.

日本人(にほんじん)は	はし	で	ごはんを　食(た)べます。
インドネシア人(じん)は	スプーンと　フォーク		
アメリカ人(じん)は	ナイフと　フォーク		
	なん		ごはんを　食(た)べますか。

[일본인은 젓가락으로 / 인도네시아인은 숟가락과 포크로 / 미국인은 나이프와 포크로] 밥을 먹습니다. / [무엇으로] 밥을 먹습니까?

箸(はし) 젓가락
インドネシア人(じん) 인도네시아인
スプーン(spoon) 숟가락
フォーク(fork) 포크
ナイフ(knife) 칼(식사용)
食(た)べます 먹습니다

2 (외국어) ~(으)로

~で

예	한국인	은	한국어	로	말합니다.
	↓	↓	↓	↓	↓
	韓国人(かんこくじん)	は	韓国語(かんこくご)	で	話(はな)します。

L7-3

음성을 들으면서 따라하세요.

わたしは	にほんご えいご ちゅうごくご	で	レポートを　書(か)きます。

나는 [일본어 / 영어 / 중국어]로 레포트를 씁니다.

中国語(ちゅうごくご) 중국어
書(か)きます 씁니다
レポート(report) 레포트

3 (외국어) ~(으)로

～で

예 아리가토는 한국어 **로** '감사합니다' 입니다.
↓ ↓ ↓ ↓
ありがとうは 韓国語(かんこくご) **で** 「カムサハムニダ」です。

L7-4

음성을 들으면서 따라하세요.

「ありがとう」は	えいご スペイン語(ご) 中国語(ちゅうごくご)	で	"Thank you"です。 "Gracias"です。 "謝謝"です。
	タイ語(ご)		なんですか。

아리가토는 [영어로 Thank you / 스페인어로 Gracias(그라시아스) / 중국어로 謝謝(씨에씨에)] 입니다. / 아리가토는 [태국어로] 뭡니까?

スペイン語(ご) 스페인어
タイ語(ご) 태국어

4 (누구)에게

～に

예 ① 나는 여자친구 **에게** 초콜릿을 줍니다.
↓ ↓ ↓ ↓
私(わたし)は 彼女(かのじょ) **に** チョコレートを あげます。

② 선생님은 학생 **에게** 일본어를 가르칩니다.
↓ ↓ ↓ ↓
先生(せんせい)は 学生(がくせい) **に** 日本語(にほんご)を 教(おし)えます。

L7-5

음성을 들으면서 따라하세요.

わたしは	さとうさん ともだち ちち	に	電話(でんわ)を かけます。
あなたは	だれ		電話(でんわ)を かけますか。

나는 [사토 씨 / 친구 / 아버지]에게 전화를 겁니다. / 당신은 누구에게 전화를 겁니까?

友達(ともだち) 친구
父(ちち) 아버지
だれ 누구
電話(でんわ) 전화
かけます 겁니다

5 (누구)에게서/한테서/로부터

～に

「に」는 '～에게'란 뜻 뿐만 아니라 '～에게서, ～한테서'라는 「から」의 의미도 가지고 있습니다. 따라서 여기서 쓰인 「に」는 「から」로 바꿀 수 있습니다.

예

①	나는 ↓ 私は	여자친구 ↓ 彼女(かのじょ)	에게서 ↓ に	초콜릿을 ↓ チョコレートを	받았습니다. ↓ もらいました。
②	나는 ↓ 私は	친구 ↓ 友(とも)だち	에게서 ↓ に	책을 ↓ 本(ほん)を	빌렸습니다. ↓ 借(か)りました。
③	나는 ↓ 私は	선생님 ↓ 先生(せんせい)	에게서 ↓ に	일본어를 ↓ 日本語(にほんご)を	배웠습니다. ↓ 習(なら)いました。

L7-6

음성을 들으면서 따라하세요.

わたしは	ワットさん せんせい かいしゃの ひと	に	本(ほん)を 借(か)りました。
あなたは	だれ		本(ほん)を 借(か)りましたか。

나는 [왓트 씨 / 선생님 / 회사사람]에게서 책을 빌렸습니다.
당신은 누구한테서 책을 빌렸습니까?

先生(せんせい) 선생님
会社(かいしゃ)の人(ひと) 회사사람
本(ほん) 책
借(か)ります 빌립니다

▶오고 가는 방향을 잘 기억해 두세요.

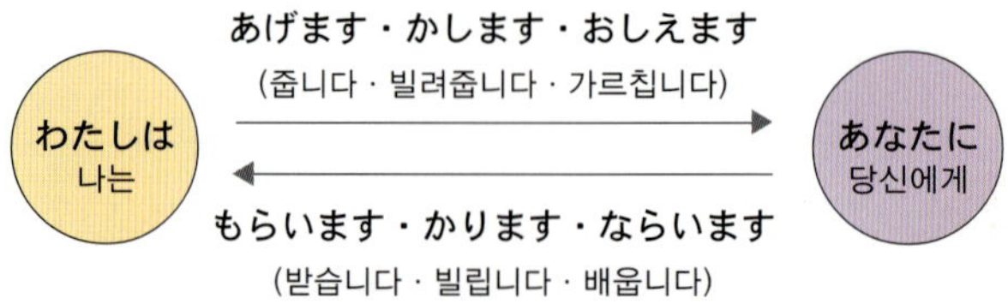

6 이미(벌써) ~했습니다

もう　~しました

「もう」라는 부사에 대해 알아볼까요? 이미/벌써 완료되었다는 의미를 나타내므로 과거형과 함께 쓰입니다.

주의!

もう 荷物(にもつ)を 送りましたか。벌써 짐을 보냈습니까?
→はい、（もう） 送(おく)りました。(○) 네, 보냈습니다.
いいえ、送(おく)りませんでした。(×) 아니요, 보내지 않았습니다.
いいえ、まだです。(○) 아니요, 아직입니다.

「もう」가 들어간 질문을 받을 때에 긍정일 경우에는 그대로 대답하면 되지만 부정인 경우에는 한국어 식으로 대답하는 것은 틀린 표현입니다. 따라서 「送(おく)ります」라는 동사를 굳이 넣으려 하지 말고 대체표현인 「まだです」를 써서 표현하도록 합시다. 「送(おく)ります」동사를 활용하여 부정표현을 할 수 있지만 어렵기 때문에 나중에 배우도록 하고 오늘은 여기까지.

L7-7

음성을 들으면서 따라하세요.

もう	荷物(にもつ)を　おくりました。 大阪城(おおさかじょう)へ　いきました。 プレゼントを　かいました。

이미 [짐을 부쳤습니다 / 오사카성에 갔습니다 / 선물을 샀습니다].

もう 이미/벌써
荷物(にもつ) 짐, 하물
大阪城(おおさかじょう) 오오사카성
行(い)きます 갑니다
買(か)います 삽니다

L7-8

〈이미(もう)와 아직(まだ)〉

응답 / 상황별질문	もう (네, 이미 ~했어요)	まだ (아니요, 아직 ~하지 않았어요)
밥 먹었어요?	はい、もう　食(た)べました	いいえ、まだです
숙제 했어요?	はい、もう　しました	いいえ、まだです
복사 했어요?	はい、もう　しました	いいえ、まだです
선물 줬어요?	はい、もう　あげました	いいえ、まだです

입에 착 붙게 말하기

셀로판지를 이용하여 말하기 연습을 해봅시다.

1 수단 · 도구를 나타내는 「で」입니다. 다음 그림을 보고 보기와 같이 문장을 만드세요. L7-9

보기 ごはんを　食(た)べます → はしで　ごはんを　食(た)べます。 젓가락으로 밥을 먹습니다

스스로 해본 후에 음성을 들으면서 따라하세요.

1) 手紙(てがみ)を　書(か)きます　　2) レポートを　送(おく)ります

3) 紙(かみ)を　切(き)ります　　4) ごはんを　食(た)べます

ペン(pen) 펜 | 手紙(てがみ) 편지 | 書(か)きます 씁니다 | ファックス(fax) 팩스 | レポート(report) 레포트 | 送(おく)ります 보냅니다 | はさみ 가위 | 紙(かみ) 종이 | 切(き)ります 자릅니다 | 手(て) 손 | 食(た)べます 먹습니다

Answer 1) ペンで 手紙(てがみ)を 書(か)きます。 2) ファックスで レポートを 送(おく)ります。 3) はさみで 紙(かみ)を 切(き)ります。 4) 手(て)で ごはんを 食(た)べます。

2 다음 보기의 물건 이름을 일본어로 말해 봅시다. L7-10

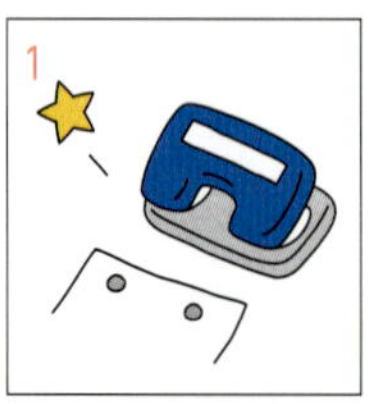

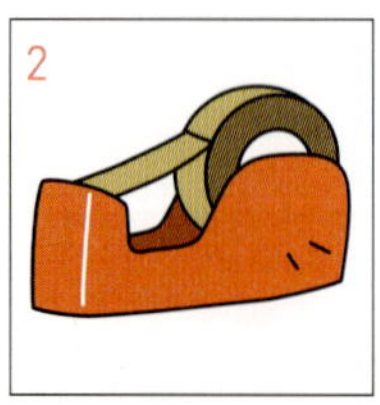

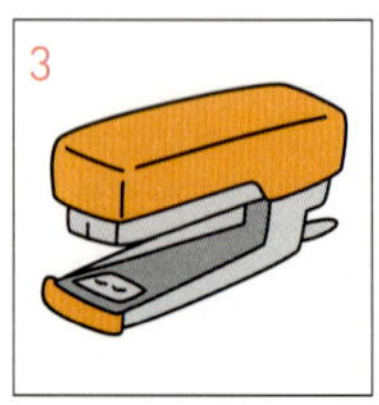

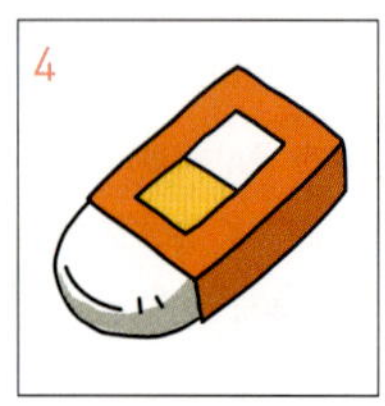

보기 これは　日本語(にほんご)で　何(なん)ですか。 이것은 일본어로 무엇입니까?
→ パソコンです。 파소콘 입니다.

스스로 해본 후에 음성을 들으면서 따라하세요.

1)　　2)　　3)　　4)

パンチ(punch) 펀치 | セロテープ(Cellotape:일본에서 만든 단어, 제품명) 스카치테이프 | ホッチキス(Hotchkiss) 스테플러 | 消(け)しゴム 지우개 | パソコン(パーソナル・コンピューター) PC(Personal Computer 의 줄임말)

Answer 1) パンチです。 2) セロテープです。 3) ホッチキスです。 4) 消(け)しゴムです。

3 '내가 남에게 ~해주다'라는 표현을 연습합시다. 다음 그림을 보고 보기와 같이 문장을 만드세요. L7-11

보기 あげます。→ テレサちゃんに　ノートを　あげます。 테레사에게 노트를 줍니다.

스스로 해본 후에 음성을 들으면서 따라하세요.

1) 貸(か)します　　2) 教(おし)えます

3) 書(か)きます　　4) かけます

本(ほん) 책 | 英語(えいご) 영어 | 電話(でんわ) 전화 | 貸(か)します (남에게)빌려줍니다 | 教(おし)えます 가르칩니다 | 書(か)きます 씁니다 | かけます 겁니다

Answer 1) イーさんに 本(ほん)を 貸(か)します。 2) 太郎(たろう)くんに 英語(えいご)を 教(おし)えます。 3) 母(はは)に 手紙(てがみ)を 書(か)きます。 4) シュミットさんに 電話(でんわ)を かけます。

4 '남에게서 ~을 받다'라는 표현을 연습합시다. 다음 그림을 보고 보기와 같이 문장을 만드세요. L7-12

보기 もらいます → 父(ちち)に　シャツを　もらいました。 아버지에게서 셔츠를 받았습니다.

스스로 해본 후에 음성을 들으면서 따라하세요.

1) 借(か)ります　　2) 習(なら)います

3) もらいます　　4) もらいます

借(か)ります (남에게서) 빌립니다 | 習(なら)います 배웁니다 | 中国語(ちゅうごくご) 중국어

Answer 1) カリナさんに CDを 借(か)りました。 2) ワンさんに 中国語(ちゅうごくご)を 習(なら)いました。 3) 木村(きむら)さんに 手紙(てがみ)を もらいました。 4) サントスさんに 電話(でんわ)を もらいました。

借(か)ります (내가 남한테서) 빌립니다
貸(か)します (내가 남에게) 빌려줍니다

나 → 貸(か)します → 남
나 ← 借(か)ります ← 남

입에 착 붙게 말하기

셀로판지를 이용하여 말하기 연습을 해봅시다.

5 '남에게 ~을 받다' 라는 표현을 연습합시다. 다음 그림을 보고 보기와 같이 질문을 만들고 답하세요. L7-13

보기 習(なら)います → Q：だれに　英語(えいご)を　習(なら)いましたか。 누구에게서 영어를 배웠습니까?
A：ワットさんに　習(なら)いました。 왓트 씨에게서 배웠습니다.

주의 대답에서는 목적어를 뺀다.

스스로 해본 후에 음성을 들으면서 따라하세요.

1) 書(か)きます　　2) かけます　　3) もらいます　　4) 借(か)ります

手紙(てがみ) 편지 | 電話(でんわ) 전화 | プレゼント 선물 | お金(かね) 돈

Answer

1) Q：だれに　手紙(てがみ)を　書(か)きましたか。　A：カリナさんに　書(か)きました。
2) Q：だれに　電話(でんわ)を　かけましたか。　A：グプタさんに　かけました。
3) Q：だれに　プレゼントを　もらいましたか。　A：母(はは)に　もらいました。
4) Q：だれに　お金(かね)を　借(か)りましたか。　A：山田(やまだ)さんに　借(か)りました。

6 '남에게 ~해주다' 라는 표현을 연습합시다. 괄호 안의 단어를 이용하여 대답해 보세요. L7-14

보기 お母(かあ)さんの　誕生日(たんじょうび)に　何(なに)を　あげましたか。(花(はな)) 어머니 생신에 무엇을 드렸습니까?(꽃)
→ 花(はな)を　あげました。 꽃을 드렸습니다.

힌트 いつ・だれ・どこ・なに 등과 같은 의문사에 주의하여 질문받은 내용만을 답한다.
질문의 시제와 일치시켜 답한다.

스스로 해본 후에 음성을 들으면서 따라하세요.

1) 去年(きょねん)の　クリスマスに　何(なに)を　もらいましたか。(ネクタイと　本(ほん)) →
2) どこで　日本語(にほんご)を　習(なら)いましたか。(アメリカ) →
3) いつ　家族(かぞく)に　電話(でんわ)を　かけますか。(あした) →
4) だれに　この　CDを　借(か)りましたか。(友達(ともだち)) →

去年(きょねん) 작년 | ネクタイ 넥타이 | いつ 언제 | 家族(かぞく) 가족 | 友達(ともだち) 친구

Answer 1) ネクタイと　本(ほん)を　もらいました。 2) アメリカで　習(なら)いました。 3) あした、かけます。 4) 友達(ともだち)に　借(か)りました。

7 「もう」로 묻고 긍정 · 부정으로 답하는 연습입니다. 보기와 같이 질문을 만들고 답하세요. L7-15

보기

1) 切符(きっぷ)を　買(か)います。(はい)

→ Q：もう　切符(きっぷ)を　買(か)いましたか。 벌써 표를 샀습니까?

A：はい、もう　買(か)いました。 네, 이미 샀습니다.

2) 手紙(てがみ)を　書(か)きます。(いいえ)

→ Q：もう　手紙(てがみ)を　書(か)きましたか。 벌써 편지를 썼습니까?

A：いいえ、まだです。 아니요, 아직이요.

주의 제시어는 현재형(買(か)います／書(か)きます)이라 하더라도 「もう」를 넣어서 질문을 만들 때에는 買(か)いました／書(か)きました처럼 시제를 과거로 바꿔줘야 합니다.

스스로 해본 후에 음성을 들으면서 따라하세요.

1) レポートを　送(おく)ります。(いいえ) →

2) 京都(きょうと)へ　行(い)きます。(はい) →

3) ミラーさんは　帰(かえ)ります。(いいえ) →

4) テレサちゃんは　寝(ね)ます。(はい) →

Answer

1) Q：もう　レポートを　送(おく)りましたか。　A：いいえ、まだです。

2) Q：もう　京都(きょうと)へ　行(い)きましたか。　A：はい、もう　行(い)きました。

3) Q：もう　ミラーさんは　帰(かえ)りましたか。　A：いいえ、まだです。

4) Q：もう　テレサちゃんは　寝(ね)ましたか。　A：はい、もう　寝(ね)ました。

주의 4) はい、もう　寝(ね)ました。(네, 벌써 잡니다)와 같이 한국어로 해석을 할 때에는 현재형이 자연스럽죠. 하지만 일본어로 이야기할 때에는 과거형으로 해주세요.

회화랑 친해지기

L7-16

회화 1

●물건의 명칭 묻기

A これは 日本語(にほんご)で 何(なん)ですか。 이것은 일본어로 뭐예요?

B 「はさみ」です。 '하사미(가위)' 입니다.

A 「はさみ」ですか。 '하사미' 예요?

B はい、そうです。 네. 그렇습니다.

1) ホッチキス　2) 消(け)しゴム　3) セロテープ

1) 스테플러　2) 지우개　3) 스카치테이프

①消(け)しゴム는 消(け)し와 ゴム가 합쳐진 말이에요. 消(け)し에는 '지우다, 끄다, 없애다' 라는 뜻이 있습니다. 뒤에 ゴム가 붙어서 지우는 고무, 지우개가 되었지요.

②セロテープ는 영어 그대로 하면 셀로테입(셀로판 테입)이 되지요. 하지만 우리나라에서 셀로테입이라고 하면 접착용 테입을 떠올리지 못할 때가 많습니다. 같은 영어라도 일본에서는 셀로테입, 한국에서는 스카치테입이라고 하는 것이 재미있군요. 스카치 테입은 스카치(scotch)라는 상품브랜드명에서 유래했다는 사실 알고 계신가요?

L7-17

회화 2

●물건을 누구에게서 받았는지 말하기

A その ①時計(とけい)、すてきですね。 그 시계 멋지군요.

B ありがとうございます。 감사합니다.

誕生日(たんじょうび)に ②父(ちち)に もらいました。 생일날 아버지에게서 받았습니다.

1) ① シャツ　② 友達(ともだち)　2) ① 靴(くつ)　② 母(はは)

3) ① ネクタイ　② 彼女(かのじょ)

シャツ 셔츠 | 靴(くつ) 구두 | 彼女(かのじょ) 여자친구

1) ①셔츠 ②친구　2) ①구두 ②어머니　3) ①넥타이 ②여자친구

「すてきですね」는 상대방을 아주 기분 좋게 하는 말입니다. 「すてき」는 멋있다, 근사하다는 말인데 상대방의 물건이나 차림새 이외에 행동이나 성격 등등 추상적인 것을 칭찬할 때에도 쓸 수 있는 좋은 말입니다. 칭찬을 받으면 쑥스럽지요? 보통 에이~ 뭘요, 이게 멋진가요? 라는 식으로 자기를 부정하면서 겸손의 응대를 하지만 정중히 받아들여 「ありがとうございます」라고 대답하면 회화가 깔끔히 마무리됩니다.

L7-18

회화 3

● 어떤 행동을 이미 했는지 묻기

A もう ① 昼(ひる)ごはんを 食(た)べました か。 이미 점심밥을 먹었습니까?

B いいえ、まだです。 아뇨, 아직입니다(아직 못먹었어요).

② これから ① 食(た)べます 。 이제 먹을 겁니다.(먹으려구요).

1) ① レポートを 書(か)きます ② 今晩(こんばん)
2) ① 病院(びょういん)へ 行(い)きます ②きょうの 午後(ごご)
3) ① 新幹線(しんかんせん)の 切符(きっぷ)を 買(か)います ② あした

これから 지금부터, 지금, 이제 | 今晩(こんばん) 오늘밤 | 病院(びょういん) 병원 | きょうの 午後(ごご) 오늘 오후 | 切符(きっぷ) 표 | 買(か)います 삽니다 | あした 내일

1) ①레포트를 씁니다 ②오늘밤 2) ①병원에 갑니다 ②오늘 오후 3) ①신칸센 표를 삽니다 ②내일

もう(벌써)가 있으므로 ①에서는 「食(た)べましたか」로 과거로 물었습니다. 하지만 아래 ①에서는 これから(지금부터)로 미래의 의미를 지닌 말이 있으므로 「食(た)べます」가 왔습니다. 주의해서 보세요!

일본어의 「ます」는 한국어의 「합니다」로서 정중함을 나타내는데, 「하겠습니다/ 할 겁니다」정도의 가까운 미래를 나타내는 용법도 있다고 했죠? 기억나세요?

회화 고수되기

셀로판지를 이용하여 회화 연습을 해봅시다.

ごめんください (아무도 안계세요?)

L7-19

산토스 씨 부부가 야마다 씨네로 초대를 받았습니다. 처음에 현관에 오르면서 인사하면, 야마다 씨는 어서 들어오라고 하겠죠? 응접실에서 커피를 마시면서 발견한 예쁜 커피스푼! 스푼이 예쁘다고 칭찬해 줍니다.

01

ホセ・サントス　ごめんください。

山田一郎(やまだいちろう)　いらっしゃい。どうぞ　お上(あ)がり　ください。

ホセ・サントス　失礼(しつれい)します。

02

山田友子(やまだともこ)　コーヒーは　いかがですか。

マリア・サントス　ありがとうございます。

03

山田友子　どうぞ。

マリア・サントス　いただきます。

この　スプーン　すてきですね。

山田友子　ええ。会社(かいしゃ)の人(ひと)に　もらいました。

ヨーロッパ旅行(りょこう)の　お土産(みやげ)です。

ごめんください 실례합니다, 아무도 안 계세요?

上(あ)がる 올라가다, 올라오다

いかがですか 어떻습니까?「どうですか」보다 정중한 표현

スプーン 스푼, 숟가락

すてきだ 멋지다

もらう 받다

旅行(りょこう) 여행

お土産(みやげ) 토산품, 선물

01

호세 산토스 : 아무도 안계세요?

야마다 이치로 : 어서오세요. 어서 올라오세요.

호세 산토스 : 실례하겠습니다.

02

야마다 토모코 : 커피 한잔 드시겠어요?

마리아 산토스 : 감사합니다.

03

야마다 토모코 : 커피 여기 있어요. 드세요.

마리아 산토스 : 잘 마시겠습니다.
이 스푼 멋지군요.

야마다 토모코 : 네. 회사사람에게서 받았어요. 유럽 여행 다녀오고 나서 선물로 주시더라구요.

핵심표현 파악하기

① ごめんください 실례합니다.

남의 집이나 가게에 들어서면서 '누구 없나요?' '좀 나와 주세요' '실례합니다' 등등의 의미로 주인을 부를 때 쓰는 표현입니다.

주인이 없는 남의 공간에 함부로 들어가는 것은 아주 실례이니까 아무도 없을 때에는「ごめんくださ～い」라고 외치면서 주인을 불러주세요.「ごめんなさい」라는 말도 있는데 이것은 '미안합니다' 라는 뜻이에요. 모양은 비슷하지만 의미가 다르니까 조심하세요.

② いらっしゃい 어서오세요.

일식집에 들어가자마자 점원이나 주방장이「いらっしゃいませ」라고 외치는 소리를 들어보셨나요?「いらっしゃい」에「ませ」(극존칭형)이 붙은 표현입니다. 상업성 멘트가 아니면「ませ」는 안 붙여도 됩니다.

③ どうぞ 어서

무언가를 권할 때 씁니다. '어서 ~하세요. 많이 ~하세요. 그렇게 하도록 하세요. 자 여기 있습니다' 등 아주 다양한 의미가 있습니다.「どうぞ」가 나올 때 마다 그 상황을 잘 떠올려 가면서「どうぞ」의 다양한 의미를 배워가도록 합시다.「どうぞ」라고 상대방이 권해주면「どうも(고마워요)」라고 답례를 합니다.

④ お上(あ)がり ください 올라오세요.

일본이나 한국은 예나 지금이나 가옥 양식을 보더라도 현관에서 마루(거실)로 해서 신발을 벗고 집에 들어옵니다. 그리고 마루는 현관보다 조금 더 높습니다. 옛날 가옥양식은 더욱더 마루가 높았지요. 그렇기 때문에 집으로 들어오라는 표현은 마루로 올라오라(上(あ)がり)는 뜻과도 같아요. 그런 배경에서「お上(あ)がりください(올라오세요)」가 '들어오세요' 라는 표현을 대신하게 되었네요.

⑤ 失礼(しつれい)します 실례합니다.

일본인들은 남의 공간으로 들어갈 때에「失礼(しつれい)します」라고 꼭 이야기합니다. 남의 공간을 빠져나올 때에도 이 표현을 씁니다. 유심히 살펴보면 일본인들은 이「失礼(しつれい)します」라는 표현을 상당히 많이 쓰고 있답니다. 한번 찾아 보세요.

⑥ いただきます 잘 먹겠습니다.

사실 일본인들은 정말 인사를 열심히 한답니다. 초대받아서 음식을 먹을 때에는 '잘 먹겠습니다' 라고 꼭 인사를 하고 먹습니다. 일본인들은 자기 혼자 밥을 먹을 때에도「いただきま～す」라는 인사를 하고 나서 밥을 먹는답니다. 그럼 잘 먹었습니다는?「ごちそうさまでした!」

⑦ お土産(みやげ) 선물(여행지에서 사온 기념품, 평소 가볍게 주고 받을 수 있는 물건)

일본어에는 선물을 나타내는 말이 많아요.「プレゼント」란 말은 이미 알고 있지요?「プレゼント」와「お土産(みやげ)」는 엄연히 다르기 때문에 구별해서 써야 합니다.「プレゼント」는 생일이나 입학, 승진 등등의 축하의미로 정성을 들여 미리 준비한 느낌의 정식 선물이고,「お土産(みやげ)」는 여행지 등에서 사갖고 온 열쇠고리, 아버지가 퇴근하면서 사온 붕어빵 같은 작은 선물입니다.

도전 듣기 · 쓰기

1 L7-20

질문을 듣고 본인의 상황에 맞게 자유롭게 답하세요.

1) ______________________________

2) ______________________________

3) ______________________________

4) ______________________________

5) ______________________________

2 L7-21

대화를 듣고 알맞은 그림을 고르세요.

1

1 

2 

3 

2

1 

2 

3 

3 L7-22

대화를 듣고 제시문이 맞으면 ○, 틀리면 ×표를 하세요.

1) (　　　)　　2) (　　　)　　3) (　　　)

4 보기와 같이 그림을 보고 문장을 완성하세요.

보기 友達(ともだち)に　本(ほん)を　貸(か)します。 친구에게 책을 빌려줍니다.

1) 学生(がくせい)に ____________________。

2) 先生(せんせい)に ____________________。

3) 家族(かぞく)に ____________________。

4) 父(ちち)に ____________________。

5) 彼女(かのじょ)に ____________________。

도전 듣기 · 쓰기

5 보기와 같이 알맞은 조사를 ( )안에 넣으세요.

> 보기 これは イタリア(の) 靴(くつ)です。 이것은 이탈리아 구두입니다.

1) わたしは はし( ) ごはんを 食(た)べます。

2) ファックス( ) レポートを 送(おく)りました。

3) 「さようなら」は 英語(えいご)( ) 何(なん)ですか。

4) わたしは きのう 彼女(かのじょ)( ) 手紙(てがみ)( ) 書(か)きました。

5) わたしは 友達(ともだち)( ) お土産(みやげ)( ) もらいました。

6 보기와 같이 대화를 완성하세요.

> 보기 もう 昼(ひる)ごはんを 食(た)べましたか。 벌써 점심을 먹었습니까?
> → いいえ、<u>まだです</u>。これから、<u>食(た)べます</u>。いっしょに <u>食(た)べませんか</u>。
> 아니요, 아직이요. 이제 먹을 겁니다. 같이 먹지 않을래요?

1) もう 大阪城(おおさかじょう)へ 行(い)きましたか。

→ いいえ、＿＿＿＿＿＿＿＿。日曜日(にちようび) ミラーさんと ＿＿＿＿＿＿＿＿。
いっしょに＿＿＿＿＿＿＿＿。

2) もう クリスマスカードを 書(か)きましたか。

→ はい、＿＿＿＿＿＿＿＿＿＿＿＿＿＿。

3) もう 荷物(にもつ)を 送(おく)りましたか。

→ いいえ、＿＿＿＿＿＿＿＿。きょうの 午後(ごご) ＿＿＿＿＿＿＿＿。

4) テレサちゃんは もう 寝(ね)ましたか。

→ はい、＿＿＿＿＿＿＿＿＿＿＿＿＿＿。

7 다음 글을 읽고 질문이 내용에 맞으면 ○, 틀리면 ×표를 하세요.

土曜日と　日曜日

けさ　図書館へ　行きました。図書館で　太郎君に　会いました。太郎君と　いっしょに　ビデオを　見ました。わたしは　旅行の　本を　借りました。あしたは　日曜日です。朝　旅行の　本を　読みます。午後　デパートへ　行きます。母の　誕生日の　プレゼントを　買います。去年は　母に　花を　あげました。ことしは　日本の　花の　本を　あげます。

1) (　　) きょうは　土曜日です。

2) (　　) ミラーさんは　けさ　太郎君と　図書館へ　行きました。

3) (　　) ミラーさんは　図書館で　旅行の　本を　読みました。

4) (　　) ミラーさんは　ことしも　お母さんに　花を　あげます。

Lesson

8

일본어 형용사!

정중표현, 부정표현, 수식표현

중요단어 파악하기 

	~입니다	명사수식
い형용사	～いです。	～い　N
な형용사	～です。	～な　N

눈도장 콱 찍기 L8-1

1 桜(さくら)は ① きれいです。②

①벚꽃은 ②예쁩니다.

2 富士山(ふじさん)は ① 高(たか)いです。②

①후지산은 ②높습니다.

3 桜(さくら)は ① きれいな ② 花(はな)です。③

①벚꽃은 ②예쁜 ③꽃입니다.

4 富士山(ふじさん)は ① 高(たか)い ② 山(やま)です。③

①후지산은 ②높은 ③산입니다.

문형 꼭꼭 익히기

1 い/な 형용사의 긍정표현 : ~ㅂ니다/~합니다

[い형용사] ~いです / [な형용사] ~です

い형용사는 모두 い로 끝나기 때문에 구별하기 쉽습니다. な형용사는 특별한 형태가 없으므로 일일이 다 외워야 합니다.

주 きれい(예쁨)、有名(ゆうめい)(유명), きらい(싫음)는 끝이 い로 끝나지만 い형용사가 아닌 な형용사.

L8-2

음성을 들으면서 따라하세요.

ワット先生(せんせい)は	ハンサムです。 親切(しんせつ)です。	な형용사
	いいです。 おもしろいです。	い형용사
	どうですか。	의문

왓트 선생님은 [잘 생겼습니다 / 친절합니다] [좋습니다 / 재미있습니다] [어떻습니까?]

ハンサム 잘생김
親切(しんせつ) 친절함
いい 좋다
おもしろい 재미있다
どうですか 어떻습니까

2 い/な 형용사의 부정표현 : ~지 않습니다

[い형용사] ~く ないです / [な형용사] ~じゃ ありません

형용사 부정은 조금 복잡합니다. 긍정은 무조건 「です」만 붙이면 되지만 부정은 그렇지 않아요. 앞서 「명사+です」문형을 많이 공부하셨죠? 「명사+です」의 부정은 뭐였지요? 「명사+じゃありません」이에요~. 이렇게 바로 대답하셨나요?
그럼 「형용사+です」의 부정도 「형용사+じゃありません」하면 될것 같지만 그렇지 않답니다.

〈일본어 형용사 부정만드는 법〉

끝에い가 붙어있는지 확인
- yes → い형용사이므로 い를 く로 바꾸고 뒤에 「ないです」를 붙인다.
- no → な형용사이므로 な형용사 뒤에 「じゃありません」를 붙인다.

어랏? 선생님~な형용사의 부정은 명사의 부정과 같지 않나요? 맞습니다. 같답니다.
조심! きれい・きらい・ゆうめい는 い로 끝났지만 な형용사라는 점 잊으시면 안돼요~.

L8-3

きれいです げんきです にぎやかです	きれいじゃ　ありません げんきじゃ　ありません にぎやかじゃ　ありません	な형용사
たかいです おいしいです いいです	たかく　ないです おいしく　ないです よく　ないです	い형용사

[예쁩니다 / 예쁘지 않습니다] [건강합니다 / 건강하지 않습니다] [번화합니다 / 번화하지 않습니다]
[높습니다 / 높지 않습니다] [맛있습니다 / 맛있지 않습니다] [좋습니다 / 좋지 않습니다]

음성을 들으면서 따라하세요.

きれい 예쁨, 깨끗함
元気(げんき) 건강함, 잘 지냄
にぎやか 번화함, 흥겨움, 시끌벅적함
高(たか)い 높다, 비싸다
おいしい 맛있다
いい 좋다

3 い／な형용사의 명사 수식 : ～ㄴ/한 명사

[い형용사] ～い　N／[な형용사] ～な　N

L8-4

奈良(なら)は	きれい しずか	な	町(まち)です。
	い 古(ふる)	い	
	どん	な	町(まち)ですか。

나라는 [예쁜(깨끗한)/조용한] [좋은 / 오래된] 마을입니다. // 나라는 어떤 마을입니까?

음성을 들으면서 따라하세요.

町(まち) 마을, 거리
しずか 조용함
古(ふる)い 낡다, 오래되다
どんな 어떤

〈착한 남자와 잘생긴 남자〉

형용사 ＼ 의미	いい (좋다 · 착하다)	ハンサム (잘생김)
사전형	いい	ハンサム
긍정형	いいです	ハンサムです
부정형	よくないです	ハンサムじゃ　ありません
명사수식형	いい　男(おとこ)	ハンサムな　男(おとこ)

입에 착 붙게 말하기

셀로판지를 이용하여 말하기 연습을 해봅시다.

1 다음 그림을 보고 연상되는 형용사는 무엇입니까? 그 형용사를 이용하여 보기와 같이 문장을 만드세요. L8-5

보기

ミラーさん

1

サントスさん

2

カリナさん

3
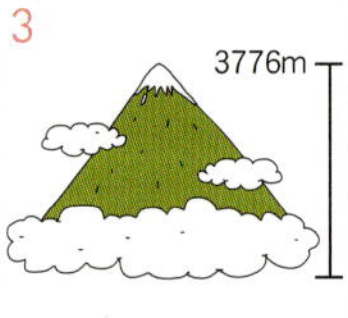

ふじさん

4

8がつ

보기 ミラーさんは 親切(しんせつ)です。 밀러 씨는 친절합니다.

1)　　　2)　　　3)　　　4)

스스로 해본 후에 음성을 들으면서 따라하세요.

元気(げんき) 건강함, 잘 지냄 | きれい 예쁨 | 高(たか)い 높다, 비싸다 | 暑(あつ)い 덥다

Answer 1) サントスさんは 元気(げんき)です。 2) カリナさんは きれいです。 3) ふじさんは 高(たか)いです。 4) 8月(はちがつ)は 暑(あつ)いです。

2 제시 단어를 이용한 형용사의 부정표현 연습니다. 보기와 같이 문장을 만드세요. L8-6

보기
1) 山田(やまだ)さん・元気(げんき) → 山田(やまだ)さんは 元気(げんき)じゃ ありません。 야마다 씨는 건강하지 않습니다.
2) この 自転車(じてんしゃ)・新(あたら)しい → この 自転車(じてんしゃ)は 新(あたら)しくないです。 이 자전거는 새것이 아닙니다.

스스로 해본 후에 음성을 들으면서 따라하세요.

1) イーさん・暇(ひま) →
2) ワンさんの 部屋(へや)・きれい →
3) ミラーさん・忙(いそが)しい →
4) 日本語(にほんご)・易(やさ)しい →

暇(ひま) 한가함 | 部屋(へや) 방 | 忙(いそが)しい 바쁘다 | 易(やさ)しい 쉽다

Answer 1) イーさんは 暇(ひま)じゃ ありません。 2) ワンさんの 部屋(へや)は きれいじゃ ありません。
3) ミラーさんは 忙(いそが)しくないです。 4) 日本語(にほんご)は 易(やさ)しくないです。

3 제시단어를 이용하여 긍정과 부정을 상황에 맞게 표현해 보세요. L8-7

보기

1) ミラーさん・元気（はい）
→ Q：ミラーさんは　元気ですか。 밀러 씨는 잘 지내세요?
A：はい、元気です。 네, 잘 지냅니다.

2) 日本の　カメラ・高い（いいえ）
→ Q：日本の　カメラは　高いですか。 일본 카메라는 비쌉니까?
A：いいえ、高くないです。 아니요, 비싸지 않습니다.

스스로 해본 후에 음성을 들으면서 따라하세요.

1) あの　レストラン・静か（いいえ）→
2) 会社の　食堂・安い（はい）→
3) その　パソコン・いい（いいえ、あまり）→
4) ファックス・便利（はい、とても）→

静か 조용함 | 食堂 식당 | 安い 싸다 | パソコン pc | いい 좋다 | あまり 그다지, 별로 | ファックス 팩스 | 便利 편리함 | とても 매우

Answer

1)Q：あの　レストランは　静かですか。　A：いいえ、静かじゃ　ありません。
2)Q：会社の　食堂は　安いですか。　A：はい、安いです。
3)Q：その　パソコンは　いいですか。　A：いいえ、あまり　よくないです。
4)Q：ファックスは　便利ですか。　A：はい、とても　便利です。

입에 착 붙게 말하기

4 「どうですか」의 질문에 적절한 형용사를 넣어보세요. L8-8

보기

1) 日本(にほん)の　地下鉄(ちかてつ)（便利(べんり)・きれい）

→ Q：日本(にほん)の　地下鉄(ちかてつ)は　どうですか。일본 지하철은 어떻습니까?

A：便利(べんり)です。そして、きれいです。편리합니다. 그리고 깨끗합니다.

2) 日本(にほん)の　車(くるま)（高(たか)い・いい）

→ Q：日本(にほん)の　車(くるま)は　どうですか。일본 자동차는 어떻습니까?

A：高(たか)いですが、いいです。비싸지만 좋습니다.

주 앞뒤 문장이 순접일 때에는 「そして」, 역접일 때에는 「～が」로 연결시킨다.

스스로 해본 후에 음성을 들으면서 따라하세요.

1) 会社(かいしゃ)の　寮(りょう)（古(ふる)い・きれい）→

2) 会社(かいしゃ)の　人(ひと)（親切(しんせつ)・おもしろい）→

3) 日本(にほん)の　食(た)べ物(もの)（おいしい・高(たか)い）→

4) 仕事(しごと)（忙(いそが)しい・おもしろい）→

寮(りょう) 기숙사 | 古(ふる)い 낡다, 오래되다 | 人(ひと) 사람 | おもしろい 재미있다 | 食(た)べ物(もの) 음식 | おいしい 맛있다 | 高(たか)い 비싸다, 높다 | 仕事(しごと) 일, 업무 | 忙(いそが)しい 바쁘다

Answer

1) Q：会社(かいしゃ)の　寮(りょう)は　どうですか。
A：古(ふる)いですが、きれいです。

2) Q：会社(かいしゃ)の　人(ひと)は　どうですか。
A：親切(しんせつ)です。そして　おもしろいです。

3) Q：日本(にほん)の　食(た)べ物(もの)は　どうですか。
A：おいしいですが　高(たか)いです。

4) Q：仕事(しごと)は　どうですか。
A：忙(いそが)しいですが、おもしろいです。

5 형용사 뒤에 명사가 올 때 어떤 형식으로 꾸밀까요? 보기와 같이 문장을 만드세요. L8-9

보기
1) 花(はな)を　買(か)いました／きれい
→ きれいな　花(はな)を　買(か)いました。예쁜 꽃을 샀습니다.

2) 花(はな)を　買(か)いました／赤(あか)い
→ 赤(あか)い　花(はな)を　買(か)いました。빨간 꽃을 샀습니다.

스스로 해본 후에 음성을 들으면서 따라하세요.

1) 牛乳(ぎゅうにゅう)を　飲(の)みました／冷(つめ)たい →
2) ビデオを　借(か)りました／新(あたら)しい →
3) プレゼントを　もらいました／すてき →
4) きのうの　晩(ばん)　レストランで　食(た)べました／有名(ゆうめい) →

牛乳(ぎゅうにゅう) 우유 | 冷(つめ)たい 차갑다 | ビデオ 비디오 | 借(か)ります 빌립니다 | 新(あたら)しい 새롭다 | プレゼント 선물 | もらいます 받습니다 | すてき 멋지다 | きのう 어제 | 晩(ばん) 밤, 저녁 | レストラン 레스토랑 | 有名(ゆうめい) 유명함

Answer
1) 冷(つめ)たい 牛乳(ぎゅうにゅう)を 飲(の)みました。 2) 新(あたら)しい ビデオを 借(か)りました。
3) すてきな プレゼントを もらいました。 4) きのうの 晩(ばん) 有名(ゆうめい)な レストランで 食(た)べました。

주 「きれい, ゆうめい」는 끝이 い로 끝났지만 な형용사!!

6 「どんな(어떤)」의 질문에 적절한 형용사를 넣어보세요. L8-10

보기
大阪(おおさか)・町(まち)（にぎやか）→
Q：大阪(おおさか)は　どんな　町(まち)ですか。오사카는 어떤 마을입니까?
A：にぎやかな　町(まち)です。번화한 마을입니다.

스스로 해본 후에 음성을 들으면서 따라하세요.

1) 「七人(しちにん)の　侍(さむらい)」・映画(えいが)（おもしろい）→
2) サントスさん・人(ひと)（親切(しんせつ)）→
3) IMC・会社(かいしゃ)（新(あたら)しい）→
4) スイス・国(くに)（きれい）→

大阪(おおさか) 오사카(지명) | 町(まち) 마을, 거리, 동네 | にぎやか 번화함 | 七人(しちにん) 7명 | 侍(さむらい) 사무라이 | 映画(えいが) 영화 | おもしろい 재미있는 | 人(ひと) 사람 | スイス 스위스 | 国(くに) 나라

Answer
1) Q：七人(しちにん)の 侍(さむらい)は どんな 映画(えいが)ですか。 A：おもしろい 映画(えいが)です。
2) Q：サントスさんは どんな 人(ひと)ですか。 A：親切(しんせつ)な 人(ひと)です。
3) Q：IMCは どんな 会社(かいしゃ)ですか。 A：新(あたら)しい 会社(かいしゃ)です。
4) Q：スイスは どんな 国(くに)ですか。 A：きれいな 国(くに)です。

입에 착 붙게 말하기

7 괄호 안의 단어를 이용하여 보기와 같이 질문과 답을 만들어 보세요. L8-11

보기 大阪(おおさか)・静(しず)かな　町(まち)（いいえ）→

Q：大阪(おおさか)は　静(しず)かな　町(まち)ですか。오사카는 조용한 마을입니까?

A：いいえ、静(しず)かな　町(まち)じゃ　ありません。아니요, 조용한 마을이 아닙니다.

스스로 해본 후에 음성을 들으면서 따라하세요.

1) IMC・大(おお)きい　会社(かいしゃ)（いいえ）→

2) ワットさん・いい　先生(せんせい)（はい）→

3) さくら大学(だいがく)・有名(ゆうめい)な　大学(だいがく)（いいえ、あまり）→

4) 富士山(ふじさん)・きれいな　山(やま)（はい、とても）→

大(おお)きい 크다 | いい 좋다 | さくら大学(だいがく) 사쿠라대학 | 有名(ゆうめい) 유명함 | あまり 그다지, 별로 | 富士山(ふじさん) 후지산 | 山(やま) 산 | とても 매우

Answer

1) Q：IMCは　大(おお)きい　会社(かいしゃ)ですか。　A：いいえ、大(おお)きい　会社(かいしゃ)じゃ　ありません。
2) Q：ワットさんは　いい　先生(せんせい)ですか。　A：はい、いい　先生(せんせい)です。
3) Q：さくら大学(だいがく)は　有名(ゆうめい)な　大学(だいがく)ですか。　A：いいえ、あまり　有名(ゆうめい)な　大学(だいがく)じゃ　ありません。
4) Q：富士山(ふじさん)は　きれいな　山(やま)ですか。　A：はい、とても　きれいな　山(やま)です。

8 「どれ」의 질문에 적절한 형용사를 넣어서 답하세요. L8-12

> 보기 ミラーさんの　傘（黒い）→
> Q：ミラーさんの　傘は　どれですか。밀러 씨 우산은 어느 것입니까?
> A：この　黒い　傘です。이 검은 우산입니다.

주 말하는 사람 손가락이 무엇을 가리키는지 「こ、そ、あ」 중에서 적절하게 골라서 대답할 것.

스스로 해본 후에 음성을 들으면서 따라하세요.

1) カリナさんの　かばん（赤い）

2) サントスさんの　靴（白い）

3) 松本さんの　机（大きい）

4) 佐藤さんの　うち（新しい）

傘 우산 | 黒い 검다 | かばん 가방 | 赤い 빨갛다 | 靴 구두 | 白い 희다 | 松本 마츠모토(성씨) | つくえ 책상 | 大きい 크다 | 佐藤 사토(성씨) | うち 집 | 新しい 새롭다

Answer

1) Q：カリナさんの　かばんは　どれですか。　A：この　赤い　かばんです。
2) Q：サントスさんの　靴は　どれですか。　A：その　白い　靴です。
3) Q：松本さんの　つくえは　どれですか。　A：あの　大きい　つくえです。
4) Q：佐藤さんの　うちは　どれですか。　A：あの　新しい　うちです。

회화랑 친해지기

L8-13

회화 1

●「どうですか」의 질문에 형용사로 답하기

A お元気(げんき)ですか。 잘 지내세요?

B はい、元気(げんき)です。 네, 잘 지냅니다.

A ①お仕事(しごと) は どうですか。 일은 어떠세요?

B そうですね。②忙(いそが)しい ですが、②おもしろい です。 글쎄요. 바쁘지만 재미있어요.

1) ① 日本語(にほんご)の 勉強(べんきょう) ② おもしろい・難(むずか)しい
2) ① 大学(だいがく)の 寮(りょう) ② 小(ち)さい・きれい
3) ① 日本(にほん)の 生活(せいかつ) ② 忙(いそが)しい・楽(たの)しい

おもしろい 재미있다 | 難(むずか)しい 어렵다 | 寮(りょう) 기숙사 | 小(ち)さい 작다 | 生活(せいかつ) 생활 | 忙(いそが)しい 바쁘다 | 楽(たの)しい 즐겁다

1) ①일본어 공부 ②재미있다 · 어렵다 2) ①대학 기숙사 ②작다 · 깨끗함 3) ①일본 생활 ②바쁘다 · 즐겁다

「お元気(げんき)ですか → 私は 元気(げんき)です。」 많이 들어본 말이지요? 일본영화 'Love letter'의 마지막 장면에서 나왔던 말인데 우리나라 CF에서도 번안되어 사용되면서 유명해졌지요. 여기에서 자칫 실수하기 쉬운 부분은 질문과 대답에서 「お」의 사용입니다. 물어볼 때에는 남의 안부를 묻는 것이니까 「お元気(げんき)」라고 묻습니다. 일본은 타인의 것은 무조건 높여주거든요. 자기 것은 무조건 낮춥니다. 따라서 대답할 때에는 「元気(げんき)です」라고 해야 합니다. 자기 것을 높여주면 안 됩니다. 「私は お元気(げんき)です(X)」? '나는 잘 지내십니다.'가 되면 안되니까요.

L8-14

회화 2

●「どんな」의 질문에 형용사로 답하기

A 先週(せんしゅう) ①金閣寺(きんかくじ) へ 行(い)きました。 지난 주에 킨카쿠지에 갔어요.

B そうですか。わたしも 来週(らいしゅう) 行きます。 그래요? 저도 다음 주에 갈거에요.

どんな 所(ところ) ですか。 어떤 곳입니까?

A ②きれいな 所(ところ) ですよ。 예쁜 곳이에요.

1) ① 大阪城(おおさかじょう) ② 静(しず)か
2) ① 長崎(ながさき) ② おもしろい
3) ① 奈良(なら) ② いい

1) ①오사카 성 ②조용함 2) ①나가사키 ②재미있다 3) ①나라 ②좋다

L8-15

회화 3

●「どれ」의 질문에 형용사로 답하기

A あの ① かばん を 見(み)せて ください。 저 가방을 보여주세요.

B どれですか。 어느 거 말씀이세요?

A あの ② 赤(あか)い ① かばん です。 저 빨간 가방이요.

B これですか。 이거 말씀이세요?

A はい、そうです。 네, 맞아요.

1) ① 靴(くつ) ② 黒(くろ)い　2) ① 傘(かさ) ② 青(あお)い
3) ① シャツ ② 白(しろ)い

靴(くつ) 구두 | 黒(くろ)い 검다 | 傘(かさ) 우산 | 青(あお)い 파랗다 | シャツ 셔츠 | 白(しろ)い 희다

1) ①구두 ②검다　2) ①우산 ②파랗다　3) ①셔츠 ②하얗다

색깔을 나타내는 형용사는 대부분 い로 끝나기 때문에 「～い 명사」 형태로 꾸며주면 되겠지요.

하나~더!

1. **金閣寺(きんかくじ) 금각사**
금으로 덮혀 있는 누각. 3층 구조의 누각으로 1층은 헤이안 시대의 귀족주의 건축 양식, 2층은 무사들 취향의 양식, 3층은 선실처럼 비어 있다. 연못에 지어진 누각인 금각사는 아름답기로 유명하다. 매년 한번씩 교토 시민들의 세금으로 금칠을 한다.

2. **長崎(ながさき) 나가사키(지명)**
1571년 포르투갈과 무역을 시작함으로써 무역항이 되고 일본이 유럽의 문화를 받아들이게 된다. 이후 일본에서 손꼽는 수산도시이자 원양어업의 기지로 발달하였으며, 1945년 8월 9일 히로시마[広島]에 이어 2번째로 원자폭탄이 투하된 도시로 유명하다.

3. **大阪城(おおさかじょう) 오사카성**
1931년 재건된 덴슈카쿠는 철근 콘크리트로 지어진 지상 55m 높이의 누각이다. 성안에는 90인치 영상으로 오사카 성 건축과 도요토미 히데요시와 오사카성을 소개하는 시어터 룸이 있으며, 히데요시와 관계 있는 유품들이 전시되어 있다. 8층에 있는 전망대에서는 오사카 시내가 한눈에 들어온다.

회화 고수되기

셀로판지를 이용하여 회화 연습을 해봅시다.

そろそろ　失礼(しつれい)します(슬슬 실례하겠습니다.)

L8-16

7과에서 산토스 씨네 부부가 야마다 씨네로 놀러간 장면에서 이어지는 대화입니다.
7과에서 손님을 맞이할 때 표현을 배웠기 때문에 이번 과에서는 손님들이 자리를 뜰 때 하는 인사표현에 주의하여 대화를 살펴봅시다.

01

山田一郎(やまだいちろう)	マリアさんは　**もう**　日本(にほん)の　生活(せいかつ)に　慣(な)れましたか。
マリア・サントス	ええ。毎日(まいにち)　とても　楽(たの)しいです。
山田一郎(やまだいちろう)	そうですか。サントスさん、お仕事(しごと)は　どうですか。
マリア・サントス	そうですね。忙(いそが)しいですが、おもしろいです。

02

山田友子(やまだともこ)	コーヒー、もう　一杯(いっぱい)　**いかがですか**。
マリア・サントス	いいえ、**けっこう**です。

03

ホセ・サントス	あ、もう　8時(じ)ですね。　そろそろ　**失礼(しつれい)します**。
山田一郎(やまだいちろう)	そうですか。
マリア・サントス	きょうは　どうも　ありがとうございました。
山田一郎(やまだいちろう)	いいえ、また　**いらっしゃって　ください**。

もう 더, 이미, 벌써
生活(せいかつ) 생활
慣(な)れます 익숙해집니다
毎日(まいにち) 매일
楽(たの)しい 즐겁다
コーヒー 커피
一杯(いっぱい) 한 잔
そろそろ 슬슬
どうも 정말
また 또

01

야마다 이치로 : 마리아 씨는 이제 일본 생활에 익숙해졌나요?
마리아 산토스 : 네, 매일 너무 즐거워요.
야마다 이치로 : 그래요? 산토스 씨, 일은 어떠세요?
호세 산토스 : 글쎄요. 바쁘지만 재미있어요.

02

야마다 토모코 : 커피 한 잔 더 어떠세요?
마리아 산토스 : 아니요. 됐습니다(사양하겠습니다).

03

호세 산토스 : 아, 벌써 8시네요. 슬슬 실례하겠습니다.
야마다 이치로 : 그래요?
마리아 산토스 : 오늘은 정말 고마웠어요.
야마다 토모코 : 아니에요, 또 오세요.

① もう ①이미, 벌써 ②더~

「もう」에는 두 가지의 용법이 있습니다. ①이미, 벌써 라는 뜻으로 뒤에 주로 과거의 의미와 결합하여 완료의 뜻을 나타내지요. ②더~ 라는 뜻으로 주로 뒤에 숫자개념이 많이 옵니다.

예 もう一度(いちど) 한 번 더/もう少(すこ)し 조금 더/もう 一杯(いっぱい) 한잔 더 등등.

하지만 문맥상 파악해야 할 때도 많다는 점, 주의하세요. 이번 회화에서는 'もう 8時(じ)' 에서 뒤에 8時라는 숫자개념이 오지만 '더' 라는 뜻이 아닌 '벌써' 의 의미로 해석해야 합니다.

② いかがですか 어떠신지요?

의향이나 상태를 물어보는「どうですか」의 좀더 겸손하고 정중한 말입니다.

③ けっこう ①좋음, 훌륭함 ②충분함 ③꽤. 제법

「けっこう」에는 다양한 의미가 있습니다. ①좋음, 훌륭함 ②충분함 ③[부사적으로] 꽤. 제법 등의 좋은 뜻을 지니고 있습니다. 그런데 이 좋은 뜻은 사양할 때에도 쓰입니다. '이 상태 그대로 좋다' 는 뜻이기 때문에 무언가를 제의받았을 때 사양하고 싶으시다면「いいえ、けっこうです」하시면 됩니다. 한국어로 사양할 때에는 어떤 말을 쓰죠? '괜찮습니다' 라고 하거나 '됐습니다' 정도의 표현이 있습니다. 그런데 됐습니다는 억양을 달리하면 상대방을 다소 무안하게 할 때도 있지요. 됐어요!, 됐거든요? 같이… 일본에서도 큰맘먹고 한 제안에 콧대높은 여성이「けっこうです」라고 하면 접근하기 힘들거에요… ㅠㅠ

④ 失礼(しつれい)します 실례하겠습니다.

말그대로 '실례합니다' 인데 정말 많이 쓰이는 표현이에요. 남의 공간으로 들어갈 때에도 공간에서 나올 때에도 이 표현을 쓰지요. 전화를 끊을 때에도 끊기가 애매할 때가 있지요? 이럴 때「失礼(しつれい)します」하면서 끊으면 됩니다. 여기서는 슬슬 돌아가겠다는 의미로 사용되었습니다.

직장에서도 퇴근할 때에 아직 자리에 남아 있는 동료들이 있다면「帰(かえ)ります」(집에 가겠습니다/퇴근하겠습니다)가 아닌「お先(さき)に 失礼(しつれい)します(먼저 실례하겠습니다)」라고 합니다. 그러면 동료들은「お疲(つか)れ様(さま)(수고했어요)」라고 인사를 합니다.

⑤ いらっしゃって ください 오세요.

7과에서 배운「いらっしゃい」는 '어서 오세요' 이고,「いらっしゃって ください」는 '오세요' 라는 뜻입니다.「いらっしゃって ください」에 환영의 의미는 없습니다.

여기에 나온「また いらっしゃって ください」라는 인사말은 방문한 손님과의 이별에 대해 아쉬움을 나타내는 표현입니다. 이 인사표현을 너무 곧이곧대로 받아들여서 정말로 다음에 방문하는 약속을 잡거나 할 필요는 없습니다. 그냥 예의상 손님을 보낼 때에 하는 '인사표현' 정도니까요. 회화의 흐름으로 이해하면 될 듯 합니다.

도전 듣기 · 쓰기

1 질문을 듣고 자기의 상황에 비추어 자유롭게 답하세요.

L8-17

1) ______________________________

2) ______________________________

3) ______________________________

4) ______________________________

5) ______________________________

2 대화를 듣고 알맞은 그림을 고르세요.

L8-18

1

1 

2 

3 

2

1 

2 

3 

3 L8-19

다음 대화를 듣고 제시문이 맞으면 ○, 틀리면 ×표를 하세요.

1) (　　　)　　2) (　　　)　　3) (　　　)

4

보기와 같이 주어진 단어를 사용하여 문장을 완성하세요.

小(ちい)さい	古(ふる)い	易(やさ)しい	忙(いそが)しい	~~暑(あつ)い~~

보기

タイは　寒(さむ)いですか。태국은 춥습니까?

→ いいえ、(　暑(あつ)い　)です。아니요, 덥습니다.

1) あした　暇(ひま)ですか。

→ いいえ、(　　　　　　　)です。

2) あなたの　会社(かいしゃ)は　新(あたら)しいですか。

→ いいえ、(　　　　　　　)です。

3) 日本語(にほんご)は　難(むずか)しいですか。

→ いいえ、(　　　　　　　)です。

4) あなたの　うちは　大(おお)きいですか。

→ いいえ、(　　　　　　　)です。

도전 듣기 · 쓰기

5 보기와 같이 ( )안을 부정형으로 바꾸어 주세요.

보기
日本(にほん)の　食(た)べ物(もの)は　安(やす)いですか。 일본의 음식은 쌉니까?
→ いいえ、(安(やす)くないです)。とても　高(たか)いです。
아니요, 싸지 않습니다. 아주 비쌉니다.

1) あなたの　パソコンは　新(あたら)しいですか。
→ いいえ、(　　　　　　　　)。古(ふる)いです。

2) イギリスは　今(いま)　暑(あつ)いですか。
→ いいえ、あまり　(　　　　　　　　)。

3) 大阪(おおさか)は　静(しず)かですか。
→ いいえ、(　　　　　　　　)。とても　にぎやかです。

4) この　手帳(てちょう)は　便利(べんり)ですか。
→ いいえ、あまり　(　　　　　　　　)。

6 보기와 같이 (　　)를 명사 수식형으로 바꾸어 넣으세요.

보기
ワンさんは　(　元気(げんき)です → 元気(げんき)な　)　人(ひと)です。 왕 씨는 활발한 사람입니다.

1) IMCは　(　新(あたら)しいです →　　　　　　　　)　会社(かいしゃ)です。
2) 富士山(ふじさん)は　(　有名(ゆうめい)です →　　　　　　　　)　山(やま)です。
3) 東京(とうきょう)は　(　おもしろいです →　　　　　　　　)　町(まち)です。
4) 桜(さくら)は　(　きれいです →　　　　　　　　)　花(はな)です。
5) インドネシアは　(　暑(あつ)いです →　　　　　　　　)　国(くに)です。

7 **다음 글을 읽고 질문이 내용에 맞으면 ○, 틀리면 ×표를 하세요.**

ワット先生

ワットさんは　さくら大学の　英語の　先生です。毎日　赤い　自動車で　大学へ　行きます。さくら大学は　大きい　大学では　ありませんが、いい　大学です。ワットさんは　いつも　食堂で　昼ごはんを　食べます。食堂は　12時から　1時まで　とても　にぎやかです。食堂の　食べ物は　おいしいです。そして、安いです。大学の　仕事は　忙しいですが、楽しいです。

1) (　　) ワットさんは　大きい　大学で　英語を　教えます。

2) (　　) ワットさんの　自動車は　青いです。

3) (　　) 食堂の　食べ物は　高くないです。

4) (　　) 大学の　仕事は　おもしろくないです。

Lesson
9

목적격으로 を가 아닌 が를 취하는 표현을 익히자.

(무엇을 좋아한다/싫어한다/잘한다/못한다)

중요단어 파악하기

~が　すきです ~을 좋아합니다
~が　きらいです ~을 싫어합니다
~が　じょうずです ~을 잘 합니다
~が　へたです ~을 못 합니다
~が　わかります ~을 압니다

눈도장 콱 찍기 L9-1

1 わたしは① イタリア料理(りょうり)が② 好(す)きです③。

①나는 ②이탈리아 음식을 ③좋아합니다.

2 わたしは① 日本語(にほんご)が② 少(すこ)し③ わかります④。

①나는 ②일본어를 ③조금 ④압니다(이해합니다).

3 きょうは① 子(こ)どもの誕生日(たんじょうび)ですから、②

①오늘은 ②아이 생일이기 때문에

早(はや)く③ 帰(かえ)ります④。

③일찍 ④퇴근합니다.(귀가합니다)

문형 꼭꼭 익히기

1 ~을 좋아합니다.

~が(O) [を(X)] 好(す)きです。

새로 나온 조사에 대해서 알아봅시다. 「が」는 본래 한국어의 「이/가」에 해당되는 조사입니다. 그런데 「이/가」로 사용되지 않을 때가 있습니다. 「好(す)き／嫌(きら)い」 같은 な형용사 앞에 올 때가 그렇지요. 好(す)き(좋아함)／嫌(きら)い(싫어함) 앞에는 「を」(을/를)가 올 수 없고 그 대신 「が」를 사용해야 합니다. 주 「きらい」는 끝이 「い」로 끝났지만 な형용사라는 점!

L9-2

음성을 들으면서 따라하세요.

わたしは	えいが スポーツ かんこくりょうり	が	好(す)きです。

나는 [영화 / 운동 / 한국요리]를 좋아합니다.

映画(えいが) 영화
スポーツ 스포츠
韓国(かんこく) 料理(りょうり) 한국요리
好(す)き 좋아함

2 ~을 잘 합니다(능숙합니다).

~が(O) [を(X)] 上手(じょうず)です。

上手(じょうず)(잘함)／下手(へた)(못함)도 1번과 마찬가지로 앞에 「を」대신 「が」조사를 써야 하는 な형용사입니다.

L9-3

음성을 들으면서 따라하세요.

わたしは	うた りょうり にほんご	が	上手(じょうず)です。

나는 [노래 / 요리 / 일본어]를 잘합니다.

歌(うた) 노래　料理(りょうり) 요리
日本語(にほんご) 일본어
上手(じょうず) 잘함, 능숙함

3 ~을 압니다(이해합니다).

~が(O) [を(X)] わかります。

「わかります」 역시 앞에 「を」 대신에 「が」조사가 오는 말입니다. 한국어로는 '무엇을 이해합니다, 압니다'라고 하지만 일본어로는 「が」를 써야합니다.
알겠습니다는 「わかりました」, 모르겠습니다 · 모릅니다는 「わかりません」입니다.

L9-4

わたしは	ひらがな かんじ にほんご	が	分(わ)かります。

나는 [히라가나 / 한자 / 일본어]를 압니다(이해합니다).

음성을 들으면서 따라하세요.

ひらがな 히라가나
漢字(かんじ) 한자
分(わ)かります 이해합니다, 압니다

4 ~이/가 있습니다.

~が　あります。

조사 「が」는 위에서 공부했듯이 뒤에 특수한 용언(好(す)き・嫌(きら)い・上手(じょうず)・下手(へた)・わかります)이 오는 경우를 제외하면 보통은 「이/가」의 의미를 나타냅니다.

L9-5

わたしは	カメラ くるま やくそく ようじ	が	あります。

나는 [카메라 / 차 / 약속 / 볼일]이 있습니다.

음성을 들으면서 따라하세요.

カメラ 카메라
車(くるま) 차　約束(やくそく) 약속
用事(ようじ) 볼일, 용무
あります 있습니다

5 ~때문에

~から

「から」에는 ①~부터, ~에서 ②때문에 두 가지 용법이 있습니다. 이번 과에서는 ②의 원인, 이유를 나타내는 から에 대해 알아봅시다.

L9-6

いそがしいです しごとが　あります じかんが　ありません	から	どこも　行(い)きません。

[바쁘기 / 업무가 있기 / 시간이 없기]때문에 아무데도 안갑니다.

음성을 들으면서 따라하세요.

忙(いそが)しい 바쁘다
仕事(しごと) 업무, 일
時間(じかん) 시간
どこも 아무데도

입에 착 붙게 말하기

셀로판지를 이용하여 말하기 연습을 해봅시다.

1 「すきです」를 넣어서 문장을 만들어 봅시다. L9-7

보기 1) スポーツ（はい）

→ Q：ミラーさんは　スポーツが　好(す)きですか。 밀러 씨는 스포츠를 좋아합니까?

A：はい、好きです。 네, 좋아합니다.

2) ダンス（いいえ）

→ Q：ミラーさんは　ダンスが　好(す)きですか。 밀러 씨는 춤을 좋아합니까?

A：いいえ、好(す)きじゃ　ありません。 아니요, 좋아하지 않습니다.

스스로 해본 후에 음성을 들으면서 따라하세요.

1) 日本料理(にほんりょうり)（はい）→

2) カラオケ（いいえ、あまり）→

3) 旅行(りょこう)（はい、とても）→

4) 魚(さかな)（いいえ、あまり）→

スポーツ 스포츠 | 好(す)き 좋아하다 | ダンス 춤 | 日本料理(にほんりょうり) 일본음식 | カラオケ 노래방 | 旅行(りょこう) 여행 | あまり 그다지 | とても 매우 | 魚(さかな) 생선

Answer

1) Q：ミラーさんは　日本料理(にほんりょうり)が　好(す)きですか。　A：はい、好(す)きです。

2) Q：ミラーさんは　カラオケが　好(す)きですか。　A：いいえ、あまり　好(す)きじゃ　ありません。

3) Q：ミラーさんは　旅行(りょこう)が　好(す)きですか。　A：はい、とても　好(す)きです。

4) Q：ミラーさんは　魚(さかな)が　好(す)きですか。　A：いいえ、あまり　好(す)きじゃ　ありません。

2 「どんな　ものが　すきですか」의 질문을 만들어 보세요. L9-8

보기

スポーツ

1

飲(の)み物(もの)

2

食(た)べ物(もの)

3

映画(えいが)

4

音楽(おんがく)

보기 Q：ミラーさんは　どんな　スポーツが　好(す)きですか。 밀러 씨는 어떤 스포츠를 좋아하세요?

A：野球(やきゅう)が　好(す)きです。 야구를 좋아합니다.

스스로 해본 후에 음성을 들으면서 따라하세요.

1)　　2)　　3)　　4)

飲(の)み物(もの) 음료수 | 食(た)べ物(もの) 음식 | 映画(えいが) 영화 | 音楽(おんがく) 음악 | どんな 어떤

Answer

1) Q：ミラーさんは　どんな　飲(の)み物(もの)が　好(す)きですか。　A：ビールが　好(す)きです。

2) Q：ミラーさんは　どんな　食(た)べ物(もの)が　好(す)きですか。　A：肉(にく)が　好(す)きです。

3) Q：ミラーさんは　どんな　映画(えいが)が　好(す)きですか。　A：アメリカの　映画(えいが)が　好(す)きです。

4) Q：ミラーさんは　どんな　音楽(おんがく)が　好(す)きですか。　A：ジャズが　好(す)きです。

3 「じょうずです」「じょうずじゃありません」의 연습이에요. 잘하면 새가 손을 들고 있고, 못하면 울고 있답니다. L9-9

보기
1) 佐藤(さとう)さん → 佐藤(さとう)さんは　歌(うた)が　上手(じょうず)です。 사토 씨는 노래를 잘합니다.

2) ミラーさん → ミラーさんは　歌(うた)が　上手(じょうず)じゃ　ありません。
밀러 씨는 노래를 잘하지 못합니다.

스스로 해본 후에 음성을 들으면서 따라하세요.

1) マリアさん →　　2) 松本(まつもと)さん →

3) 山田(やまだ)さんの　奥(おく)さん →　　4) カリナさん →

テニス 테니스 | 料理(りょうり) 요리 | 絵(え) 그림

Answer
1) マリアさんは　ダンスが　上手(じょうず)です。　2) 松本(まつもと)さんは　テニスが　上手(じょうず)じゃ　ありません。
3) 山田(やまだ)さんの　奥(おく)さんは　料理(りょうり)が　上手(じょうず)じゃ　ありません。　4) カリナさんは　絵(え)が　上手(じょうず)です。

4 「わかります」「わかりません」을 적절한 부사와 매치시켜 보세요. L9-10

보기
マリアさん・かたかな（はい、少(すこ)し）→
Q：マリアさんは　かたかなが　わかりますか。 마리아 씨는 가타카나를 아세요?
A：はい、少(すこ)し　わかります。 네, 조금 압니다.

「すこし(조금)・だいたい(대체로)・よく(잘)」 뒤에는 「わかります」를 쓰고, 「あまり(그다지)・全然(ぜんぜん)(전혀)」 뒤에는 「わかりません」을 씁니다.

스스로 해본 후에 음성을 들으면서 따라하세요.

1) シュミットさん・英語(えいご)（はい、よく）→
2) テレサちゃん・漢字(かんじ)（いいえ、あまり）→
3) サントスさん・日本語(にほんご)（はい、だいたい）→
4) 山田(やまだ)さん・フランス語(ご)（いいえ、全然(ぜんぜん)）→

英語(えいご) 영어 | よく 잘 | 漢字(かんじ) 한자 | だいたい 대체로 | フランス語(ご) 프랑스어 | 全然(ぜんぜん) 전혀

Answer
1) Q：シュミットさんは　英語(えいご)が　わかりますか。　A：はい、よく　わかります。
2) Q：テレサちゃんは　漢字(かんじ)が　わかりますか。　A：いいえ、あまり　わかりません。
3) Q：サントスさんは　日本語(にほんご)が　わかりますか。　A：はい、だいたい　わかります。
4) Q：山田(やまだ)さんは　フランス語(ご)が　わかりますか。　A：いいえ、全然(ぜんぜん)　わかりません。

입에 착 붙게 말하기

셀로판지를 이용하여 말하기 연습을 해봅시다.

5 「あります」와 「ありません」 연습입니다. 보기와 같이 묻고 답하세요. L9-11

보기

보기 自動車(じどうしゃ) →

Q：ミラーさんは 自動車(じどうしゃ)が ありますか。 밀러 씨는 자동차가 있습니까?

A：いいえ、ありません。 아니요, 없습니다.

스스로 해본 후에 음성을 들으면서 따라하세요.

1) 自転車(じてんしゃ) →

2) ファックス →

3) お金(かね) →

4) パソコン →

あります 있습니다 | ありません 없습니다 | 自転車(じてんしゃ) 자전거 | 自動車(じどうしゃ) 자동차 | ファックス 팩스 | お金(かね) 돈 | パソコン pc

Answer

1) Q：ミラーさんは 自転車(じてんしゃ)が ありますか。 A：はい、あります。

2) Q：ミラーさんは ファックスが ありますか。 A：いいえ、ありません。

3) Q：ミラーさんは お金(かね)が ありますか。 A：はい、あります。

4) Q：ミラーさんは パソコンが ありますか。 A：はい、あります。

6 그림을 보고 원인-결과의 문장을 만들어 보세요. L9-12

보기 時間(じかん)が　ありませんから、タクシーで　行(い)きます。 시간이 없으니까 택시로 갑니다.

스스로 해본 후에 음성을 들으면서 따라하세요.

1)　　　　2)　　　　3)　　　　4)

妻(つま) 아내, 처 | 誕生日(たんじょうび) 생일 | カメラ 카메라

Answer
1) 映画が　好きですから、ビデオを　見ます。
2) 日本語が　分かりませんから、テレビを　見ません。
3) 妻の　誕生日ですから、花を　買います。
4) お金が　ありませんから、カメラを　買いません。

7 「どうして」로 시작하는 문장을 만들고, 「から」로 대답하여 이유를 설명해 보세요. L9-13

보기 京都(きょうと)へ　行(い)きません。(約束(やくそく)が　あります) →
Q：どうして　京都(きょうと)へ　行(い)きませんか。 왜 교토에 안가요?
A：約束(やくそく)が　ありますから。 약속이 있어서요.

스스로 해본 후에 음성을 들으면서 따라하세요.

1) パソコンで　手紙(てがみ)を　書(か)きます。(字(じ)が　下手(へた)です) →
2) ご主人(しゅじん)は　テニスを　しません。(夫(おっと)は　スポーツが　嫌(きら)いです) →
3) タイ語(ご)の　本(ほん)を　買(か)いました。(来月(らいげつ)　タイへ　行(い)きます) →
4) きのう　神戸(こうべ)へ　行きませんでした。(仕事(しごと)が　たくさん　ありました) →

手紙(てがみ) 편지 | 書(か)きます 씁니다 | 字(じ) 글씨 | 下手(へた) 서투르다 | ご主人(しゅじん) 남의 남편, 남편분 | 夫(おっと) 자기남편 | 嫌(きら)い 싫어하다 | タイ語(ご) 태국어 | 買(か)います 삽니다 | 来月(らいげつ) 다음 달 | きのう 어제 | 神戸(こうべ) 고베(지명) | 仕事(しごと) 업무, 일 | たくさん 많이

Answer
1) Q：どうして　パソコンで　手紙を　書きますか。　A：字が　下手ですから。
2) Q：どうして　ご主人は　テニスを　しませんか。　A：夫は　スポーツが　嫌いですから。
3) Q：どうして　タイ語の　本を　買いましたか。　A：来月　タイへ　行きますから。
4) Q：どうして　きのう　神戸へ　行きませんでしたか。　A　仕事が　たくさん　ありましたから。

회화랑 친해지기

L9-14

회화 1

● 권유하기

A	①イタリア料理(りょうり)が　好(す)きですか。	이탈리아 음식을 좋아하세요?
B	ええ、好(す)きです。	네, 좋아합니다.
A	じゃ、日曜日(にちようび)　いっしょに　②食(た)べ　ませんか。	그럼, 일요일에 같이 먹지 않을래요?
B	いいですね。	좋군요.

1) ① テニス　② します　　2) ① ビール　② 飲(の)みます
3) ① 絵(え)　② 美術館(びじゅつかん)へ　行(い)きます

ビール 맥주 ｜ 飲(の)みます 마십니다 ｜ 絵(え) 그림 ｜ 美術館(びじゅつかん) 미술관

1) ①테니스 ②합니다　2) ①맥주 ②마십니다　3) ①그림 ②미술관에 갑니다

같이 하자고 제의하는 장면입니다. 제의할 때에는 「～ませんか」 응할 때에는 「いいですね」 패턴을 사용한다는 점을 기억해주세요. 갑자기 「～ましょう(～합시다)」로 제의하면 너무 강압적인 느낌이 드니까 일단은 '～하지 않을래요?' 라고 조심스럽게 물어보면서 제의하는 것이 좋습니다.

L9-15

회화 2

● 이유 말하기

A	①映画(えいが)が　好(す)きですか。	영화를 좋아하세요?
B	ええ、好(す)きですが、あまり　②見(み)ません。	네 좋아하지만, 그다지 보지 않아요.
	③時間(じかん)が　ありませんから。	시간이 없어서요.

1) ① 旅行(りょこう)　② します　③ お金(かね)が　ありません
2) ① カラオケ　② 行(い)きます　③ 歌(うた)が　下手(へた)です
3) ① スポーツ　② します　③ 時間(じかん)が　ありません

旅行(りょこう) 여행 ｜ カラオケ 노래방 ｜ 歌(うた) 노래 ｜ 下手(へた) 서투르다, 잘못한다

1) ①여행 ②합니다 ③돈이 없습니다　2) ①가라오케 ②갑니다 ③노래가 서툽니다　3) ①스포츠 ②합니다 ③시간이 없습니다

L9-16

회화 3

● 제의와 거절

A	① コンサート の　チケットを もらいました。	콘서트 표를 받았습니다.
	いっしょに　行(い)きませんか。	같이 안갈래요?
B	いつですか。	언제입니까?
A	来週(らいしゅう)の　土曜日(どようび)です。	다음 주 토요일입니다.
B	すみません。来週(らいしゅう)の　土曜日(どようび)は ② 仕事(しごと) が　ありますから。	죄송합니다. 다음 주 토요일은 업무가 있어서요.
A	そうですか。残念(ざんねん)ですね。	그래요? 아쉽네요.

1) ① 野球(やきゅう)　② 用事(ようじ)
2) ① 歌舞伎(かぶき)　② 仕事(しごと)
3) ① クラシックの　コンサート　② 約束(やくそく)

コンサート 콘서트 | チケット 티켓 | もらいます 받습니다 | いつ 언제 | 来週(らいしゅう) 다음 주 | 土曜日(どようび) 토요일 | 残念(ざんねん) 유감, 아쉬움

1) ①야구 ②볼일　2) ①가부키(일본전통극) ②업무　3) ①클래식 콘서트 ②약속

제의하는(誘(さそ)う) 장면입니다. 그런데 이번에는 그 제의에 응해줄 수 없습니다. 그럴 때에는 안 되는 이유(～から)를 말해주는 것이 좋겠지요. 그리고 제의했던 사람이 아쉬움의 표현으로 「残念(ざんねん)ですね」라고 하면 회화가 깔끔하게 마무리됩니다.

셀로판지를 이용하여 회화 연습을 해봅시다.

残念(ざんねん)です (아쉬워요.)

L9-17

밀러 씨가 기무라 씨에게 콘서트를 같이 가자고 했는데 기무라 씨가 선약이 있는 모양이에요. 같이 가자고 제의하는 법, 선약이 있어서 거절하는 법에 대해서 알아봅시다.

ミラー　もしもし、ミラーです。

木村(きむら)　ああ、ミラーさん、こんばんは。お元気(げんき)ですか。

ミラー　ええ、元気(げんき)です。

あのう、木村(きむら)さん、小沢征爾(おざわせいじ)の　コンサート、いっしょに

いかがですか。

木村　いいですね。いつですか。

ミラー　来週(らいしゅう)の　金曜日(きんようび)の　晩(ばん)です。

木村　金曜日(きんようび)ですか。金曜日(きんようび)の　晩(ばん)は　ちょっと……。

ミラー　だめですか。

木村　ええ、友達(ともだち)と　約束(やくそく)が　ありますから、……。

ミラー　そうですか。残念(ざんねん)ですね。

木村　ええ。また　今度(こんど)　お願(ねが)いします。

小沢征爾(おざわせいじ) 일본의 유명한 지휘자

いっしょに 함께, 같이

来週(らいしゅう) 다음 주

晩(ばん) 저녁, 밤

だめ 안됨

約束(やくそく) 약속

今度(こんど) 다음 번 ; 이번(문맥에 따라 해석)

밀러　: 여보세요. 밀러입니다.

기무라 : 아 밀러 씨, 안녕하세요. 잘 지내세요?

밀러　: 네, 잘 지내요. 저 기무라 씨, 오자와 세이지 콘서트 같이 가는 거 어때요?

기무라 : 좋네요. 언제예요?

밀러　: 다음 주 금요일 밤이에요.

기무라 : 금요일이에요? 금요일 밤은 좀….

밀러　: 안되나요?

기무라 : 네, 친구와 약속이 있어서요….

밀러　: 그래요? 아쉽네요.

기무라 : 네. 다음 번에 또 부탁해요.

핵심표현 파악하기

① **もしもし** 여보세요?

'여보세요' 하고 전화를 받을 때 쓰는 표현입니다. 많이 들어보셨죠?

② **だめですか** 안 됩니까?

「だめ」는 な형용사입니다. 여러 가지 뜻이 있는데 정말 많이 쓰이는 말이니까 꼭 알아둬야 합니다. 대표적인 뜻으로 ①안 된다(금지) ②못 한다(불가능) 두 가지 정도가 있습니다.
'~을 못 한다' 에서 조사는 「を」가 아닌 「が」 또는 「は」를 쓴다는 것 꼭 기억하세요!

- 学校(がっこう)で たばこは だめです。 학교에서 담배는 안 됩니다.
- わたしは 日本語(にほんご)が だめです。 저는 일본어를 못 합니다.
- 先生(せんせい)は ダンスが だめです。 선생님은 춤을 못 춥니다.
- 張先生(せんせい)は たくあんが だめです。 장선생님은 단무지를 못 먹습니다.

③ **残念(ざんねん)ですね** 아쉽네요.

원하던 바가 되지 않아서 '좋지 않네요, 아쉽네요, 유감이네요' 등으로 유감이나 아쉬움의 표시를 할 때 쓰는 말입니다.

④ **ええ** 네

일본어의 긍정응답사로는 크게 3가지 정도가 있어요. 「はい〉ええ〉うん」.
「はい는 가장 정중한 표현이고 「はい」보다 조금 덜 정중한 것이 「ええ」입니다. 하지만 「ええ」에도 정중의 의미는 있답니다. 이에 반해 「うん」은 한국어의 '응' 과 같은 말이므로 완전히 반말! 윗사람에게 「うん」은 사용하지 않도록 합시다.

⑤ **また 今度(こんど) お願(ねが)いします** 또 다음번에 부탁합니다

도대체 무엇을 부탁한다는 것일까요? 회화의 상황을 잘 이해하셨겠지요? 약속을 제의받았으나 그에 응하지 못한 상황이지요. 그러면 상당히 미안한 마음이 듭니다. 그럴 때는 어떤 말을 해야 할지 난감할 때가 있어요. 그런 미안하고도 아쉬운 마음을 표현하기에 좋은 말입니다. '다음에 한 번 더 가자고 제의해 주세요. 한 번 더 가자고 말해 주세요' 라고 부탁하는 것이지요. 이런 말이라도 해놔야지 안심이 될 것 같지 않나요? 특히 처음 데이트 신청에서 이런 식으로 약속 스케줄이 맞지 않아 약속이 성사되지 못하면 큰맘 먹고 제의한 사람은 무안하게 되어 앞으로는 더 이상 같이 하자는 제의를 못할지도 모르니까요.

⑥ **今度(こんど)** 다음 번

「今度(こんど)」의 한자를 보면 '이번, 금번' 이란 뜻이 떠오르시죠. 그런데 일본어에서 「今度(こんど)」는 '이번에' 라는 뜻도 있지만 '다음 번에' 라는 뜻도 있어요. 두 의미를 어떻게 구별하냐구요? 그건 그때그때 상황에 맞추어 사용하면 됩니다.

도전 듣기 · 쓰기

1 L9-18 질문을 듣고 자기의 상황에 비추어 자유롭게 답하세요.

1) ______________________________

2) ______________________________

3) ______________________________

4) ______________________________

5) ______________________________

2 L9-19 대화를 듣고 제시문에 맞으면 ○, 틀리면 ×표를 하세요.

1) (　　　)　2) (　　　)　3) (　　　)　4) (　　　)　5) (　　　)

메모하며 문제를 풀어보세요.

3 보기와 같이 주어진 단어를 사용하여 문장을 완성하세요.

全然(ぜんぜん)	とても	たくさん	よく	~~いつも~~

보기 日曜日(にちようび)は （ いつも ） テニスを　します。 일요일에는 항상 테니스를 칩니다.

1) マリアさんは　漢字(かんじ)が　（　　　　　）　わかりません。

2) あの人(ひと)は　お金(かね)が　（　　　　　）　あります。

3) この　パンは　（　　　　　）　おいしいです。

4) ワンさんは　英語(えいご)が　（　　　　　）　わかります。

4 보기와 같이 괄호 안에 알맞은 부정사(「ど」로 시작하는 말들)를 넣어 문장을 완성하세요.

보기 松本(まつもと)さんの　奥(おく)さんは　（ どんな ）　人(ひと)ですか。 마츠모토 씨의 부인은 어떤 사람입니까?
→ 親切(しんせつ)な　人(ひと)です。 친절한 사람입니다.

1) カリナさんは　（　　　　　）　料理(りょうり)が　好(す)きですか。
→ 韓国料理(かんこくりょうり)が　好(す)きです。

2) （　　　　　）　あの　店(みせ)で　ワインを　買(か)いますか。
→ 安(やす)いですから。

3) 勉強(べんきょう)は　（　　　　　）ですか。
→ おもしろいです。

4) あなたの　かばんは　（　　　　　）ですか。
→ あれです。

도전 듣기 · 쓰기

5 보기와 같이 ( )안에 알맞은 조사를 넣으세요.

보기 ビール（ を ） 飲(の)みます。 맥주를 마십니다.

1) マリアさんは　ダンス（　　　）　上手(じょうず)です。

2) わたしは　タイ語(ご)（　　　）　わかりません。

3) 日曜日(にちようび)は　友達(ともだち)と　約束(やくそく)（　　　）　あります。

4) あしたは　忙(いそが)しいです（　　　）、どこも　行(い)きません。

5) どんな　映画(えいが)（　　　）　好(す)きですか。

6) 歌(うた)（　　　）　下手(へた)です（　　　）、カラオケが　嫌(きら)いです。

6 보기와 같이 주어진 말을 넣어 문장을 완성하세요.

~~本(ほん)を　読(よ)みません~~	銀行(ぎんこう)は　休(やす)みです	毎週(まいしゅう)　します
何(なに)も　買(か)いません	熱(あつ)い　コーヒーを　飲(の)みます	

보기 時間(じかん)が　ありませんから、<u>本(ほん)を　読(よ)みません</u>。 시간이 없어서, 책을 읽지 않습니다.

1) テニスが　好(す)きですから、＿＿＿＿＿＿＿＿＿＿＿＿。

2) 寒(さむ)いですから、＿＿＿＿＿＿＿＿＿＿＿＿＿＿。

3) お金(かね)が　ありませんから、＿＿＿＿＿＿＿＿＿＿＿＿。

4) あしたは　日曜日(にちようび)ですから、＿＿＿＿＿＿＿＿＿＿＿。

7 다음 글을 읽고 질문이 내용에 맞으면 ○, 틀리면 ×표를 하세요.

山田(やまだ)さんと　ダンス

山田(やまだ)さんは　ダンスが　好(す)きです。毎晩(まいばん)　ダンスの　学校(がっこう)へ　行(い)きます。ダンスの　先生(せんせい)は　きれいな　人(ひと)です。山田(やまだ)さんは　上手(じょうず)では　ありませんが、きれいな　先生(せんせい)に　習(なら)いますから、毎日(まいにち)　楽(たの)しいです。先生(せんせい)の　誕生日(たんじょうび)に　コンサートの　チケットを　あげました。先生(せんせい)は　友達(ともだち)と　行(い)きました。山田(やまだ)さんは　とても　残念(ざんねん)です。

1) (　　) 山田(やまだ)さんは　ダンスが　好(す)きですから、毎晩(まいばん)　学校(がっこう)へ　行(い)きます。

2) (　　) 山田(やまだ)さんは　ダンスが　上手(じょうず)ですから、時々(ときどき)　ダンスを　教(おし)えます。

3) (　　) 山田(やまだ)さんは　先生(せんせい)に　コンサートの　チケットを　もらいました。

4) (　　) 山田(やまだ)さんは　先生(せんせい)と　いっしょに　音楽(おんがく)を　聞(き)きました。

Lesson

10

어디에 [무엇이 / 누가] 있는지 말해 봅시다.

중요단어 파악하기

います (사람 · 동물이) 있습니다

あります (사물이) 있습니다

눈도장 콱 찍기 L10-1

1 あそこに 佐藤(さとう)さんが います。
① ② ③

①저기에 ②사토 씨가 ③있습니다.

2 机(つくえ)の 上(うえ)に 写真(しゃしん)が あります。
① ② ③ ④

①책상 ②위에 ③사진이 ④있습니다.

3 家族(かぞく)は ニューヨークに います。
① ② ③

①가족은 ②뉴욕에 ③있습니다.

4 東京(とうきょう)ディズニーランドは 千葉県(ちばけん)に あります。
① ② ③

①도쿄 디즈니랜드는 ②치바현에 ③있습니다.

문형 꼭꼭 익히기

1 ~에 (사람 · 동물)이 있습니다.

~に ~が います

(1)「に」는 시간 뒤에 붙어서 '~에'라는 뜻이라고 배웠지요? 그런데 장소, 위치 뒤에도 올 수 있어요. 그럴 때에도 의미는 '~에'입니다.

♡정리! ① 시간+に : ~에 예 3時(じ)に(3시에)
② 장소 · 위치+に : ~에 예 かいぎしつに(회의실에)
③ 사람+に : ~에게, 한테/~로부터
예 やまださんに(야마다 씨에게/야마다 씨로부터)

(2)「が」는 본래 '이/가'라는 뜻입니다. 그런데 9과에서 배웠듯이 '을/를'로 사용되는 경우가 있었지요? 또한 '~입니다만'의 역접의 뜻으로 쓰이는 용법도 있답니다.

♡정리! ① 이/가 예 私(わたし)が(내가) 会社(かいしゃ)が(회사가)
②을/를(뒤에 好(す)き／嫌(きら)い／上手(じょうず)／下手(へた) 등의 な형용사가 올 때와 わかります가 오는 경우에 한해서) 예 みかんが 好(す)きです(귤을 좋아합니다)
日本語が 上手(じょうず)です(일본어를 잘합니다)
③ ~인데요, ~다만 예 失礼(しつれい)ですが、(실례입니다만)

(3) 일본어에는 '있습니다'를 나타내는 말이 두 개가 있습니다.「います」는 자기의 의지로 움직일 수 있는 사람이나 동물 같은 대상에 쓰입니다. 그럼 자기 의지로 움직일 수 없는 대상은? 2번을 보세요.

L10-2

음성을 들으면서 따라하세요.

あそこ	に	やまださん おんなの ひと こども	が	います。
		だれ		いますか。

저기에 [야마다 씨 / 여자 / 어린이]가 있습니다. // 저기에 누가 있어요?

あそこ 저기
女(おんな)の人(ひと) 여자
子供(こども) 아이, 어린이
誰(だれ) 누구

2 ~에 (사물)이 있습니다.

~に ~が あります

일본어에는 '있습니다'를 나타내는 말이 두 개가 있다고 했죠? 두 번째인 「あります」는 자기의 의지로 움직일 수 없는 대상에 쓰입니다. 즉 사람, 동물 이외의 것에는 「あります」를 쓰면 됩니다. 퀴즈! 나무는 「あります」일까요 「います」일까요? 나무는 살아있기는 하지만 자기의 의지로 움직일 수 없으니까 「あります」가 정답입니다.

한국어의 '있습니다'에는 생각보다 다양한 의미가 있어요. 위치를 단순히 이야기할 수도 있지만 소유하고 있다는 의미도 될 수 있는데, 일본어의 「います・あります」에도 그와 똑같은 용법이 있어요. 그래서 한국인들은 별 어려움 없이 잘 이해할 수 있어요.

그림을 보면서 바꿔 말하기 연습을 하세요.

L10-3

음성을 들으면서 따라하세요.

あそこ	に	でんわ ビル こうえん	が	あります。
		なに		ありますか。

저기에 [전화 / 빌딩 / 공원]이 있습니다. // 저기에 무엇이 있습니까?

電話(でんわ) 전화
ビル 빌딩(ビルディング의 준말)
公園(こうえん) 공원
何(なに) 무엇

문형 꼭꼭 익히기

3 ~의 ~에

~の ~に

위치에 관해 공부해 봅시다.

L10-4

음성을 들으면서 따라하세요.

スーパー	の	まえ となり なか	に	喫茶店が ありま す。

슈퍼마켓 [앞 / 옆 / 안]에 찻집이 있습니다.

スーパー 슈퍼마켓
前 앞　隣 옆
中 안　喫茶店 찻집

4 (사람 · 동물)은 ~에 있습니다.

～は ～に います

사람이나 동물이 '~에 있습니다' 라는 문장을 만들 때 위와 같은 표현을 씁니다. 「に」앞에는 장소나 위치를 나타내는 단어가 오겠네요. 그럼 연습해 보죠.

L10-5

음성을 들으면서 따라하세요.

会議室(かいぎしつ) 회의실
エレベーター 엘리베이터
一階(いっかい) 1층

ミラーさん	は	かいぎしつ エレベーターのまえ いっかい	に	います。
		どこ		いますか。

밀러 씨는 [회의실 / 엘리베이터 앞 / 1층]에 있습니다. // 밀러 씨는 어디에 있습니까?

5 (사물)은 ~에 있습니다.

～は ～に あります

사물이나 식물 등이 '~에 있습니다' 라는 문장을 만들 때 위와 같은 표현을 씁니다. 「に」앞에도 역시 장소나 위치를 나타내는 단어가 옵니다. 「あります」와 「います」를 잘 구별해서 쓰세요.

L10-6

음성을 들으면서 따라하세요.

本屋(ほんや) 책방, 서점
近く(ちか) 근처
花屋(はなや) 꽃집
間(あいだ) 사이

ほんや	は	えきの ちかく ぎんこうの となり はなやと スーパーの あいだ	に	あります。
		どこ		ありますか。

서점은 [역 근처 / 은행 옆 / 꽃집과 슈퍼마켓 사이]에 있습니다. // 서점은 어디에 있습니까?

입에 착 붙게 말하기

셀로판지를 이용하여 말하기 연습을 해봅시다.

1 사람은 「います」, 물건은 「あります」를 넣어서 보기와 같이 문장을 만드세요. L10-7

보기
1) 教室(きょうしつ)に　学生(がくせい)が　います。 교실에 학생이 있습니다.

2) あそこに　ポストが　あります。 저기에 우체통이 있습니다.

스스로 해본 후에 음성을 들으면서 따라하세요.

1)　　2)　　3)　　4)

教室(きょうしつ) 교실 | 学生(がくせい) 학생 | ポスト 우체통 | 食堂(しょくどう) 식당 | 事務所(じむしょ) 사무실 | ファックス 팩스 | 人(ひと) 사람 | 受付(うけつけ) 접수 | 公園(こうえん) 공원 | ベンチ 벤치 | 木(き) 나무

Answer 1) レストランに 山田(やまだ)さんが います。 2) 事務所(じむしょ)に ファックスが あります。 3) 受付(うけつけ)に 女(おんな)の 人(ひと)が います。 4) 公園(こうえん)に 人(ひと)は いません。

2 '정확한 위치'를 넣어서 보기와 같이 말하세요. L10-8

보기 ドア・スイッチ → ドアの　右(みぎ)に　スイッチが　あります。 문 오른쪽에 스위치가 있습니다.

1) いす・猫(ねこ)　　2) 店(みせ)・車(くるま)

3) 木(き)・男(おとこ)の　子(こ)　　4) 冷蔵庫(れいぞうこ)・いろいろな　物(もの)

ドア 문 | スイッチ 스위치 | 右(みぎ) 오른쪽 | いす 의자 | 猫(ねこ) 고양이 | 下(した) 아래 | 店(みせ) 가게 | 車(くるま) 차 | 前(まえ) 앞 | 木(き) 나무 | 上(うえ) 위 | 男の子(おとこのこ) 남자아이 | 冷蔵庫(れいぞうこ) 냉장고 | いろいろな 여러가지 | 物(もの) 물건 | 中(なか) 안

Answer 1) いすの 下(した)に 猫(ねこ)が います。　2) 店(みせ)の 前(まえ)に 車(くるま)が あります。
3) 木(き)の 上(うえ)に 男(おとこ)の 子(こ)が います。　4) 冷蔵庫(れいぞうこ)の 中(なか)に いろいろな 物(もの)が あります。

3 그림을 보고 보기와 같이 묻고 답하세요. L10-9

보기 テーブルの　上(うえ)・何(なに) →

Q：テーブルの　上(うえ)に　何(なに)が　ありますか。 테이블 위에 무엇이 있습니까?

A：かばんが　あります。 가방이 있습니다.

스스로 해본 후에 음성을 들으면서 따라하세요.

1) ベッドの　下(した)・何(なに) →

2) 部屋(へや)・だれ →

3) 窓(まど)の　左(ひだり)・何(なに) →

4) 庭(にわ)・だれ →

テーブル 테이블 | かばん 가방 | ベッド 침대 | 部屋(へや) 방 | 窓(まど) 창 | 左(ひだり) 왼쪽 | 庭(にわ) 정원 | 箱(はこ) 상자 | 女(おんな)の子(こ) 여자아이 | カレンダー 달력 | 電話(でんわ) 전화

Answer

1) Q：ベッドの　下(した)に　何(なに)が　ありますか。　A：箱(はこ)が　あります。

2) Q：部屋(へや)に　誰(だれ)が　いますか。　A：女(おんな)の　子(こ)が　います。

3) Q：窓(まど)の　左(ひだり)に　何(なに)が　ありますか。　A：何(なに)も　ありません。

4) Q：庭(にわ)に　誰(だれ)が　いますか。　A：誰(だれ)も　いません。

입에 착 붙게 말하기

셀로판지를 이용하여 말하기 연습을 해봅시다.

4 보기와 같이 그림을 보고 묻고 답하세요. L10-10

보기
1) ミラーさん
→ Q：<u>ミラーさん</u>は　どこに　いますか。밀러 씨는 어디에 있습니까?
　A：事務所(じむしょ)に　います。사무실에 있습니다.

2) はさみ
→ Q：<u>はさみ</u>は　どこに　ありますか。　가위는 어디에 있습니까?
　A：箱(はこ)の　中(なか)に　あります。상자 안에 있습니다.

스스로 해본 후에 음성을 들으면서 따라하세요.

1) 男(おとこ)の　子(こ)　　2) 自転車(じてんしゃ)

3) 犬(いぬ)　　4) 写真(しゃしん)

事務所(じむしょ) 사무실 | はさみ 가위 | 箱(はこ) 상자 | 中(なか) 안 | 男(おとこ)の子(こ) 남자아이 | ドア 문 | 自転車(じてんしゃ) 자전거 | 上(うえ) 위 | 後(うし)ろ 뒤 | 犬(いぬ) 개 | 二人(ふたり) 두 명 | 間(あいだ) 사이 | 写真(しゃしん) 사진 | 本(ほん) 책 | 下(した) 아래

Answer

1)Q：男(おとこ)の子(こ)は　どこに　いますか。　A：ドアの　後(うし)ろに　います。
2)Q：自転車(じてんしゃ)は　どこに　ありますか。　A：車(くるま)の　上(うえ)に　あります。
3)Q：犬(いぬ)は　どこに　いますか。　A：二人(ふたり)の　間(あいだ)に　います。
4)Q：写真(しゃしん)は　どこに　ありますか。　A：本(ほん)の　下(した)に　あります。

5 그림을 보면서 보기와 같이 묻고 답하세요. L10-11

보기
本屋(ほんや) →
Q：本屋(ほんや)は　どこに　ありますか。 서점은 어디에 있습니까?
A：スーパーの　隣(となり)に　あります。 슈퍼마켓 옆에 있습니다.

스스로 해본 후에 음성을 들으면서 따라하세요.

1) ポスト →
2) 電話(でんわ) →
3) 銀行(ぎんこう) →
4) タクシー乗(の)り場(ば) →

ポスト 우체통 | デパート 백화점 | 銀行(ぎんこう) 은행 | タクシー 택시 | 乗(の)り場(ば) 승강장

Answer
1) Q：ポストは　どこに　ありますか。 A：銀行(ぎんこう)の　そばに　あります。
2) Q：電話(でんわ)は　どこに　ありますか。 A：本屋(ほんや)の　前(まえ)に　あります。
3) Q：銀行(ぎんこう)は　どこに　ありますか。 A：デパートと　ポストの　間(あいだ)に　あります。
4) Q：タクシー乗(の)り場(ば)は　どこに　ありますか。 A：駅(えき)の　前(まえ)に　あります。

회화랑 친해지기

L10-12

회화 1

●밀러 씨가 있는 위치 말하기

A	すみません。ミラーさんは　いますか。	실례합니다. 밀러 씨 있습니까?
B	いいえ、会議室(かいぎしつ)に　います。	아니요, 회의실에 있습니다.
A	そうですか。どうも。	그래요? 감사합니다.

1) 食堂(しょくどう)に　います　　2) 銀行(ぎんこう)へ　行(い)きました
3) 郵便局(ゆうびんきょく)へ　行(い)きました

会議室(かいぎしつ) 회의실 | 食堂(しょくどう) 식당 | 銀行(ぎんこう) 은행 | 行(い)きます 갑니다 | 郵便局(ゆうびんきょく) 우체국

1) 식당에 있습니다　2) 은행에 갔습니다　3) 우체국에 갔습니다

L10-13

회화 2

●물건이 있는 위치 말하기

A	すみません。①ノートは　ありませんか。	실례합니다. 노트는 없습니까?
B	①ノートですか。あの　②いちばん上(うえ)の　棚(たな)です。	노트 말씀이세요? 저기 제일 위 선반에 있어요.
A	どうも。	감사합니다.

1) ① 電池(でんち)　② いちばん　下(した)　　2) ① フィルム　② 上(うえ)から　3段目(だんめ)
3) ① セロテープ　② 下から　2段目(だんめ)

一番(いちばん) 제일, 가장, 최고 | 上(うえ) 위 | 棚(たな) 선반 | 電池(でんち) 건전지 | ～段目(だんめ) ～칸째

1) ①건전지 ②제일 아래　2) ①필름 ②위에서 3칸째　3) ①스카치 테이프 ②밑에서 2칸째

L10-14

회화 3

● 건물 위치 묻고 답하기

A あのう、近(ちか)くに ① 郵便局(ゆうびんきょく) が ありますか。 저~, 근처에 우체국이 있나요?

B ええ。あそこに 高(たか)い ビルが ありますね。 네. 저기 높은 빌딩이 있지요?

あの ② 隣(となり) です。 저 (빌딩) 옆이에요.

A わかりました。どうも。 알겠습니다. 감사합니다.

1) ① スーパー ② うしろ　2) ① 銀行(ぎんこう) ② 中(なか)
3) ① ポスト ② 前(まえ)

近(ちか)く 근처 | 郵便局(ゆうびんきょく) 우체국 | 高(たか)い 높다 | ビル 빌딩 | わかりました 알겠습니다 | 後(うし)ろ 뒤 | 中(なか) 안 | 前(まえ) 앞

1) ①슈퍼마켓 ②뒤　2) ①은행 ②안　3) ①우체통 ②앞

회화 고수되기

셀로판지를 이용하여 회화 연습을 해봅시다.

チリソースは　ありませんか (칠리소스는 없습니까?)

L10-15

밀러 씨가 칠리소스를 사러 가는 길입니다. 파는 곳이 어딘지를 일단 물어보고 가게 안으로 들어가서는 칠리소스의 정확한 위치까지 물어보는 장면이에요.

01

ミラー　すみません。ユニューヤ・ストアは　どこですか。

女の人(おんな ひと)　ユニューヤ・ストアですか。

あ、あそこに　白(しろ)い　ビルが　ありますね。

あの　ビルの　中(なか)です。

ミラー　そうですか。どうも　すみません。

女の人　いいえ。

02

ミラー　あのう、チリソースは　ありませんか。

店員(てんいん)　はい。

右(みぎ)の　奥(おく)に　スパイス・コーナーが　あります。

チリソースは　下(した)から　2段目(にだんめ)です。

ミラー　わかりました。どうも。

白(しろ)い 하얗다
ビル 빌딩(ビルディング의 줄임말)
チリソース 칠리소스
スパイス 양념, 스파이스
コーナー 코너
奥(おく) 안쪽, 깊숙한 쪽, 구석
2段目(にだんめ) 2단째, 2번째

01

밀러 : 실례합니다. 유뉴야 스토어는 어디에 있어요?
여자 : 유뉴야 스토어 말씀이세요?
아, 저기에 흰 빌딩이 있죠?
저 빌딩 안에 있어요.
밀러 : 그래요? 정말 감사합니다.
여자 : 아니에요.

02

밀러 : 저… 칠리소스는 없나요?
점원 : 아, 네.
오른쪽 안에 양념코너가 있어요.
칠리소스는 아래에서 두 번째 선반에 있어요.
밀러 : 알겠습니다. 감사합니다.

핵심표현 파악하기

① すみません 실례합니다.

모르는 사람에게 무언가를 물어볼 때에도 보이지 않는 패턴이 있습니다.
「すみません~(실례합니다)」로 시작해서 「どうも(감사합니다)」로 마무리해 줍니다.
이런 인사표현이 별것 아닌 것 같지만 일본인들은 충실히 지키는 표현들이지요.

② どこですか? どこに ありますか 어디에 있습니까?

「どこですか」와 「どこに ありますか」는 어떻게 다를까요? 직역하면 '어디입니까?' 와 '어디에 있습니까?' 인데 모두 맞는 표현입니다. 일본인들은 긴 표현을 좋아하지 않기 때문에 「です」만으로도 충분히 표현할 때가 많습니다. 「です」의 위력이지요.
「です」의 위력을 예문으로 확인해 봐요.

예 ①きょうは 雨(あめ)ですね。 오늘은 비네요 → 오늘은 비가 오네요.
②金(キム)さんは 今(いま) 会議(かいぎ)です。 김 씨는 지금 회의입니다 → 김 씨는 지금 회의를 하고 있습니다.

③ ね ~지요

일본어의 가장 대표적인 종조사입니다. 「ね」는 한국어의 「군요」(감탄). 「네요」(감탄, 감정 표현). 「지요」/「죠」↗(동의 요구) 등의 다양한 의미가 있습니다. 「ね」와 「よ」를 자주 혼동하는 경우가 있는데 「よ」는 「에요/~라구요」(주관적 주장)으로 「ね」와 비슷하게 '~요' 로 끝나는 어감이지만 뉘앙스는 전혀 다르답니다. 그외에도 「ね」에는 다양한 의미와 용법이 많지만 오늘은 여기까지.

④ 奥(おく) 깊숙한 곳, 안쪽, 구석

안을 의미하는 말 중에는 中(なか)도 있지만 奥(おく)와는 전혀 다릅니다. 中(なか)는 외부, 바깥과 상반되는 개념이고, 奥(おく)는 中(なか) 중에서도 출입구와 먼 쪽, 구석을 의미하지요. 9과에서 배운 奥(おく)さん을 기억하나요? 남의 부인을 일컫는 말이었지요? 그 말을 분석해 보면 깊은 곳에 있는 사람이란 뜻이 있었군요. 이 말은 옛날 부인의 처소가 집안 깊숙한 곳에 있었던 것에서 유래합니다.

⑤ 2段目(にだんめ) 2칸째

본래 目(め)는 눈이라는 뜻이지만, 앞에 주로 숫자개념의 조수사 뒤에 붙어서 '~째' 라는 뜻으로 사용됩니다.

예 ① 私(わたし)は 6番目(ばんめ)の 娘(むすめ)です。 저는 여섯 번째 딸이에요.
②日本(にほん)での 生活(せいかつ)は 10年目(ねんめ)です。 일본에서의 생활은 10년째입니다.
③三日目(みっかめ)の 朝(あさ)は きれいでした。 3일째 되는 날 (맞이하는) 아침은 아름다웠습니다.

도전 듣기 · 쓰기

1 질문을 듣고 자기의 상황에 비추어 자유롭게 답하세요.

L10-16

1) ______________________________

2) ______________________________

3) ______________________________

4) ______________________________

5) ______________________________

2 대화를 잘 듣고 상황에 맞게 표현한 그림을 고르세요.

L10-17

1

2

3

3 대화를 듣고 제시문에 맞으면 ○, 틀리면 ×표를 하세요.

L10-18

1) (　　　)　　　2) (　　　)

메모하며 문제를 풀어보세요.

4 보기와 같이 알맞은 말을 넣어 문장을 완성하세요.

보기 受付(うけつけ)に　ミラーさんが　（　います　）。 접수처에 밀러 씨가 있습니다.

1) ワイン売(う)り場(ば)は　地下(ちか)に　（　　　　　　　）。

2) 犬(いぬ)は　どこに　（　　　　　　　）か。

3) あそこに　小(ちい)さい　男(おとこ)の　子(こ)が　（　　　　　　　）。

4) 冷蔵庫(れいぞうこ)の　中(なか)に　何(なに)も　（　　　　　　　）。

5) 事務所(じむしょ)に　だれも　（　　　　　　　）。

도전 듣기 · 쓰기

5 보기와 같이 괄호 안에 알맞은 조사를 넣어 문장을 완성하세요.

보기 いす（ の ） 下(した)（ に ） 猫(ねこ)（ が ） います。 의자 아래에 고양이가 있습니다.

1) 消(け)しゴムは　かばんの　中(なか)（　　） あります。

2) タクシー乗(の)り場(ば)（　　） 近(ちか)く（　　） ポストが　あります。

3) 花屋(はなや)（　　） スーパー（　　） 銀行(ぎんこう)（　　） 間(あいだ)に　あります。

4) 公園(こうえん)（　　） だれ（　　） いません。

5) 事務所(じむしょ)に　ファックス（　　） パソコンなど（　　） あります。

6 보기와 같이 (　)안에 알맞은 의문사를 골라 넣으세요.

どこへ	どこも	何(なに)が	何(なに)も	何(なに)を	~~だれと~~	だれが	だれも

보기 （ だれと ） 神戸(こうべ)へ　行(い)きましたか。 누구와 고베에 갔습니까?
→ 木村(きむら)さんと　行(い)きました。 기무라 씨와 갔습니다.

1) そこに　（　　　） ありますか。→ かぎが　あります。

2) 庭(にわ)に　（　　　） いますか。→（　　　） いません。

3) 店(みせ)で　（　　　） 買(か)いましたか。→（　　　） 買(か)いませんでした。

4) ミラーさんは　あした　（　　　） 行(い)きますか。→（　　　） 行(い)きません。

7 **다음 글을 읽고 질문에 맞는 그림을 고르세요.**

わたしのうち

わたしの 新(あたら)しい うちは 静(しず)かな 所(ところ)に あります。うちの 隣(となり)に きれいな 公園(こうえん)が あります。公園(こうえん)の 前(まえ)に 図書館(としょかん)と 喫茶店(きっさてん)が あります。わたしは 図書館(としょかん)で 本(ほん)を 借(か)ります。そして、公園(こうえん)で 読(よ)みます。時々(ときどき) 喫茶店(きっさてん)で 読(よ)みます。喫茶店(きっさてん)の コーヒーは おいしいです。うちの 近(ちか)くに 郵便局(ゆうびんきょく)と 銀行(ぎんこう)が あります。郵便局(ゆうびんきょく)と 銀行(ぎんこう)の 間(あいだ)に スーパーが あります。スーパーの 中(なか)に 花屋(はなや)や おいしい パン屋(や)が あります。とても 便利(べんり)です。

わたしの うちは ①②③の どれですか。(　　)

①

②

③

Lesson

11

개수 세는 법에 대해서 알아 봅시다.

중요단어 파악하기

～つ ～개

～まい ～장

～にん ～명

～かい ～번(～회)

～しゅうかん／～かげつ／～ねん
～주일/～개월/～년

～じかん ～시간

눈도장 콱 찍기 L11-1

1 会議室(かいぎしつ)に　テーブルが　7つ(なな)　あります。

①	②	③	④
会議室(かいぎしつ)に	テーブルが	7(なな)つ	あります。
①회의실에	②테이블이	③7개	④있습니다.

2 わたしは　日本(にほん)に　1年(ねん)　います。

①	②	③	④
わたしは	日本(にほん)に	1年(ねん)	います。
①나는	②일본에	③일년	④있습니다.

문형 꼭꼭 익히기

1 개수세는 법: 한 개, 두 개, 세 개, …열개

ひとつ、ふたつ、みっつ…とお

숫자와 달리 개수를 셀 때에는 다른 단어가 있습니다.

●숫자 읽기2 L11-2

1	2	3	4	5	6	7	8	9	10
いち	に	さん	よん・し	ご	ろく	なな・しち	はち	きゅう・く	じゅう
하나	둘	셋	넷	다섯	여섯	일곱	여덟	아홉	열
ひとつ	ふたつ	みっつ	よっつ	いつつ	むっつ	ななつ	やっつ	ここのつ	とお

몇 개?
いくつ

외우기 힘들지만 5과에서 배운 날짜를 한번 생각해 보세요. 10일까지는 끝이 「か」로 끝나면서 개수와 앞의 발음이 비슷하답니다. 개수를 셀 때에는 끝이 つ로 끝나는 경향이 있어요.
퀴즈! 11개는 어떻게 말할까요? 11부터는 숫자 11과 똑같이 「じゅういち」랍니다.
いくつ는 어디서 본 것 같지 않나요? 1과에서 나이를 물을 때 쓰는 표현의 정중한 말이었습니다. 「おいくつですか。(나이가 어떻게 되세요?)」라는 표현이 있었는데 이 말은 따지고 보면 '몇 개십니까?'로 직역이 되어버리네요.

L11-3

음성을 들으면서 따라하세요.

みかんを	いつつ やっつ とお	買(か)いました。
	いくつ	買(か)いましたか。

귤을 [5개 / 8개 / 10개] 샀습니다. // [몇 개] 샀습니까?

みかん 귤
いつつ 5개
やっつ 8개
とお 10개
いくつ 몇 개
買(か)いました 샀습니다

2 종이 같은 얇은 것을 세는 단위는? ~장

~まい

종이처럼 얇은 것을 셀 때에는 숫자 뒤에 「まい」를 붙이면 됩니다. 우리말과 같이 '~장'으로 해석하므로 쉽습니다.

L11-4

음성을 들으면서 따라하세요.

90円(えん)の　切手(きって)を	いちまい にまい ごまい	ください。

90엔짜리 우표를 [1장 / 2장 / 5장] 주세요.

切手(きって) 우표
いちまい 1장
にまい 2장
ごまい 5장
ください 주세요

3 사람 세는 단위는? ~명

~にん

사람은 숫자에 「にん(人)」을 붙이면 됩니다. 人의 읽는 법이 정말 많죠? 「じん、にん、ひと」 등등.

주 1명은 いちにん이 아니라 「ひとり」, 2명은 ににん이 아니라 「ふたり」, 4명은 よんにん이 아니라 「よにん」입니다. 그외에 5명은 「ごにん」, 7명은 「ななにん」하면 되겠죠?

L11-5

음성을 들으면서 따라하세요.

この　会社(かいしゃ)に　外国人(がいこくじん)が	ひとり ふたり 4(よ)にん	います。
	なんにん	いますか。

이 회사에 외국인이 [1명 / 2명 / 4명] 있습니다. // [몇 명] 있습니까?

会社(かいしゃ) 회사
外国人(がいこくじん) 외국인
一人(ひとり) 1명　二人(ふたり) 2명
4人(よにん) 4명　何人(なんにん) 몇 명

문형 꼭꼭 익히기

4 회수 세는 단위는? ~번, ~회

~かい

회수는 숫자에 「かい」를 붙이면 됩니다. 층 세는 단위(かい)와 같지요?

주 1번은 いちかい가 아니라 「いっかい」
6번은 ろくかい가 아니라 「ろっかい」
8번은 「はちかい」도 좋고 「はっかい」도 좋아요.
10번은 「じゅうかい」가 아니라 「じゅっかい」

발음이 약간씩 변합니다. 또한 1주일은 いちしゅうかん에서 「いっしゅうかん」, 1개월은 いちかげつ에서 「いっかげつ」로 역시 발음이 바뀐답니다.

L11-6

음성을 들으면서 따라하세요.

1(いっ)しゅうかん 1(いっ)かげつ 1(いち)ねん	に	1(いっ)かい 2(に)かい 5(ご)かいぐらい	映画(えいが)を　見(み)ます。
1(いっ)かげつ		なんかい	映画(えいが)を　見(み)ますか。

[1주일 / 1달 / 1년]에 [1번 / 2번 / 5번 정도] 영화를 봅니다. // [몇 번] 영화를 봅니까?

보충 ~週間(しゅうかん) ~주일, ~か月(げつ) ~개월, ~年(ねん) ~년

一週間(いっしゅうかん) 1주일
一か月(いっげつ) 1개월
一年(いちねん) 1년
~ぐらい 정도
映画(えいが) 영화
見(み)ます 봅니다
なんかい 몇 번
~に ~에

5 ~주일 ~개월 ~년

~しゅうかん　~かげつ　~ねん

L11-7

음성을 들으면서 따라하세요.

わたしは　国(くに)で	5(ご)しゅうかん 6(ろっ)かげつ 1(いち)ねんぐらい	日本語(にほんご)を　勉強(べんきょう)しました。
あなたは	どのくらい	日本語(にほんご)を　勉強(べんきょう)しましたか。

나는 고향에서 [5주일 / 6개월 / 1년정도] 일본어를 공부했습니다. // 당신은 [어느 정도] 일본어를 공부했습니까?

国(くに) 나라, 고향
5週間(ごしゅうかん) 5주일
6か月(ろっげつ) 6개월
一年(いちねん) 1년
ぐらい 정도
どのくらい 어느 정도
勉強(べんきょう)します 공부합니다

6 시간 단위는? ~시간

~じかん

'~시간' 이라는 표현은 숫자에 「じかん」을 붙이면 됩니다. 4시간은 よんじかん이 아니라 「よじかん」이라는 점 주의하세요.

L11-8

음성을 들으면서 따라하세요.

わたしの 国(くに)から 日本(にほん)まで 飛行機(ひこうき)で	4(よ)じかん 5(ご)じかんはん 12(じゅうに)じかん	かかります。
あなたの 国(くに)から 日本(にほん)まで 飛行機(ひこうき)で	どのくらい	かかりますか。

4時間(よじかん) 4시간
飛行機(ひこうき) 비행기
一年(いちねん) 1년
何時間(なんじかん) 몇 시간
かかります 걸립니다

우리나라에서 일본까지 비행기로 [4시간 / 5시간 반 / 12시간] 걸립니다. //
당신 나라에서 일본까지 비행기로 [몇 시간] 걸립니까?

L11-9

●숫자 읽기2

	まい(枚) ~장	にん(人) ~명	かい(回) ~회, 번	しゅうかん(週間) ~주일	かげつ(ヵ月) ~개월	ねん(年) ~년	じかん(時間) ~시간
1	いちまい	ひとり	いっかい	いっしゅうかん	いっかげつ	いちねん	いちじかん
2	にまい	ふたり	にかい	にしゅうかん	にかげつ	にねん	にじかん
3	さんまい	さんにん	さんかい	さんしゅうかん	さんかげつ	さんねん	さんじかん
4	よんまい	よにん	よんかい	よんしゅうかん	よんかげつ	よねん	よじかん
5	ごまい	ごにん	ごかい	ごしゅうかん	ごかげつ	ごねん	ごじかん
6	ろくまい	ろくにん	ろっかい	ろくしゅうかん	ろっかげつ	ろくねん	ろくじかん
7	ななまい	ななにん	ななかい	ななしゅうかん	ななかげつ	ななねん	ななじかん・しちじかん
8	はちまい	はちにん	はちかい・はっかい	はっしゅうかん	はっかげつ	はちねん	はちじかん
9	きゅうまい	きゅうにん	きゅうかい	きゅうしゅうかん	きゅうかげつ	きゅうねん	くじかん
10	じゅうまい	じゅうにん	じゅっかい	じゅっしゅうかん	じゅっかげつ	じゅうねん	じゅうじかん
?	なんまい	なんにん	なんかい	なんしゅうかん	なんかげつ	なんねん	なんじかん

입에 착 붙게 말하기

셀로판지를 이용하여 말하기 연습을 해봅시다.

1 개수 세는 법을 연습해 봅시다. L11-10

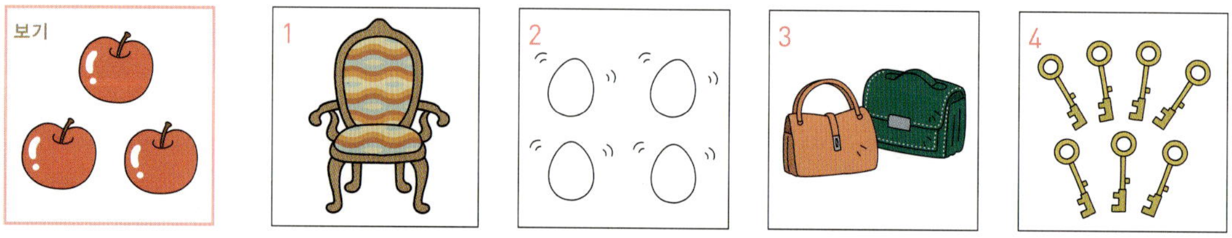

보기 りんご → Q : りんごが　いくつ　ありますか。 사과가 몇 개 있습니까?
A : 3つ　あります。 3개 있습니다.

스스로 해본 후에 음성을 들으면서 따라하세요.

1) いす　　2) 卵(たまご)　　3) かばん　　4) かぎ

いす 의자 | 卵(たまご) 계란 | かぎ 열쇠 | 1(ひと)つ 1개 | 4(よっ)つ 4개 | 2(ふた)つ 2개 | 7(なな)つ 7개

Answer

1) Q : いすが　いくつ　ありますか。　A : 1(ひと)つ　あります。
2) Q : 卵(たまご)が　いくつ　ありますか。　A : 4(よっ)つ　あります。
3) Q : かばんが　いくつ　ありますか。　A : 2(ふた)つ　あります。
4) Q : かぎが　いくつ　ありますか。　A : 7(なな)つ　あります。

2 각 사물에 알맞은 조수사를 붙여서 연습해 봅시다. L11-11

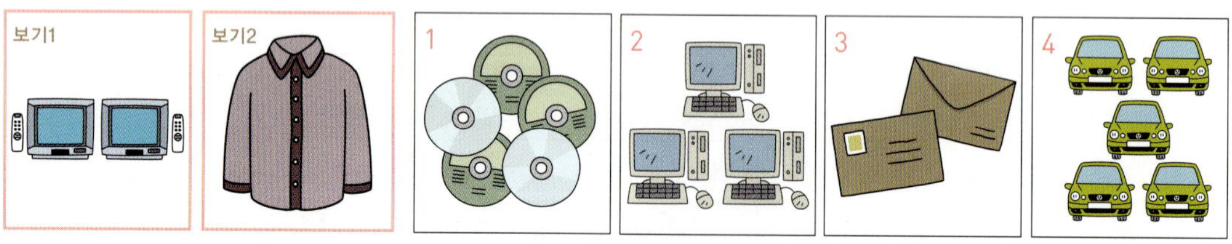

보기

1) テレビ
→ Q : テレビが　何台(なんだい)　ありますか。 텔레비전이 몇 대 있습니까?
A : 2台(だい)　あります。 2대 있습니다.

2) シャツ
→ Q : シャツが　何枚(なんまい)　ありますか。 셔츠는 몇 장 있습니까?
A : 1枚(まい)　あります。 1장 있습니다.

참고 ~台(だい)는 차 · 기계 등을 셀 때 쓰는 단위입니다. '~대' 라는 뜻입니다.

스스로 해본 후에 음성을 들으면서 따라하세요.

1) CD　　2) コンピューター　　3) 封筒(ふうとう)　　4) 自動車(じどうしゃ)

何台(なんだい) 몇 대 | シャツ 셔츠 | 封筒(ふうとう) 봉투 | 自動車(じどうしゃ) 자동차 | 5枚(ごまい) 5장 | 3台(さんだい) 3대 | 2枚(にまい) 2장 | 5台(ごだい) 5대

Answer

1) Q：CDが 何枚(なんまい) ありますか。　A：5枚(ごまい) あります。
2) Q：コンピューターが 何台(なんだい) ありますか。　A：3台(さんだい) あります。
3) Q：封筒(ふうとう)が 何枚(なんまい) ありますか。　A：2枚(にまい) あります。
4) Q：自動車(じどうしゃ)が 何台(なんだい) ありますか。　A：5台(ごだい) あります。

3 사람 수 세는 법을 연습해 봅시다. L11-12

보기　1　2　3　4

보기 学生(がくせい) → Q：学生(がくせい)が 何人(なんにん) いますか。 학생이 몇 명 있습니까?
A：4人(にん) います。 4명 있습니다.

스스로 해본 후에 음성을 들으면서 따라하세요.

1) 外国人(がいこくじん)の 社員(しゃいん)　　2) 女(おんな)の 人(ひと)
3) 男(おとこ)の 子(こ)　　4) 子(こ)ども

外国人(がいこくじん) 외국인 | 社員(しゃいん) 사원 | 女(おんな)の人(ひと) 여자 | 男(おとこ)の子(こ) 남자아이 | 子(こ)ども 아이, 어린이 | 2人(ふたり) 2명 | 6人(ろくにん) 6명 | 1人(ひとり) 1명

Answer

1) Q：外国人(がいこくじん)の 社員(しゃいん)が 何人(なんにん) いますか。　A：2人(ふたり) います。
2) Q：女(おんな)の 人(ひと)が 何人(なんにん) いますか。　A：6人(ろくにん) います。
3) Q：男(おとこ)の 子(こ)が 何人(なんにん) いますか。　A：2人(ふたり) います。
4) Q：子(こ)どもが 何人(なんにん) いますか。　A：1人(ひとり) います。

입에 착 붙게 말하기

셀로판지를 이용하여 말하기 연습을 해봅시다.

4 각 물건에 알맞은 조수사를 넣어 연습해 봅시다. L11-13

보기
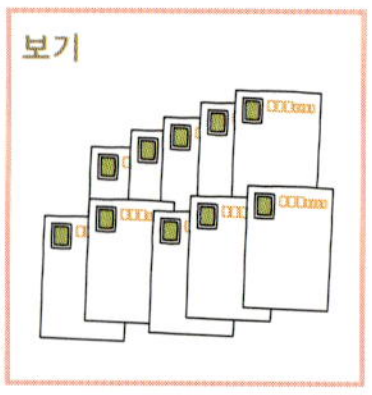
1

2

3

4

보기 買(か)います → Q：はがきを　何枚(なんまい)　買(か)いましたか。엽서를 몇 장 샀습니까?
A：10枚(まい)　買(か)いました。10장 샀습니다.

스스로 해본 후에 음성을 들으면서 따라하세요.

1) 撮(と)ります　　2) 買(か)います
3) 食(た)べます　　4) 送(おく)ります

はがき 엽서 | 買(か)います 삽니다 | 撮(と)ります 찍습니다 | 写真(しゃしん) 사진 | 自転車(じてんしゃ) 자전거 | 食(た)べます 먹습니다 | みかん 귤 | いくつ 몇 개 | 5(いつ)つ 5개 | 小包(こづつみ) 소포 | 8(やっ)つ 8개 | 送(おく)ります 보냅니다

Answer
1) Q：写真(しゃしん)を　何枚(なんまい)　撮(と)りましたか。　A：5枚(ごまい)　撮(と)りました。
2) Q：自転車(じてんしゃ)を　何台(なんだい)　買(か)いましたか。　A：2台(にだい)　買(か)いました。
3) Q：みかんを　いくつ　食(た)べましたか。　A：5(いつ)つ　食(た)べました。
4) Q：小包(こづつみ)を　いくつ　送(おく)りましたか。　A：8(やっ)つ　送(おく)りました。

5 일정기간에 몇 번 하는지 연습해 봅시다. L11-14

보기 1か月(げつ)・映画(えいが)を　見(み)ます（1）→
Q：1か月(げつ)に　何回(なんかい)　映画(えいが)を　見(み)ますか。한 달에 몇 번 영화를 봅니까?
A：1回(かい)　見(み)ます。한 번 봅니다.

스스로 해본 후에 음성을 들으면서 따라하세요.

1) 1日(にち)・彼女(かのじょ)に　電話(でんわ)を　かけます(2)　　2) 1週間(しゅうかん)・日本語(にほんご)を　勉強(べんきょう)します(3)
3) 1か月・東京(とうきょう)へ　行(い)きます(1)　　4) 1年(ねん)・国(くに)へ　帰(かえ)ります(1)

1日(いちにち) 하루 | 彼女(かのじょ) 여자친구 | かけます 겁니다 | 1週間(いっしゅうかん) 1주일 | 1か月(いっかげつ) 한달, 1개월 | 1年(いちねん) 1년 | 国(くに) 고향, 본국

Answer
1)Q：1日(いちにち)に　何回(なんかい)　彼女(かのじょ)に　電話(でんわ)を　かけますか。　A：2回(にかい)　かけます。
2)Q：1週間(いっしゅうかん)に　何回(なんかい)　日本語(にほんご)を　勉強(べんきょう)しますか。　A：3回(さんかい)　勉強(べんきょう)します。
3)Q：1か月(いっかげつ)に　何回(なんかい)　東京(とうきょう)へ　行(い)きますか。　A：1回(いっかい)　行(い)きます。
4)Q：1年(いちねん)に　何回(なんかい)　国(くに)へ　帰(かえ)りますか。　A：1回(いっかい)　帰(かえ)ります。

6 시간 · 기간을 나타내는 조수사 연습입니다. L11-15

보기 先月(せんげつ) 会社(かいしゃ)を 休(やす)みました（4日(よっか)）→
Q：先月(せんげつ) 何日(なんにち) 会社(かいしゃ)を 休(やす)みましたか。지난 달 몇 일 회사를 쉬었습니까?
A：4日(か) 休(やす)みました。4일 쉬었습니다.

1) 大学(だいがく)で 勉強(べんきょう)します（4年(ねん)）
2) 旅行(りょこう)を しました（2週間(しゅうかん)）
3) 毎日(まいにち) 働(はたら)きます（8時間(じかん)）
4) 休(やす)みます（10分(ぷん)だけ）

스스로 해본 후에 음성을 들으면서 따라하세요.

先月(せんげつ) 지난 달 | 休(やす)みます 쉽니다 | 4日(よっか) 4일 | 何日(なんにち) 몇 일 | 大学(だいがく) 대학 | 旅行(りょこう) 여행 | 毎日(まいにち) 매일 | 働(はたら)きます 일합니다 | 10分(じゅっぷん) 10분 | だけ ~뿐, 만

Answer

1) Q：大学(だいがく)で 何年(なんねん) 勉強(べんきょう)しますか。 A：4年(よねん) 勉強(べんきょう)します。
2) Q：旅行(りょこう)を 何週間(なんしゅうかん) しましたか。 A：2週間(にしゅうかん) しました。
3) Q：毎日(まいにち) 何時間(なんじかん) 働(はたら)きますか。 A：8時間(はちじかん) 働(はたら)きます。
4) Q：何分(なんぷん) 休(やす)みますか。 A：10分(じゅっぷん)だけ 休(やす)みます。

7 「どのくらい」를 넣어서 질문을 만들고 답하세요. L11-16

보기 日本語(にほんご)を 勉強(べんきょう)しました（3か月(げつ)）→
Q：どのくらい 日本語(にほんご)を 勉強(べんきょう)しましたか。얼마나 일본어를 공부했습니까?
A：3か月(げつ) 勉強(べんきょう)しました。3개월 공부했습니다.

1) 旅行(りょこう)を します（1週間(しゅうかん)ぐらい）
2) フランス語(ご)を 習(なら)いました（5年(ねん)）
3) スーパーで 働(はたら)きました（4か月(げつ)ぐらい）
4) 日本(にほん)に います（2年(ねん)）

스스로 해본 후에 음성을 들으면서 따라하세요.

どのくらい 얼마나, 어느 정도 | フランス語(ご) 프랑스어 | 習(なら)いました 배웠습니다 | ~ぐらい 정도

Answer

1) Q：どのくらい 旅行(りょこう)を しますか。 A：1週間(いっしゅうかん)ぐらい します。
2) Q：どのくらい フランス語(ご)を 習(なら)いましたか。 A：5年(ごねん) 習(なら)いました。
3) Q：どのくらい スーパーで 働(はたら)きましたか。 A：4か月(よんかげつ)ぐらい 働(はたら)きました。
4) Q：どのくらい 日本(にほん)に いますか。 A：2年(にねん) います。

회화랑 친해지기

L11-17

회화 1

● 식당에서 주문하기

A いらっしゃいませ。 어서오세요.

B ①サンドイッチを ②2(ふた)つ ください。 샌드위치 2개 주세요.

A かしこまりました。 네, 알겠습니다.

1) ① ジュース ② 1(ひと)つ 2) ① アイスクリーム ② 4(よっ)つ

3) ① カレーライス ② 5(いつ)つ

サンドイッチ 샌드위치 | ジュース 주스 | アイスクリーム 아이스크림 | カレーライス 카레라이스

1) ①주스 ②1개 2) ①아이스크림 ②4개 3) ①카레라이스 ②5개

いらっしゃいませ 어서오세요

식당에서 주문하는 장면을 떠올려보세요. 「いらっしゃい」표현은 앞에서 배웠었죠? 이 말은 주로 집을 방문했을 때 쓰이는 표현이고 「ませ」가 붙으면 더욱더 정중한 의미가 됩니다. 보통 집을 방문했을 때는 잘 쓰지 않고 식당 같은 비즈니스 장면에나 어울리는 인사표현입니다.

잘 알겠다는 표현으로도 「わかりました」는 이미 배웠습니다. 그런데 식당에서는 좀 더 정중하게 「かしこまりました」라는 표현을 씁니다. 서비스하는 입장에서 주로 사용하니까요.

L11-18

회화 2

● 가족에 대해 묻고 답하기

A 家族(かぞく)は 何人(なんにん)ですか。 가족은 몇 명이에요?

B 4人(よにん)です。 4명입니다.

①母(はは)と ②弟(おとうと)が ③2人(ふたり) います。 어머니와 남동생이 두 명 있어요.

1) ① 妻(つま) ② 子(こ)ども ③ 2人(ふたり) 2) ① 父(ちち) ② 兄弟(きょうだい) ③ 2人(ふたり)

3) ① 両親(りょうしん) ② 妹(いもうと) ③ 1人(ひとり)

家族(かぞく) 가족 | 何人(なんにん) 몇 명 | 母(はは) 자기 어머니 | 弟(おとうと) 자기 남동생 | 妻(つま) 자기 부인 | 子(こ)ども 아이 | 父(ちち) 자기 아버지 | 兄弟(きょうだい) 형제 | 両親(りょうしん) 자기 부모님 | 妹(いもうと) 자기 여동생

1) ①아내 ②아이 ③두 명 2) ①아버지 ②형제 ③두 명 3) ①부모님 ②여동생 ③한 명

가족이 몇 명인지 답하는 상황입니다. 자기 가족을 일컫는 말과 남의 가족을 일컫는 말(주로 お나 ～さん이 붙음)이 다르다는 것에 주의하여 자기 가족을 높히는 일이 없도록 합시다.

L11-19

회화 3

● 가격과 걸리는 시간 묻기

A これは　アメリカまで　① 速達(そくたつ) で いくらですか。　이거 미국까지 속달로 얼마입니까?

B ② 630円(えん) です。　630엔입니다.

A どのくらい　かかりますか。　얼마나 걸려요?

B ③ 4日(よっか) ぐらいです。　4일정도 걸립니다.

1) ① 船便(ふなびん)　② 2,500円(えん)　③ 2 週間(しゅうかん)　2) ① エアメール　② 1,870円　③ 1 週間(しゅうかん)

3) ① 書留(かきとめ)　② 940円　③ 1 週間(しゅうかん)

アメリカ 미국 | 速達(そくたつ) 속달 | いくら 얼마 | かかります 걸립니다 | 船便(ふなびん) 배편 | エアメール 항공편 | 書留(かきとめ) 등기

1) ①배편 ②2,500엔 ③2주일　2) ①항공편 ②1,870엔 ③1주일　3) ①등기 ②940엔 ③1주일

회화 고수되기

셀로판지를 이용하여 회화 연습을 해봅시다.

これ、お願(ねが)いします (이걸로 부탁해요.)

L11-20

이웃을 잠시 만났을 때 어떻게 인사를 주고받는지 알아봅시다.
왕 씨가 우체국에 가서 소포를 부치려고 합니다. 우체국에서 소포나 우편물 부치는 법을 한번 알아봅시다.

01

管理人(かんりにん)	いい　天気(てんき)ですね。お出(で)かけですか。
ワン	ええ、ちょっと　郵便局(ゆうびんきょく)まで。
管理人	そうですか。行(い)って　いらっしゃい。
ワン	行(い)って　まいります。

02

ワン	これ、速達(そくたつ)で　お願(ねが)いします。
郵便局員(ゆうびんきょくいん)	はい、オーストラリアですね。370円(えん)です。
ワン	あ、それから　この　荷物(にもつ)も　お願(ねが)いします。
郵便局員	船便(ふなびん)ですか、航空便(こうくうびん)ですか。
ワン	船便(ふなびん)は　いくらですか。
郵便局員	500円です。
ワン	どのくらい　かかりますか。
郵便局員	1か月(いっかげつ)ぐらいです。
ワン	じゃ、船便(ふなびん)で　お願(ねが)いします。

天気(てんき) 날씨
お出(で)かけ 외출
郵便局(ゆうびんきょく) 우체국
行(い)って いらっしゃい 다녀오세요
速達(そくたつ) 속달
荷物(にもつ) 짐
船便(ふなびん) 배편
航空便(こうくうびん) 항공편
かかる (시간이) 걸리다, (비용이) 들다

01

관리인	: 날씨 좋네요. 외출하세요?
왕	: 네, 우체국에 잠시.
관리인	: 그러세요? 다녀오세요.
왕	: 다녀오겠습니다.

02

왕	: 이거 속달로 부탁합니다.
우체국직원	: 네, 호주네요. 370엔입니다.
왕	: 아, 그리고 이 짐도 부탁합니다.
우체국직원	: 배편으로 하시겠어요, 항공편으로 하시겠어요?
왕	: 배편은 얼마죠?
우체국직원	: 500엔입니다.
왕	: 얼마나 걸리나요?
우체국직원	: 한 달정도예요.
왕	: 그럼 배편으로 부탁합니다.

핵심표현 파악하기

① いい 天気ですね 날씨 좋네요.

이웃을 만나서 날씨인사를 건넵시다. '좋은 날씨' 보다는 '날씨가 좋다' 로 해석하는 것이 자연스럽습니다. 덧붙여 보통 좋은 날씨를 「お天気」라고도 합니다.
그런데 좋은 날씨란 어떤 날씨를 말하는 것일까요? 일반적으로 맑고 화창한(晴れ) 날씨를 보고 「お天気」라고 하는데, 가끔 주변에 「雨が好きな人」들은 장대비가 내리고 있는 것을 보고도 '날씨 좋~다' 라고 하는 걸 들은 적이 있답니다. 그런 경우 도대체 좋은 날씨란 어떤 날씨일까? 정말 궁금해 진답니다.

② お出かけですか 외출하세요?

「お出かけ」는 '외출' 이라는 뜻입니다. 외출하시는 거에요? 라고 물을 때에는 「お出かけですか」라고 하면 됩니다. 이런 질문을 받으면 「ええ、ちょっと ～まで」형식으로 대답하면 됩니다.
(예 ええ、ちょっと そこまで。저기 잠깐 갔다 오려구요.)
정확한 목적지를 이야기하기 뭣할 때 「そこまで」로 나타내면 좋아요. 그 외에 이번 회화처럼 정확한 목적지가 있으면 「郵便局まで」같이 「まで」 앞에 장소를 넣으면 되겠죠.

③ 行って いらっしゃい 다녀오세요, 다녀오너라.

「行って」는 「行きます(갑니다)」의 접속형으로 '가고/가서' 의 뜻입니다. 「て」의 의미는 2권에서 자세히 배울수 있어요.
「いらっしゃい」는 「いらっしゃる」라는 동사의 명령형인데 「いらっしゃる」라는 동사가 너무 길고 어렵죠? 그런데 사실 이 「いらっしゃる」는 「来ます」의 존경동사랍니다. 한국어로는 오시다 정도겠지요? 그러니까 「行って いらっしゃい」를 직역하면 '가서 오세요' 인데 이것이 '다녀 오세요' 라는 인사표현으로 굳어진 셈입니다. 「いらっしゃい」의 극존칭형태가 「いらっしゃいませ」랍니다.

④ 行って まいります 다녀오겠습니다.

「まいります」는 「来ます」의 겸양표현입니다. 따라서 「行って 来ます」라고 해도 되지만, 「行って まいります」쪽이 보다 더 정중한 느낌이 듭니다. 보통 아침에 출근할 때, 또는 학교에 갈 때 「行って 来ます」를 많이 씁니다.

⑤ 航空便 항공편／船便 배편

航空便은 「エアメール」와 같은 표현입니다. 「船便」은 배편인데, 船(ふね)가 便을 만나 「ふな」로 발음이 바뀌었어요.

＊우편물 관련 용어

① 航空便＝エアメール 항공편 ② 船便 배편 ③ 速達 속달 ④ 書留 등기 ⑤ 宅配 택배 ⑥ 小包 소포

⑥ じゃ 그럼

「じゃ」는 「では」의 회화표현입니다. 「それじゃ」에서 「それ」가 생략이 되었다고 볼 수도 있습니다. 따라서 「それじゃ・それでは・じゃ・では」는 모두 '그럼' 이란 뜻으로 같습니다.

도전 듣기 · 쓰기

1 질문을 듣고 자기의 상황에 비추어 자유롭게 답하세요.

L11-21

1) ______________________________

2) ______________________________

3) ______________________________

4) ______________________________

5) ______________________________

2 대화를 잘 듣고 상황에 맞게 표현한 그림을 고르세요.

L11-22

1

2

3 대화를 듣고 제시문에 맞으면 ○, 틀리면 ×표를 하세요.

L11-23

1) (　　　)　　2) (　　　)　　3) (　　　)

4 보기와 같이 숫자를 개수로 바꾸어 보세요.

보기 みかんが　(　8 → やっつ　)　あります。 귤이 8개 있습니다.

1) 子(こ)どもが　(　2 →　　　　)　います。

2) 車(くるま)が　(　4 →　　　　)　あります。

3) 切手(きって)を　(　10 →　　　　)　買(か)いました。

4) りんごを　(　5 →　　　　)　ください。

5 보기와 같이 괄호 안에 알맞은 의문사를 넣어 문장을 완성하세요.

보기　子どもが　（　何人(なんにん)　）　いますか。→ 3人(にん)　います。 아이가 몇 명 있습니까? → 3명 있습니다.

1) いすが　（　　　　　）　ありますか。→ 3つ(みっ)　あります。
2) 毎日(まいにち)　（　　　　　）　働(はたら)きますか。→ 8時間(じかん)　働(はたら)きます。
3) 切符(きっぷ)を　（　　　　　）　買(か)いますか。→ 2枚(まい)　買(か)います。
4) 寮(りょう)に　自転車(じてんしゃ)が　（　　　）　ありますか。→ 5台(だい)　あります。

6 보기와 같이 (　)안에 알맞은 조사를 넣거나 필요가 없으면 X표를 하세요.

보기　電車(でんしゃ)（　で　）　1時間(じかん)（　X　）　かかります。 전철로 1시간 걸립니다.

1) 1週間(しゅうかん)（　　）　3回(さんかい)（　　）　彼女(かのじょ)に　電話(でんわ)を　かけます。
2) この　荷物(にもつ)は　アメリカまで　船便(ふなびん)（　　）　いくらですか。
3) 日本(にほん)（　　）　2年(ねん)（　　）　います。
4) りんご（　　）　5つ（　　）　ください。→ はい。600円(えん)です。

7 다음 질문에 답하세요.

1) 田中(たなか)さんは　ご主人(しゅじん)と　子(こ)どもが　2人(ふたり)　います。田中(たなか)さんの　家族(かぞく)は　全部(ぜんぶ)で　何人(なんにん)ですか。

→ ______________________________

2) りんごを　15　もらいました。4つ(よっ)　食(た)べました。隣(となり)の　うちの　人(ひと)に　6つ(むっ)　あげました。今(いま)　りんごが　いくつ　ありますか。

→ ______________________________

3) 80円(えん)の　切手(きって)を　5枚(まい)と、50円(えん)の　切手(きって)を　5枚(まい)　買(か)います。全部(ぜんぶ)で　いくらですか。

→ ______________________________

4) わたしは　中国語(ちゅうごくご)を　3か月(げつ)　習(なら)いました。1か月(げつ)に　8回(かい)　勉強(べんきょう)しました。1回(かい)は　2時間(じかん)です。全部(ぜんぶ)で　何時間(なんじかん)　習(なら)いましたか。

→ ______________________________

Lesson 12

과거표현과 비교표현을 배워봅시다.

중요단어 파악하기

~でした ~였습니다

~かったです ~했습니다

~より ~보다

~で いちばん ~에서 가장

눈도장 콱 찍기 L12-1

1 きのうは① 雨(あめ)でした②。

①어제는 ②비였습니다(비가 왔었습니다).

2 きのうは① 寒(さむ)かったです②。

①어제는 ②추웠습니다.

3 北海道(ほっかいどう)は① 九州(きゅうしゅう)より② 大(おお)きいです③。

①홋카이도는 ②큐슈보다 ③큽니다.

4 わたしは① 1年(いちねん)で② 夏(なつ)が③ いちばん④ 好(す)きです⑤。

①저는 ②1년 중에서 ③여름을 ④가장 ⑤좋아합니다.

문형 꼭꼭 익히기

1 い/な형용사의 과거 : ㅆ습니다

[な형용사와 명사] です →(과거) でした

[い형용사] いです →(과거) かったです

い형용사의 과거는 い를 「かった」로 고치면 됩니다. な형용사의 과거는 「です」를 「でした」로 바꿔 주세요. な형용사뿐만 아니라 「명사+です」인 경우도 「명사+でした(本でした)」로 하면 '책이었습니다'로 과거형이 됩니다.

주 「いいです」의 과거는 「いかったです」가 아닌 「よかったです」입니다. 부정일 때와 비슷하죠?

L12-2

음성을 들으면서 따라하세요.

きのうは	ゆき ひま	でした。	명사 な형용사
	さむ	かったです。	い형용사

어제는 [눈이 왔습니다 / 한가했습니다 / 추웠습니다].

昨日(きのう) 어제
雪(ゆき) 눈
暇(ひま) 한가함
寒(さむ)い 춥다

2 な형용사의 과거부정 : ~이 아니었습니다

でした → じゃ　ありませんでした

な형용사의 과거부정은 명사의 과거부정과 같습니다!
그러니까 둘다 「じゃ　ありませんでした」라고 하면 되니 너무너무 간단하죠!
그러고 보니 명사와 な형용사는 똑같이 활용하는 경우가 대부분이랍니다.

L12-3

음성을 들으면서 따라하세요.

やすみ きれい しずか	でした	→	やすみ きれい しずか	じゃ　ありませんでした。

쉬는 날이었습니다. → 쉬는 날이 아니었습니다.
예뻤습니다. → 예쁘지 않았습니다.
조용했습니다. → 조용하지 않았습니다.

休(やす)み 휴일, 휴가
きれい 예쁨
静(しず)か 조용함

3 い형용사의 과거부정 : ~이 아니었습니다

かったです →(부정) くなかったです

い형용사의 과거부정은 「~くなかったです」입니다. い형용사를 우선 부정하면 「~くない」. 이것을 다시 과거형태로 바꾸면 「~くなかった」가 됩니다. 정중을 나타내려면 뒤에 「です」를 붙여 「~くなかったです」라고 하면 됩니다. 여기서 주의할 것! 「いいです」의 부정은 「いくないです」가 아니라 「よくないです」이기 때문에 부정과거는 「よくなかったです」가 되요. 틀리지 않도록 주의하세요!

L12-4

음성을 들으면서 따라하세요.

あつ おいし よ	かったです。	→	あつ おいし よ	くなかったです。

더웠습니다. → 덥지 않았습니다.　맛있었습니다. → 맛있지 않았습니다.
좋았습니다. → 좋지 않았습니다.

暑(あつ)い 덥다
おいしい 맛있다
いい・よい 좋다

4 비교표현 : ~보다

~より

비교표현을 할 때 쓰이는 조사는 「より」입니다.

L12-5

음성을 들으면서 따라하세요.

とうきょうは このシャツは サントスさんは	おおさか そのシャツ ミラーさん	より	大(おお)きいです。

[도쿄는 오사카 / 이 셔츠는 그 셔츠 / 산토스 씨는 밀러 씨]보다 큽니다.

東京(とうきょう) 도쿄
大阪(おおさか) 오사카
大(おお)きい 크다
シャツ 셔츠

〈정리〉

형용사 / 의미	い형용사	な형용사
현재	~いです	~です
과거	~かったです	~でした
현재부정	~くないです	~じゃ ありません(=~じゃ ないです)
과거부정	~くなかったです	~じゃ ありませんでした(=~じゃ なかったです

문형 꼭꼭 익히기

5 두 가지를 비교할 때 : ~랑 ~중에 어느 것이 ~ㅂ니까?/~쪽을 ~ㅂ니다.

~と　~と　どちらが　~ですか。 (질문할 때)
~の　ほうが　~です。 (두가지중 하나를 골라 답할 때)

「~と~と どちらが ~ですか」는 '~랑 ~중에 어느쪽이 ~입니까'란 뜻으로 두 가지를 비교하여 질문할 때 씁니다. 그 중 하나를 고를 때는 「~の ほうが ~です(~쪽이 ~입니다)」란 표현을 써서 대답합니다. 셋 이상을 비교하는 것은 6번을 봐 주세요.

예

L12-6

① A : 바나나 / 랑 / 토마토 / 중에 / 어느 쪽을 / 좋아해요?
　　↓
　バナナ / と / トマト / と / どちらが / 好きですか。

　B : 바나나 / 쪽을 / 좋아해요.
　　↓
　バナナ / のほうが / 好(す)きです。

② A : 엄마 / 랑 / 아빠 / 중에 / 어느 쪽이 / 좋아?
　　↓
　ママ / と / パパ / と / どちらが / 好き？

　B : 아빠 / 쪽이 / 좋아.
　　↓
　パパ / のほうが / 好(す)き。

③ A : 버스 / 와 / 지하철 / 중에 / 어느 쪽이 / 편리해요?
　　↓
　バス / と / 地下鉄(ちかてつ) / と / どちらが / 便利(べんり)ですか。

　B : 지하철 / 쪽이 / 편리해요.
　　↓
　地下鉄(ちかてつ) / のほうが / 便利(べんり)です。

L12-7

음성을 들으면서 따라하세요.

サッカー ほん しごと	と	やきゅう えいが べんきょう	と	どちらが	おもしろいですか。

[축구랑 야구 / 책과 영화 / 일이랑 공부] 중에 어느 쪽이 재밌습니까?

サッカー ほん しごと	の　ほうが	おもしろいです。

[축구 / 책 / 일] 쪽이 재미있습니다.

サッカー 축구
野球(やきゅう) 야구　仕事(しごと) 일
勉強(べんきょう) 공부
どちら 어느 쪽
おもしろい 재미있다

6 세 가지 이상을 비교할 때 : ~중에서 ~이 가장 ~습니까?

～で　～が　いちばん　～ですか。

～で 대신에 ～の中(なか)で를 써도 괜찮습니다. 一番(いちばん)은 1번, 최고, 제일, 가장 이란 뜻입니다.

예

L12-8

① A : 병원 → 病院(びょういん) / 중에서 → で(の中(なか)で) / 어느병원 → どの病院(びょういん) / 이 → が / 제일 → いちばん / 유명해요? → 有名(ゆうめい)ですか。

B : 민나노병원 → みんなの病院(びょういん) / 이 → が / 제일 → いちばん / 유명해요 → 有名(ゆうめい)です。

② A : 과일 → 果物(くだもの) / 중에서 → で(の中(なか)で) / 뭐가 → 何(なに)が / 제일 → いちばん / 쌉니까? → 安(やす)いですか。

B : 귤 → みかん / 이 → が / 제일 → いちばん / 쌉니다. → 安(やす)いです

③ A : 디카 → デジカメ / 중에서 → で(の中(なか)で) / 어느 디카가 → どこの デジカメが / 제일 → いちばん / 좋아요? → いいですか。

B : IMC것 → IMCの / 이 → が / 제일 → いちばん / 좋아요. → いいです。

L12-9

음성을 들으면서 따라하세요.

スポーツ かぞく せかい いちねん	で	なに だれ どこ いつ	が	いちばん	おもしろいですか。 げんきですか。 きれいですか。 さむいですか。

스포츠 중에서 무엇이 가장 재밌습니까? / 가족 중에서 누가 가장 건강합니까?
세계 중에서 어디가 가장 아름답습니까? / 1년 중에서 언제가 가장 춥습니까?

スポーツ 스포츠, 운동
家族(かぞく) 가족　世界(せかい) 세계
誰(だれ) 누구　どこ 어디
いつ 언제
元気(げんき) 건강함
きれい 예쁨, 아름다움
寒(さむ)い 춥다

입에 착 붙게 말하기

셀로판지를 이용하여 말하기 연습을 해봅시다.

1 い형용사를 보기와 같이 과거형으로 바꾸세요. L12-10

보기 きのう・涼しい → きのうは 涼しかったです。 어제는 시원했습니다.

스스로 해본 후에 음성을 들으면서 따라하세요.

1) 先月・忙しい →

2) お祭り・楽しい →

3) 去年の 冬・暖かい →

4) 公園・人が 多い →

涼しい 시원하다, 서늘하다 | 先月 지난 달 | 忙しい 바쁘다 | お祭り (일본식)축제 | 楽しい 즐겁다 | 去年 작년 | 冬 겨울 | 暖かい 따뜻하다 | 公園 공원 | 多い 많다

Answer 1)先月は 忙しかったです。 2)お祭りは 楽しかったです。 3)去年の 冬は 暖かかったです。 4)公園は 人が 多かったです。

2 명사 또는 な형용사를 보기와 같이 과거형으로 바꾸세요. L12-11

보기 きのう・いい 天気 → きのうは いい 天気でした。 어제는 날씨가 좋았습니다.

스스로 해본 후에 음성을 들으면서 따라하세요.

1) おととい・雨 →

2) 図書館・休み →

3) 先週・暇 →

4) 奈良公園・静か →

いい 좋다 | 天気 날씨 | おととい 그저께 | 雨 비 | 図書館 도서관 | 休み 휴관, 휴일 | 先週 지난 주 | 暇 한가함 | 奈良 나라(지명) | 静か 조용함

Answer 1)おとといは 雨でした。 2)図書館は 休みでした。 3)先週は 暇でした。 4)奈良公園は 静かでした。

3 い형용사와 な형용사의 과거형을 묻는 문제입니다. 보기와 같이 묻고 답하세요. L12-12

보기

1) パーティー・楽(たの)しい（いいえ）
→ Q：パーティーは　楽(たの)しかったですか。파티는 즐거웠습니까?
A：いいえ、楽(たの)しくなかったです。아니요, 즐겁지 않았습니다.

2) サントスさん・元気(げんき)（はい）
→ Q：サントスさんは　元気(げんき)でしたか。산토스 씨는 잘 지냈습니까?
A：はい、元気(げんき)でした。네, 잘 지냈습니다.

스스로 해본 후에 음성을 들으면서 따라하세요.

1) 歌舞伎(かぶき)・おもしろい（はい）→

2) コンサート・いい（いいえ、あまり）→

3) お祭(まつ)り・にぎやか（はい、とても）→

4) 試験(しけん)・簡単(かんたん)（いいえ）→

元気(げんき) 건강함, 잘 지냄 | 歌舞伎(かぶき) 가부키, 일본전통극 | おもしろい 재미있다 | コンサート 콘서트, 음악회 | あまり 그다지 | にぎやか 붐빔, 사람이 많음, 번화함 | とても 매우 | 試験(しけん) 시험 | 簡単(かんたん) 간단함, 쉬움

Answer

1) Q：歌舞伎(かぶき)は　おもしろかったですか。　A：はい、おもしろかったです。
2) Q：コンサートは　よかったですか。　A：いいえ、あまり　よくなかったです。
3) Q：お祭(まつ)りは　にぎやかでしたか。　A：はい、とても　にぎやかでした。
4) Q：試験(しけん)は　簡単(かんたん)でしたか。　A：いいえ、簡単(かんたん)じゃ　ありませんでした。

4 い형용사와 な형용사의 과거형을 묻는 문제입니다. 보기와 같이 묻고 답하세요. L12-13

보기

京都(きょうと)（とても　きれい）→
Q：京都(きょうと)は　どうでしたか。교토는 어땠습니까?
A：とても　きれいでした。아주 아름다웠습니다.

스스로 해본 후에 음성을 들으면서 따라하세요.

1) 天気(てんき)（曇(くも)り）

2) タイ料理(りょうり)（辛(から)い）

3) 北海道(ほっかいどう)（あまり　寒(さむ)くない）

4) ホテルの　部屋(へや)（とても　すてき）

曇(くも)り 흐림 | タイ 태국 | 料理(りょうり) 음식 | 辛(から)い 맵다 | 北海道(ほっかいどう) 홋카이도(지명) | 寒(さむ)い 춥다 | ホテル 호텔 | 部屋(へや) 방 | すてき 멋있음, 근사함

Answer

1) Q：天気(てんき)は　どうでしたか。　A：曇(くも)りでした。
2) Q：タイ料理(りょうり)は　どうでしたか。　A：辛(から)かったです。
3) Q：北海道(ほっかいどう)は　どうでしたか。　A：あまり　寒(さむ)くなかったです。
4) Q：ホテルの　部屋(へや)は　どうでしたか。　A：とても　すてきでした。

입에 착 붙게 말하기

셀로판지를 이용하여 말하기 연습을 해봅시다.

5 「より」를 넣어서 비교문형을 만드세요. L12-14

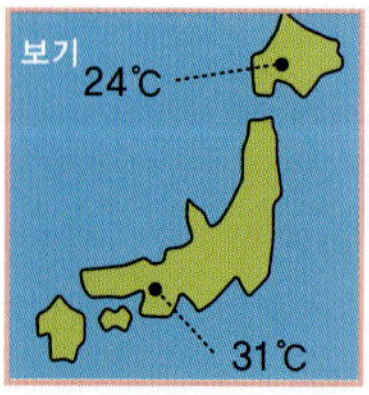

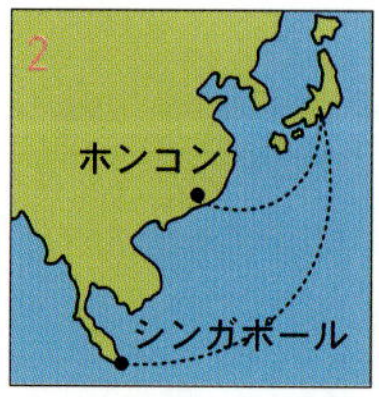

보기 北海道(ほっかいどう)・大阪(おおさか)・涼(すず)しい → 北海道(ほっかいどう)は 大阪(おおさか)より 涼(すず)しいです。 홋카이도는 오사카보다 시원합니다.

스스로 해본 후에 음성을 들으면서 따라하세요.

1) この かばん・その かばん・軽(かる)い

2) ホンコン・シンガポール・近(ちか)い

3) 地下鉄(ちかてつ)・車(くるま)・速(はや)い

4) ミラーさん・サントスさん・テニスが 上手(じょうず)

涼(すず)しい 서늘하다, 시원하다 | かばん 가방 | 軽(かる)い 가볍다 | ホンコン 홍콩 | シンガポール 싱가폴 | 近(ちか)い 가깝다 | 地下鉄(ちかてつ) 지하철 | 車(くるま) 차 | 速(はや)い 빠르다 | テニス 테니스 | 上手(じょうず) 잘함

Answer 1) この かばんは その かばんより 軽(かる)いです。 2) ホンコンは シンガポールより 近(ちか)いです。 3) 地下鉄(ちかてつ)は 車(くるま)より 速(はや)いです。 4) ミラーさんは サントスさんより テニスが 上手(じょうず)です。

6 둘 중에 하나를 선택하는 문형입니다. 보기와 같이 묻고 답하세요. L12-15

보기 今週(こんしゅう)・来週(らいしゅう)・暇(ひま) (来週(らいしゅう)) →
Q : 今週(こんしゅう)と 来週(らいしゅう)と どちらが 暇(ひま)ですか。 이번 주와 다음 주 중에 언제가 더 한가해요?
A : 来週(らいしゅう)の ほうが 暇(ひま)です。 다음 주 쪽이 (더) 한가해요.

스스로 해본 후에 음성을 들으면서 따라하세요.

1) コーヒー・紅茶(こうちゃ)・いい (コーヒー)

2) 大(おお)きい みかん・小(ちい)さい みかん・甘(あま)い (小(ちい)さい みかん)

3) お父(とう)さん・お母(かあ)さん・料理(りょうり)が 上手(じょうず) (父(ちち))

4) 春(はる)・秋(あき)・好(す)き (どちらも)

今週 이번 주 | 来週 다음 주 | コーヒー 커피 | 紅茶 홍차 | 甘い 달다 | 大きい 크다 | みかん 귤 | 小さい 작다 | お父さん 아버지 | お母さん 어머니 | 料理 요리 | 春 봄 | 秋 가을 | 好き 좋아함

Answer

1) Q：コーヒーと 紅茶と どちらが いいですか。　A：コーヒーの ほうが いいです。

2) Q：大きい みかんと 小さい みかんと どちらが 甘いですか。　A：小さい みかんの ほうが 甘いです。

3) Q：お父さんと お母さんと どちらが 料理が 上手ですか。　A：父の ほうが 上手です。

4) Q：春と 秋と どちらが 好きですか。　A：どちらも 好きです。 or どちらも 好きじゃ ありません。

두 개 중 두 개 모두 선택할 때는「どちらも～です」, 두 개 모두 선택하기 싫을 때에는「どちらも～じゃありません」을 쓰면 됩니다.

7 세 가지 이상에서 어느 것 하나를 선택하는 문형입니다. 보기와 같이 묻고 답하세요. L12-16

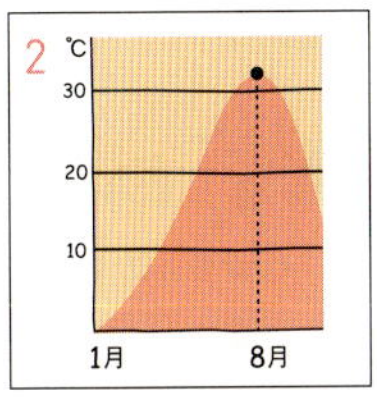

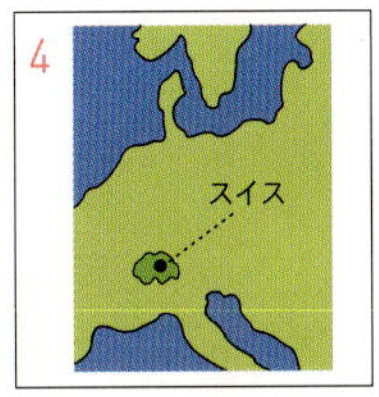

보기 季節・好き → Q：季節で いつが いちばん 好きですか。 계절 중에서 언제를 제일 좋아합니까?
A：秋が いちばん 好きです。 가을을 제일 좋아합니다.

스스로 해본 후에 음성을 들으면서 따라하세요.

1) スポーツ・おもしろい

2) 1年・暑い

3) 家族・歌が 上手

4) ヨーロッパ・よかった

季節 계절 | いちばん 제일, 가장 | 秋 가을 | スポーツ 운동 | おもしろい 재미있다 | 暑い 덥다 | 家族 가족 | 歌 노래 | 上手 잘함 | ヨーロッパ 유럽 | よかった 좋았다 | サッカー 축구 | 野球 야구 | ゴルフ 골프

Answer

1) Q：スポーツで なにが いちばん おもしろいですか。　A：サッカーが いちばん おもしろいです。

2) Q：1年で いつが いちばん 暑いですか。　A：8月が いちばん 暑いです。

3) Q：家族で だれが いちばん 歌が 上手ですか。　A：母が いちばん 上手です。

4) Q：ヨーロッパで どこが いちばん よかったですか。　A：スイスが いちばん よかったです。

회화랑 친해지기

L12-17

회화 1

● 감상을 과거로 이야기하기

A きのう 初(はじ)めて ①おすしを 食(た)べました。 어제 처음으로 스시를 먹었습니다.

B どうでしたか。 어땠어요?

A ②とても おいしかったです。 아주 맛있었습니다.

1) ① 歌舞伎(かぶき)を 見(み)ます ② とても きれいです

2) ① 生(い)け花(ばな)を します ② 難(むずか)しいです

3) ① 日本(にほん)の お酒(さけ)を 飲(の)みます ② ちょっと 甘(あま)いです

初(はじ)めて 처음으로(경험) | おすし 초밥 | 食(た)べました 먹었습니다 | どう 어떻게 | おいしい 맛있다 | きれい 예쁨 | 生(い)け花(ばな) 꽃꽂이 | 難(むずか)しい 어렵다 | お酒(さけ) 술 | 飲(の)みます 마십니다 | ちょっと 조금 | 甘(あま)い 달다, 싱겁다

1) ①가부키를 봅니다 ②아주 예쁩니다 2) ①꽃꽂이를 합니다 ②어렵습니다 3) ①일본술을 마십니다 ②조금 싱겁습니다

①初(はじ)めて : 처음으로 경험한 것에 대하여 쓰는 표현입니다.

②「お酒(さけ)を 飲(の)みます? お酒(さけ)を食(た)べます?」 한국인들은 술을 '먹는다' 라고도 하지요. 그 뜻을 그대로 일본어로 살려서 「お酒(さけ)を 食(た)べます」라고 실수를 하는 경우가 있습니다. 그런데 일본인들은 「お酒(さけ)を 食(た)べます」하지 않습니다. 씹지 않고 목으로 넘기는 것은 모두 「飲(の)みます」입니다.

L12-18

회화 2

● 두 개 중 하나를 선택하여 주문하기

A ①飲(の)み物(もの)は いかがですか。 음료수는 어떠세요?(마시겠어요?)

B ありがとう ございます。 감사합니다.

A ②コーヒーと ③紅茶(こうちゃ)と どちらが いいですか。 커피와 홍차중 어느것이 좋아요?

B ②コーヒーを お願(ねが)いします。 커피 부탁합니다.

1) ① 果物(くだもの) ② りんご ③ みかん 2) ① 飲(の)み物(もの) ② ワイン ③ ビール

3) ① ジュース ② りんごジュース ③ 野菜(やさい)ジュース

飲(の)み物(もの) 음료수 | いかが 어떠함 | 紅茶(こうちゃ) 홍차 | 果物(くだもの) 과일 | りんご 사과 | みかん 귤 | ワイン 와인 | ビール 맥주 | ジュース 주스 | 野菜(やさい)ジュース 야채주스

1) ①과일 ②사과 ③귤 2) ①음료 ②와인 ③맥주 3) ①주스 ②사과주스 ③야채주스

L12-19

회화 3

●「홋카이도」가 가장 좋은 시기와 그 이유에 대해 말하기

A 北海道(ほっかいどう)は いつが いちばん いいですか。 홋카이도는 언제가 제일 좋아요?

B そうですね。 글쎄요.

① 10月(じゅうがつ) が いちばん いいですよ。 10월이 제일 좋아요.

② 紅葉(もみじ)の季節(きせつ)です から。 단풍의 계절이니까요.

1) ① 6月(がつ) ② きれいな 花(はな)が たくさん あります
2) ① 8月(がつ) ② 北海道(ほっかいどう)の 夏(なつ)は 涼(すず)しいです
3) ① 1月(がつ) ② 冬(ふゆ)の 魚(さかな)は おいしいです

紅葉(もみじ) 단풍 | 季節(きせつ) 계절 | 花(はな) 꽃 | たくさん 많이 | 夏(なつ) 여름 | 涼(すず)しい 서늘하다, 시원하다 | 冬(ふゆ) 겨울 | 魚(さかな) 생선 | おいしい 맛있다

1) ①6월 ②예쁜 꽃이 많습니다 2) ①8월 ②홋카이도의 여름은 서늘합니다 3) ①1월 ②겨울 생선은 맛있습니다

홋카이도 : 일본의 북단에 있는 큰 섬. 도청 소재지는 札幌(さっぽろ)에 있음. 눈이 많이 오며 여름에도 평균 기온이 27° 정도로 서늘함.

회화 고수되기

셀로판지를 이용하여 회화 연습을 해봅시다.

お祭(まつ)りは　どうでしたか。 (축제는 어땠어요?)

L12-20

밀러 씨가 교토의 마츠리(일본고유의 축제)를 다녀온 모양이에요. 마츠리에 대해서 느낀 소감을 어떻게 이야기 하는지 살펴봅시다

ミラー　　**ただいま。**

管理人(かんりにん)　　あ、**お帰(かえ)りなさい。**

ミラー　　これ、京都(きょうと)の　お土産(みやげ)です。

管理人(かんりにん)　　どうも　すみません。

　　　　祇園祭(ぎおんまつり)は　どうでしたか。

ミラー　　とても　おもしろかったです。外国人(がいこくじん)も　多(おお)かったですよ。

管理人(かんりにん)　　祇園祭(ぎおんまつり)は　京都(きょうと)の　祭(まつ)りで　いちばん　有名(ゆうめい)ですからね。

ミラー　　そうですか。

管理人(かんりにん)　　写真(しゃしん)を　撮(と)りましたか。

ミラー　　ええ、100枚(ひゃくまい)ぐらい　撮(と)りました。

管理人(かんりにん)　　**すごいですね。**

ミラー　　ええ。でも　ちょっと　**疲(つか)れました。**

お土産(みやげ) 여행지 등에서 사 온 선물, 기념품
祭(まつ)り 마츠리, 축제
外国人(がいこくじん) 외국인
多(おお)い 많다
有名(ゆうめい)だ 유명하다
写真(しゃしん) 사진
撮(と)る 찍다
すごい 굉장하다
でも 하지만, 그래도, 그런데(역접)
疲(つか)れる 피곤하다

밀러　: 다녀왔습니다.
관리인 : 아, 어서 오세요.
밀러　: 이거 교토에서 사갖고 온 선물이에요.
관리인 : 정말 감사합니다.
　　　　기온마츠리는 어땠어요?
밀러　: 아주 재미있었어요. 외국인도 많았거든요.
관리인 : 기온마츠리는 교토의 마츠리 중에서 제일 유명하니까요.
밀러　: 그래요?
관리인 : 사진을 찍었습니까?
밀러　: 네, 100장정도 찍었어요.
관리인 : 굉장하네요.
밀러　: 네. 그런데 좀 피곤해요.

① ただいま 다녀왔습니다 → お帰(かえ)りなさい 어서 오세요

핵심표현 파악하기

일본인들은 귀가하거나, 외출해서 다시 사무실로 들어왔을 때, 먼 길 떠났다가 다시 돌아왔을 때 등등 자기 본래의 위치로 돌아왔을 때 꼭 인사를 합니다. '저 다녀왔습니다' 정도가 되겠지요. 「ただいま～」라고 하면 맞이하는 사람은 「お帰(かえ)りなさい」라고 합니다. 「帰(かえ)ります」에는 '돌아오다, 돌아가다' 라는 뜻이 있었지요? 「～なさい」는 명령의 의미가 있답니다. 그러니까 '돌아오세요' 정도의 표현이 굳어져서 인사말이 되었습니다. 「お帰(かえ)りなさい」는 줄여서 「お帰(かえ)り」라고도 하는데, 한국어로 '어서와' 에 해당되는 표현이므로 손윗사람에게는 쓸 수 없습니다.

② 祭(まつ)り 마츠리, 축제

「まつり」는 원래 신과 죽은 자의 영혼을 기리는 목적으로 매년 행해지던 의식의 일종인데, 「まつり」에 참가하는 이들은 신을 봉양함으로써 그 해의 풍작과 질병, 악천후로부터 보호를 받음과 동시에 지역사회의 안녕을 꾀하는데 그 목적을 두고 있다고 합니다.

「まつり」는 그 종류와 형태가 다양해서, 우선 개인 차원에서 인생의 각 마디마다 행해지는 통과의례를 필두로, 각 집에서 한해를 주기로 행해지는 연중행사들, 어떤 집단이나 조직 또는 지역사회에서 행하는 각종 의례 및 행사, 그리고 천황이 행하였던 국가적 단위의 그것에 이르기까지 「まつり」가 가지는 스펙트럼은 대단히 넓습니다.

「まつり」는 시대가 흐름에 따라 차츰 상업적이거나 관광적인 성격으로 변하기도 하는데 「まつり」의 성격 변화와는 상관없이 여전히 일본인들은 그들만의 「まつり」에 열광하고 있으며, 독특한 일본만의 문화로서 전 세계의 수많은 사람들이 일본의 「まつり」를 보기 위해 매년 찾아들고 있습니다.

「기온 마츠리(祇園祭)」는 일본의 3대 마츠리 중 하나로 7월 15일~16일 사이에 열립니다.

③ すごいですね 굉장하군요, 대단하네요.

회화문에서 상당히 많이 쓰이며, 「すごい」에는 '끝내주는데? 오~죽이는데?' 등등의 속어적인 느낌도 있답니다. 또한 맞장구나 대화에 참여할 때 상대방을 신나게 하는 편리한 말이기도 합니다. 하지만 「すごい～すごい～すごい」 이렇게 모든 대화마다 남발해 버리면 좀 유치한 느낌이 들어요.

④ 疲(つか)れました 피곤합니다.

「疲(つか)れます」는 '피곤하다' 는 뜻입니다. 그렇다면 「疲(つか)れました」는 '피곤했습니다' 가 되지요? 하지만 '아~(지금) 피곤해요' 라고 할 때는 「疲(つか)れます」가 아니라 「疲(つか)れました」라고 해야 합니다. 즉 현재의 상태를 이야기하지만 과거형태로 나타내야 하는 거죠.

덧붙여 인사표현으로 「お疲(つか)れ様(さま)でした (수고했습니다)」가 있습니다. 이제야 아하~라고 느낌이 오는 분도 있지요? 일상회화에서 많이 들어본 「お疲(つか)れ様(さま)でした」는 직역하면 '피곤이셨습니다' 인데 이것이 굳어져서 '수고하셨습니다' 라는 뜻으로 사용되고 있는 셈이지요. 우리가 꼭 알아두어야 할 것은 「疲(つか)れ」에는 '피곤, 수고' 의 의미가 있다는 것이에요.

도전 듣기 · 쓰기

1 L12-21

질문을 듣고 자기의 상황에 비추어 자유롭게 답하세요.

1) ______________________

2) ______________________

3) ______________________

4) ______________________

5) ______________________

2 L12-22

대화를 듣고 제시문에 맞으면 ○, 틀리면 ×표를 하세요.

1) (　　)　2) (　　)　3) (　　)　4) (　　)　5) (　　)

3

보기와 같이 반대어를 ( ) 안에 넣으세요.

보기
この　卵(たまご)は　新(あたら)しいですか。이 계란은 새 겁니까?
→ いいえ、(古(ふる)い) です。아니요, 오래 됐습니다.

1) あなたの　うちは　駅(えき)から　近(ちか)いですか。→ いいえ、(　　　)です。

2) 日曜日(にちようび)は　車(くるま)が　多(おお)いですか。→ いいえ、(　　　)です。

3) その　カメラは　軽(かる)いですか。→ いいえ、(　　　)です。

4) 野球(やきゅう)が　好(す)きですか。→ いいえ、(　　　)です。

4

보기와 같이 부정형으로 대답해 보세요.

보기
海(うみ)は　きれいでしたか。바다는 깨끗했습니까?
→ いいえ、あまり　(　きれいじゃ　ありませんでした　)。아니요, 그다지 깨끗하지 않았습니다.

1) 天気(てんき)は　よかったですか。→ いいえ、(　　　　　　　　　)。

2) きのうは　雨(あめ)でしたか。→ いいえ、(　　　　　　　　　)。

3) 映画(えいが)は　おもしろかったですか。→ いいえ、あまり　(　　　　　　　　　)。

4) 試験(しけん)は　簡単(かんたん)でしたか。→ いいえ、あまり　(　　　　　　　　　)。

5) 先週(せんしゅう)は　忙(いそが)しかったですか。→ いいえ、(　　　　　　　　　)。

5 보기와 같이 알맞은 의문사를 넣으세요.

보기 あの　人は　（　だれ　）ですか。→ ミラーさんです。 저 사람은 누구입니까? → 밀러 씨입니다.

1) 夏と　冬と　（　　　　）が　すきですか。→ 冬の　ほうが　すきです。

2) 家族で　（　　　　）が　いちばん　料理が　上手ですか。
→ 父が　いちばん　上手です。

3) スポーツで　（　　　　）が　いちばん　おもしろいですか。
→ サッカーが　いちばん　おもしろいです。

4) 日本で　（　　　　）が　いちばん　人が　多いですか。→ 東京が　いちばん　多いです。

5) 1週間で　（　　　　）が　いちばん　忙しいですか。
→ 月曜日が　いちばん　忙しいです。

6 대화를 듣고 제시문에 맞으면 ○, 틀리면 ×표를 하세요.

どこが　いちばん　いいですか。

わたしの　うちの　近くに　スーパーが　3つ　あります。「毎日屋」と　「ABCストア」と「ジャパン」です。

「毎日屋」は　いちばん　小さい　店ですが、近いです。うちから　歩いて　5分です。新しい　魚が　多いです。野菜や　果物も　多いです。外国の　物は　全然　ありません。「ABCストア」は　うちから　歩いて　15分　かかります。肉が　多いです。いちばん　安い　店です。外国の　物も　ありますが、「ジャパン」より　少ないです。おいしい　パンが　あります。

「ジャパン」は　いちばん　遠いです。魚は　あまり　多くないですが、肉が　たくさん　あります。外国の　物が　多いです。とても　大きい　店です。「ABCストア」より　大きいです。3つの　店の　中で　わたしは　「ABCストア」が　いちばん　好きです。

1) (　　) 「毎日屋」の　魚は　新しいですが、少ないです。

2) (　　) 「ABCストア」は「毎日屋」より　安いです。

3) (　　) 3つの　店で　「ジャパン」が　いちばん　大きいです。

4) (　　) 「毎日屋」に　ドイツの　ワインが　あります。

5) (　　) わたしの　うちから　「ABCストア」が　いちばん　近いです。

Lesson 13

갖고 싶은 것이나 하고 싶은 일이 무엇인지 말해 봅시다.

중요단어 파악하기

~が　ほしいです ~을 갖고 싶습니다

~たいです ~하고 싶습니다

~に　行(い)きます ~하러 갑니다

눈도장 콱 찍기 L13-1

1 わたしは① パソコンが② 欲(ほ)しいです③。

①나는 ②컴퓨터를 ③갖고 싶습니다.

2 わたしは① てんぷらを(が)② 食(た)べたいです③。

①나는 ②튀김을 ③먹고 싶습니다.

3 わたしは① フランスへ② 料理(りょうり)を③ 習(なら)いに④ 行(い)きます⑤。

①나는 ②프랑스에 ③요리를 ④배우러 ⑤갑니다.

문형 꼭꼭 익히기

1 나는 ~을 갖고 싶습니다. / 나는 ~이 있었으면 좋겠습니다.

わたしは　~が　欲(ほ)しいです。

「ほしいです」는 '갖고 싶습니다, 원합니다' 라는 뜻입니다. 그런데 한 가지 조심할 점은 조사 「が」를 쓴다는 점!! 한국어에서는 '~이 갖고 싶습니다' 라고도 할 수 있고 '~을 갖고 싶습니다' 라고도 할 수 있지만, 일본어에서는 「~が ほしいです」라고 한다는 거, 꼭 기억해 주세요!

L13-2

음성을 들으면서 따라하세요.

わたしは	くるま うち ともだち	が	欲(ほ)しいです。

나는 [차 / 집 / 친구]을/를 갖고 싶습니다. (이/가 있었으면 좋겠습니다.)

車(くるま) 자동차
家(うち) 집
友(とも)だち 친구

「友(とも)だちが ほしいです。」와 같은 문장은 어떻게 번역하면 좋을까요? '친구를 갖고 싶습니다' 라고 하면 좀 어색하죠? 친구가 무슨 소유물도 아니고 말이죠. 이럴 때는 '친구가 있었으면 좋겠습니다' 라고 번역하면 되겠습니다.

〈조사「が」를 목적격(을/를)로 취하는 표현 정리〉

~が 好(す)きです ~을 좋아합니다	わたしは　イタリア料理(りょうり)が　好(す)きです。 나는 이탈리아 요리를 좋아합니다.
~が きらいです ~을 싫어합니다	わたしは　スポーツが　きらいです。 나는 운동을 싫어합니다.
~が 上手(じょうず)です ~을 잘합니다	田中(たなか)さんは　歌(うた)が　上手(じょうず)です。 다나카 씨는 노래를 잘 합니다.
~が 下手(へた)です ~을 못합니다	ミラーさんは　テニスが　下手(へた)です。 밀러 씨는 테니스를 잘 못 칩니다.
~が わかります ~을 압니다	わたしは　日本語(にほんご)が　少(すこ)し　わかります。 나는 일본어를 조금 압니다.
~が 欲(ほ)しいです ~을 갖고 싶습니다	わたしは　車(くるま)が　欲(ほ)しいです。 나는 차를 갖고 싶습니다.

2 나는 ~하고 싶습니다.

わたしは　~たいです。

「たい」는 '~하고 싶다'는 뜻의 조동사입니다.

동사의 ます형에 연결되지요. ます형이 뭐냐고요? 「ます」라는 조동사에 연결될 때의 동사의 활용형태를 ます형이라고 합니다. 예를 들어 「かいます」의 「かい」, 「行きます」의 「いき」가 바로 ます형입니다. 그럼 「ます」 대신에 「たい」를 붙여서 말을 만들어볼까요.

買います 삽니다 → 買いたい 사고 싶다
会います 만납니다 → 会いたい 만나고 싶다
働きます 일합니다 → 働きたい 일하고 싶다
食べます 먹습니다 → 食べたい 먹고 싶다
見ます 봅니다 → 見たい 보고 싶다
します 합니다 → したい 하고 싶다

그런데 「たい」는 반말이죠. 정중한 말투로 바꾸려면 뒤에 「です」를 붙이면 됩니다. 자, 그럼 「たい」를 모두 「たいです」로 바꿔볼까요.

買いたい 사고 싶다 → 買いたいです 사고 싶습니다
会いたい 만나고 싶다 → 会いたいです 만나고 싶습니다
働きたい 일하고 싶다 → 働きたいです 일하고 싶습니다
食べたい 먹고 싶다 → 食べたいです 먹고 싶습니다
見たい 보고 싶다 → 見たいです 보고 싶습니다
したい 하고 싶다 → したいです 하고 싶습니다

L13-3

음성을 들으면서 따라하세요.

わたしは	カメラを	かい	たいです。
	家族に	あい	
	外国で	はたらき	
あなたは	なにを	し	たいですか。

カメラ 카메라
家族 가족
外国 외국

나는 [카메라를 사고 / 가족을 만나고 / 외국에서 일하고] 싶습니다. // 당신은 무엇을 하고 싶습니까?

'가족을 만나다'는 「家族を 会う」가 아니라 「家族に 会う」라는 것, 잊지 마세요.

문형 꼭꼭 익히기

3 ~하고 싶지 않습니다.

~たくないです。

「たい」는 품사가 무엇일까요? 네, 조동사입니다. 그런데 생김새를 보세요. 「い」로 끝났네요. 꼭 い형용사같지 않나요? 이렇게 い형용사처럼 생긴 조동사들은 활용도 い형용사처럼 한답니다. い형용사의 부정형 기억나시죠? 「おいしいです(맛있습니다)」를 '맛없습니다' 라는 부정형으로 바꾸려면 「~いです」 대신에 「~くないです」를 붙여서 「おいしくないです」라고 했었죠. 기억나시죠? 「~たいです」도 마찬가지입니다. 「~いです」를 「~くないです」로 바꿔주면 됩니다. 연습을 해볼까요.

L13-4

음성을 들으면서 따라하세요.

行(い)きたいです 가고 싶습니다	→	行(い)き**たくないです** 가고 싶지 않습니다
食(た)べたいです 먹고 싶습니다	→	食(た)べ**たくないです** 먹고 싶지 않습니다
結婚(けっこん)したいです 결혼하고 싶습니다	→	結婚(けっこん)し**たくないです** 결혼하고 싶지 않습니다

「ないです」는 「ありません」으로 바꿀 수 있다고 했죠? 「ありません」으로 바꾸면 좀더 정중한 느낌이 된답니다.

行(い)きたく<u>ないです</u> = 行(い)きたく<u>ありません</u>
食(た)べたく<u>ないです</u> = 食(た)べたく<u>ありません</u>
結婚(けっこん)したく<u>ないです</u> = 結婚(けっこん)したく<u>ありません</u>

4 나는 ~하러 갑니다.

わたしは ~に 行きます。

동사 ます형+に+行きます／来ます／帰ります는 '~하러 갑니다/옵니다/돌아갑니다' 라는 뜻입니다. 예를 들어 볼까요.

食べに (먹으러) 飲みに (마시러) 遊びに (놀러) 見に (보러)	行きます／来ます／帰ります。(갑니다/옵니다/돌아갑니다)

동사 대신에 명사를 쓸 수도 있습니다. 다만 아무 명사나 다 되는 것은 아니고 「동작을 나타내는 명사」만이 올 수 있죠. 예를 들어 '쇼핑하러 간다' 는 건 말이 되지만 '책상하러 간다(?)' 는 건 말이 안 되잖아요. '쇼핑' 과 같이 동작을 나타내는 명사를 「동작성 명사」라고 합니다. 「~に 行きます」와 연결되어 자주 쓰이는 동작성 명사에는 '쇼핑, 여행, 유학, 소풍' 등이 있습니다. 이 경우에는 한국어로 '~하러 갑니다' 라고 번역해도 되지만 '~을/를 갑니다' 라고 해야 더 자연스러운 경우가 많습니다. 보실까요.

買い物に 旅行に 留学に 遠足に	行きます。	쇼핑하러(○) / 쇼핑을 갑니다. 여행하러(?) → 여행을 갑니다. 유학하러(?) → 유학을 갑니다. 소풍하러(?) → 소풍을 갑니다.

며칠 지난 후에 '여행을 갑니다' 를 일본어로 옮겨보라고 하면 당당하게 「旅行を 行きます」라고 하시는 분이 계십니다.

절대! 네버! ×! 「を」가 아니라 「に」를 써야 된다는 거, 기억기억 또 기억!!!

L13-5

음성을 들으면서 따라하세요.

わたしは	神戸へ	あそび ロシア料理を たべ かいもの びじゅつの べんきょう	に	行きます。
あなたは		なにを し		行きますか。

遊びに 놀러
ロシア料理 러시아요리
美術の勉強 미술공부

나는 고베에 [놀러 / 러시아요리를 먹으러 / 쇼핑하러 / 미술공부를 하러] 갑니다. // 당신은 고베에 무엇을 하러 갑니까?

입에 착 붙게 말하기

셀로판지를 이용하여 말하기 연습을 해봅시다.

1 「欲(ほ)しい」를 연습하는 문제입니다. 그림을 보고 보기와 같이 말하세요. L13-6

보기

1

2

3

4

보기 わたしは　カメラが　欲(ほ)しいです。 나는 카메라를 갖고 싶습니다.

1)　　2)　　3)　　4)

스스로 해본 후에 음성을 들으면서 따라하세요.

恋人(こいびと) 애인 | 彼女(かのじょ) 여자친구 | 彼氏(かれし) 남자친구

Answer
1) わたしは　パソコンが　欲(ほ)しいです。
2) わたしは　車(くるま)が　欲(ほ)しいです。
3) わたしは　お金(かね)が　欲(ほ)しいです。
4) わたしは　恋人(こいびと)が　欲(ほ)しいです。 또는 わたしは　彼女(かのじょ)が　欲(ほ)しいです。

2 「欲(ほ)しい」를 이용하여 묻고 답하는 문제입니다. 괄호 안 단어를 활용하세요. L13-7

보기 カメラ（小(ちい)さい）
→ Q：どんな　カメラが　欲(ほ)しいですか。 어떤 카메라를 갖고 싶습니까?
　A：小(ちい)さい　カメラが　欲(ほ)しいです。 작은 카메라를 갖고 싶습니다.

스스로 해본 후에 음성을 들으면서 따라하세요.

1) 車(くるま)（ドイツ）
2) 靴(くつ)（黒(くろ)い）
3) パソコン（ＩＭＣ）
4) うち（広(ひろ)い）

どんな 어떤 | ドイツ 독일 | 靴(くつ) 구두 | 黒(くろ)い 검다 | パソコン PC | 広(ひろ)い 넓다

Answer
1) Q：どんな　車(くるま)が　欲(ほ)しいですか。　A：ドイツの　車(くるま)が　欲(ほ)しいです。
2) Q：どんな　靴(くつ)が　欲(ほ)しいですか。　A：黒(くろ)い　靴(くつ)が　欲(ほ)しいです。
3) Q：どんな　パソコンが　欲(ほ)しいですか。　A：IMCの　パソコンが　欲(ほ)しいです。
4) Q：どんな　うちが　欲(ほ)しいですか。　A：広(ひろ)い　うちが　欲(ほ)しいです。

3 「～たいです」를 연습하는 문제입니다. 그림을 보고 보기와 같이 말하세요. L13-8

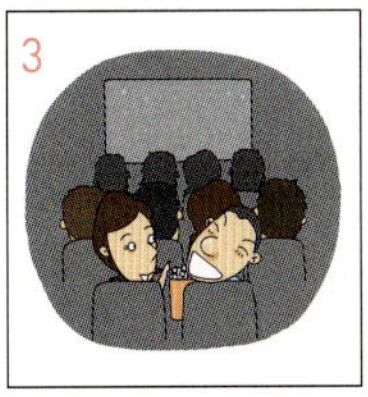

보기 すき焼きを　食べたいです。 스키야키를 먹고 싶습니다.

스스로 해본 후에 음성을 들으면서 따라하세요.

1)　　　　2)　　　　3)　　　　4)

▶ 「すき焼き」는 전용 철냄비 안에 얇게 저민 쇠고기와 여러가지 야채, 두부를 함께 넣어 약간 달게 간을 한 전골요리를 말합니다. 우리나라의 불고기전골과 비슷한 음식이죠. 좀 더 달고 짜고 국물이 적다고 할까요. 그리고, 보통 날계란 푼 것을 소스 삼아 찍어 먹습니다. 상추에 싸먹는 습관은 없습니다. 어느 연구기관의 조사에 의하면 일본인들의 야채섭취량이 한국인들의 1/3정도 밖에 안 된다고 합니다. 건강을 위해서 야채 좀 많이 드시라고 그 분들께 권하고 싶지만… 상추 한 접시가 고기 가격만큼 비싸니 어쩌겠어요? 한국은 무한 리필인데…. ^^

Answer　1) 北海道へ　行きたいです。　2) ビールを　飲みたいです。　3) 映画を　見たいです。　4) サッカーを　したいです。

4 「～たいです」로 묻고 답하는 연습입니다. 괄호 안 단어를 활용하세요. L13-9

보기 何を　買いますか。(ビデオ)
→ Q：何を　買いたいですか。 무엇을 사고 싶습니까?
A：ビデオを　買いたいです。 비디오를 사고 싶습니다.

스스로 해본 후에 음성을 들으면서 따라하세요.

1) いつ　北海道へ　行きますか。(2月)
2) 何を　習いますか。(生け花)
3) だれに　会いますか。(両親)
4) 何を　食べますか。(何も)
5) どんな　本を　読みますか。(旅行の　本)
6) 日曜日　どこへ　行きますか。(どこも)

生け花 꽃꽂이 | 両親 부모님 | 何も 아무것도(뒤에 부정형이 옴) | 旅行の本 여행안내책 | どこも 아무데도, 어디도(뒤에 부정형이 옴)

Answer
1) Q：いつ　北海道へ　行きたいですか。　A：2月に　行きたいです。
2) Q：何を　習いたいですか。　A：生け花を　習いたいです。
3) Q：だれに　会いたいですか。　A：両親に　会いたいです。
4) Q：何を　食べたいですか。　A：何も　食べたくないです。
5) Q：どんな　本を　読みたいですか。　A：旅行の　本を　読みたいです。
6) Q：日曜日　どこへ　行きたいですか。　A：どこも　行きたくないです。

입에 착 붙게 말하기

셀로판지를 이용하여 말하기 연습을 해봅시다.

5 「ます형+に 行きます」를 연습하는 문제입니다. 보기와 같이 그림을 보고 문장을 만드세요. L13-10

보기

うたを ならいます

1

おみやげを かいます

2

そくたつを だします

3

ほんを かります

4

ともだちを むかえます

보기 イタリアへ 歌を 習いに 行きます。 이탈리아에 노래를 배우러 갑니다.

스스로 해본 후에 음성을 들으면서 따라하세요.

1) 2) 3) 4)

お土産 토산품, 기념선물 | 速達 속달 | 出します 냅니다, 부칩니다, 보냅니다 | 借ります 빌립니다 | 迎えます 맞이합니다

Answer 1) デパートへ おみやげを 買いに 行きます。 2) 郵便局へ 速達を 出しに 行きます。 3) 図書館へ 本を 借りに 行きます。 4) 駅へ 友達を 迎えに 行きます。

6 「동작성 명사+に 行きます」를 연습하는 문제입니다. 보기와 같이 한 문장으로 만드세요. L13-11

보기
1) 公園へ 行きます・散歩します
→ 公園へ 散歩に 行きます。 공원에 산책하러 갑니다.
2) 京都へ 行きます・花見を します
→ 京都へ 花見に 行きます。 교토에 벚꽃놀이하러 갑니다.

스스로 해본 후에 음성을 들으면서 따라하세요.

1) ホンコンへ 行きます・買い物します →
2) ホテルへ 行きます・食事します →
3) 川へ 行きます・釣りを します →
4) 市役所へ 行きます・外国人登録を します →

散歩 산책 | 花見 벚꽃놀이 | ホンコン 홍콩 | 買い物 쇼핑 | 食事 식사 | 川 강 | 釣り 낚시 | 市役所 시청 | 外国人登録 외국인등록

Answer 1) ホンコンへ 買い物に 行きます。 2) ホテルへ 食事に 行きます。 3) 川へ 釣りに 行きます。 4) 市役所へ 外国人登録に 行きます。

7 보기와 같이 주어진 단어를 이용하여 묻고 답하세요. L13-12

보기
遊びます（友達の　うち）
→ Q：どこへ　遊びに　行きますか。어디로 놀러 갑니까?
A：友達の　うちへ　遊びに　行きます。친구 집에 놀러 갑니다.

스스로 해본 후에 음성을 들으면서 따라하세요.

1) 泳ぎます（ホテルの　プール）
2) お土産を　買います（デパート）
3) 絵を　見ます（奈良の　美術館）
4) 食事します（インド料理の　レストラン）

プール(pool) 수영장 | 絵 그림 | 美術館 미술관 | インド料理 인도요리

Answer
1) Q：どこへ　泳ぎに　行きますか。 A：ホテルの　プールへ　泳ぎに　行きます。
2) Q：どこへ　お土産を　買いに　行きますか。 A：デパートへ　お土産を　買いに　行きます。
3) Q：どこへ　絵を　見に　行きますか。 A：奈良の　美術館へ　絵を　見に　行きます。
4) Q：どこへ　食事に　行きますか。 A：インド料理の　レストランへ　食事に　行きます。（또는 食事を　しに　行きます。）

8 보기와 같이 주어진 단어를 이용하여「～に 行きます」문장을 만드세요. L13-13

보기
いつ　外国人登録を　しますか（金曜日）
→ Q：いつ　外国人登録に　行きますか。언제 외국인 등록하러 갑니까?
A：金曜日に　行きます。금요일에 갑니다.

스스로 해본 후에 음성을 들으면서 따라하세요.

1) 何を　買いますか（フィルム）
2) だれに　会いますか（カリナさん）
3) 何時ごろ　子どもを　迎えますか（2時ごろ）
4) だれと　テニスを　しますか（会社の　人）

フィルム 필름

Answer
1) Q：何を　買いに　行きますか。 A：フィルムを　買いに　行きます。
2) Q：だれに　会いに　行きますか。 A：カリナさんに　会いに　行きます。
3) Q：何時ごろ　子どもを　迎えに　行きますか。 A：2時ごろ　行きます。
4) Q：だれと　テニスを　しに　行きますか。 A：会社の　人と　行きます。

회화랑 친해지기

L13-14

회화 1

●「ほしい」연습하기

A	すみません。「おはようテレビ」ですが、	실례합니다. '오하요 텔레비전' 인데요,
	今(いま) 何(なに)が いちばん 欲(ほ)しいですか。	지금 뭘 가장 갖고 싶으세요?
B	①お金(かね) が 欲(ほ)しいです。	돈이 있었으면 좋겠어요.
	②来年(らいねん) 結婚(けっこん)します から。	내년에 결혼하거든요.
A	そうですか。	그러세요?
	どうも ありがとうございました。	대단히 감사합니다.

1) ① 休(やす)み　② 毎日(まいにち) 忙(いそが)しいです　3) ① 犬(いぬ)　② 寂(さび)しいです
3) ① 広(ひろ)い うち　② 今(いま)の うちは 狭(せま)いです

休(やす)み 휴일, 휴가 | 忙(いそが)しいです 바쁩니다 | 犬(いぬ) 개 | 寂(さび)しいです 쓸쓸합니다, 외롭습니다 | 広(ひろ)いうち 넓은 집 | 狭(せま)いです 좁습니다

1) ①휴일 ②매일 바쁩니다　2) ①개 ②쓸쓸합니다　3) ①넓은 집 ②지금 살고 있는 집은 좁습니다

「今(いま)の うちは…」는 뭐라고 번역하면 좋을까요? '지금의 집은…?' 아… 굉장히 어색하네요. 조사 「の」를 '~의' 라고 번역해서 이상하다면 다른 동사로 번역할 수 있는지 생각해 보셔야 합니다. '지금 살고 있는 집…' 이라고 하면 적당할 듯 하네요.

L13-15

회화 2

●「~たいです」연습하기

A	① のどが かわきました ね。	목이 마르네요.
B	ええ、② 何(なに)か 飲(の)み たいですね。	네, 뭔가 마시고 싶군요.
A	あの 喫茶店(きっさてん)に 入(はい)りませんか。	저 찻집에 들어가지 않을래요?
B	ええ、そう しましょう。	네, 그렇게 해요.

1) ① おなかが すきました　② 何(なに)か 食(た)べます
2) ① 疲(つか)れました　② ちょっと 休(やす)みます
3) ① 暑(あつ)いです　② 冷(つめ)たい 物(もの)を 飲(の)みます

1) ①배가 고픕니다 ②뭔가 먹습니다　2) ①피곤합니다 ②조금 쉽니다　3) ①덥습니다 ②차가운 것을 마십니다

L13-16

회화 3

●「～に 行きます」 연습하기

A	週末は 何を しましたか。	주말에는 뭘 하셨어요?
B	① 大阪 へ ② 遊び に 行きました。	오사카에 놀러 갔었어요.
A	どうでしたか。	어땠어요?
B	とても ③ おもしろかったです 。	아주 재미있었어요.

1) ① 神戸　② インド料理を 食べます　③ おいしいです
2) ① 京都　② 桜を 見ます　③ きれいです
3) ① 海　② 泳ぎます　③ 楽しいです

どうでしたか 어땠어요? ┆ とても 아주, 매우, 무척
1) ①고베 ②인도요리를 먹습니다 ③맛있습니다　2) ①교토 ②벚꽃을 봅니다 ③예쁩니다
3) ①바다 ②수영합니다 ③즐겁습니다

하나~더!

「のどが かわきました」는 과거에 '목이 말랐습니다'??? 아뇨!!! 현재 목이 마르다는 뜻입니다. 이 경우 「ました」는 과거의 의미가 아니라 완료의 의미로 쓰인 거에요. 좀더 구체적으로 말씀드리자면 「かわきます」는 '건조해집니다'라는 동사인데요, 건조해지는 상황이 진행되다가 방금 완료가 되었으므로 「かわきました」라고 표현한 겁니다. 다시 말해서 지금 목이 건조해진 상태, 즉 목이 마른 상태인 거죠. 이와 비슷한 예로 '배가 고픕니다'가 있는데요, 이것도 「お腹が すきます」가 아니라 「お腹が すきました」라고 한답니다. 뱃속이 점점 비어가는 동작이 진행되다가 방금 완료가 되었으므로 「すきました」라고 한 거죠.
그럼 「のどが かわきます」「お腹が すきます」라고 하면 무슨 뜻이 되냐고요? 예를 들어 볼테니 의미의 차이를 느껴보세요. 「水を 飲まないと のどが かわきます(물을 마시지 않으면 목이 마릅니다/말라집니다」「ご飯を 食べないと お腹が すきます(밥을 먹지 않으면 배가 고픕니다/고파집니다)」. 느낌의 차이가 느껴지시나요? 「かわきます」나 「すきます」를 쓰면 현재 내가 목이 마르다거나 배가 고프다는 구체적인 상황을 말하는 것이 아니라 추상적인 원리나 법칙을 말하는 느낌이 들어요. 그럼 다음 예문을 한 번 번역해보세요.

健二　あ、お腹が すきました。아, 배 고파요.
道子　当り前ですよ。6時間も 食べないと お腹が すきますよ。
당연하죠. 6시간이나 안 먹으면 배가 고파지죠.

하나 더 해볼까요? 「疲れました」는 '피곤했습니다'??? 오우, NO! '피곤합니다, 지쳤습니다'라는 뜻입니다. 여기서 「ました」는 과거가 아니라 뭐라고요? 그렇죠. 완료죠~! 그렇다면 「疲れます」는 무슨 뜻일까요? '피곤해져갑니다, 지칩니다'라는 느낌이죠. 다음 예문을 보세요.

道子　あ～、疲れました。あら、あなた、また…。아, 피곤해요. 아니, 당신, 또......
(영원한 잔소리가 이어짐)
健二　あ～あ、疲れる。아~, 피곤하다, 피곤해.

셀로판지를 이용하여 회화 연습을 해봅시다.

別々(べつべつ)に　お願(ねが)いします (따로따로 부탁합니다.)

L13-17

일본의 회사원들이 점심에 주로 먹는 음식은 무엇일까요?
그리고 음식을 먹은 후 더치페이로 하고 싶은데 뭐라고 하면 좋을지…. 다음 회화를 들어봅시다.

01

山田(やまだ)　もう　12時(じゅうにじ)ですよ。昼(ひる)ごはんを　食(た)べに　行(い)きませんか。

ミラー　ええ。

山田(やまだ)　どこへ　行(い)きますか。

ミラー　そうですね。きょうは　日本料理(にほんりょうり)が　食(た)べたいですね。

山田(やまだ)　あ、じゃ、「つるや」へ　行(い)きましょう。

02

店(みせ)の人(ひと)　ご注文(ちゅうもん)は？

ミラー　えーと、わたしは　てんぷら定食(ていしょく)。

山田(やまだ)　わたしは　牛(ぎゅう)どん。

店(みせ)の人(ひと)　てんぷら　定食(ていしょく)と　牛(ぎゅう)どんですね。少々(しょうしょう)　お待(ま)ちください。

03

店(みせ)の人(ひと)　1,680円(えん)で　ございます。

ミラー　すみません。別々(べつべつ)に　お願(ねが)いします。

店(みせ)の人(ひと)　はい。てんぷら　定食(ていしょく)は　980円(えん)、牛(ぎゅう)どんは　700円(えん)です。

もう ① 이미, 벌써 ② 이제 ③ 더
昼(ひる)ごはん 점심(밥)
料理(りょうり) 요리
注文(ちゅうもん) 주문
てんぷら定食(ていしょく) 튀김 정식
牛(ぎゅう)どん 쇠고기 덮밥
少々(しょうしょう) 잠시
お待(ま)ちください 기다려 주세요
～で ございます。~입니다. 「～です」보다 정중한 표현
別々(べつべつ)に 따로따로

01
야마다 : 벌써 12시예요. 점심 먹으로 가지 않을래요?
밀　러 : 네.
야마다 : 어디로 갈까요?
밀　러 : 글쎄요. 오늘은 일본요리가 먹고 싶네요.
야마다 : 아, 그럼 '츠루야'로 가죠.

02
점　원 : 주문은요…?
밀　러 : 음~ 저는 튀김정식이요.
야마다 : 저는 쇠고기덮밥이요.
점　원 : 튀김정식하고 쇠고기덮밥이죠? 잠시만 기다려 주세요.

03
점　원 : 1,680엔입니다.
밀　러 : 죄송합니다. 따로따로 부탁합니다.
점　원 : 네. 튀김정식은 980엔, 쇠고기덮밥은 700엔입니다.

핵심표현 파악하기

① 別々に お願いします 따로따로 계산해 주세요.

직역을 하면 '따로따로 부탁합니다' 가 되는데요, 대체 뭘 따로따로 부탁한다는 걸까요? 야마다와 밀러가 점심을 같이 먹고 식당 점원에게 음식값을 따로따로 계산해 달라는 내용입니다. 이른바 「割り勘(더치페이)」이죠. 그래서 이 문장에서는 문맥상 '따로따로 계산해 주세요' 라는 의미가 되겠습니다. 물론 「お願いします」는 상황에 따라 다르게 번역될 수 있다는 거, 다 아시죠?

참, 일본에서는 「割り勘(더치페이)」을 많이 하죠. 처음엔 10엔까지 각각 계산하는 일본사람들을 보고 깜짝 놀랐었는데 익숙해지니 그것도 나름대로 편하더라구요. ^^;

② そうですね 글쎄요.

「そうですね」는 '그렇죠' 라고 남의 말에 맞장구를 칠 때도 쓰지만 '글쎄요' 라고 고민할 때도 씁니다. 다만 억양이 다르겠죠. '그렇죠' 라는 의미라면 밝고 명랑하게 「そうですね!」라고 하면 되고요, '글쎄요' 라는 의미라면 고개를 좀 갸우뚱해 주면서 느릿느릿한 어조로 「そうですね…」라고 해 주시면 됩니다.

③ 日本料理が 食べたいですね 일본요리가 먹고 싶네요.

어?? 앞에서 배울 때는 「～を 食べたいです」라고 배우지 않았나요? 왜 여기서는 「が」를 쓴 거죠? 오타인가요??? 아뇨. 「～が 食べたいです」라고도 할 수 있습니다. 한국어로도 '일본요리를 먹고 싶어요', '일본요리가 먹고 싶어요' 라고 두 가지로 말할 수 있잖아요. 그럼 「を」「が」를 쓰는 경우, 어떻게 의미가 다른 걸까요???

대개 즉흥적으로 일어나는 본능적인 욕구를 나타낼 때는 「が」를 씁니다. 「水が 飲みたい!」「リンゴが 食べたい!」와 같은 예문이 적당하겠네요. 그 외에 경우에는 「を」를 쓰시면 됩니다.

그렇다면 '일본어를 배우고 싶어요' 라는 말은 어떨까요?

日本語が 習いたい。(?)
日本語を 習いたい。(○)

일본어를 배우고 싶은 것이 먹고 마시는 것과 같은 본능의 영역에 해당한다고 생각한다면 저로서는 무척 반가운 일이긴 합니다만… 아무래도 즉흥적으로 일어나는 본능적인 욕구라고 보기는 어렵고 어느 정도 시간을 두고 이성적으로 판단해서 자신의 희망을 말하는 것에 가깝겠지요. 그러므로 「日本語を 習いたい」라고 하시는 것이 좋겠습니다.

④ ご注文は? 주문은요…?

「お」와 「ご」는 존경을 나타내는 접두사입니다. 한자는 둘 다 「御」를 쓰는데요, 주로 일본 고유어에는 「お」를 붙이고 한자어에는 「ご」를 붙입니다. 예를 들면,

お名前(이름) お手紙(편지) お水(물) お腹(배)
ご住所(주소) ご主人(주인) ご案内(안내) ご連絡(연락)

그런데 어떤 단어가 일본고유어이고 어떤 단어가 한자어일까요? 모두 다 한자로 쓰여있는데…??? 구분하는 방법이 있지요. 먼저 「ご」가 붙은 단어들을 우리 발음으로 읽어보세요.

住所(주소) 主人(주인) 案内(안내) 連絡(연락)

어때요? 일본어발음이나 한국어발음이나 비슷하죠? 그에 비해 「お」가 붙은 단어들을 우리 발음으로 읽어보세요.

名前(명전) 手紙(수지) 水(수) お腹(복)

일본어발음과 한국어 발음이 전혀 다르군요!
이와 같이 우리 발음과 비슷하게 읽히는 단어가 한자어이고 우리 발음과 전혀 다르게 읽히는 것이 일본고유어라고 생각하시면 대개 맞으실 겁니다.
그런데 참참! 예외도 있어요. 「お電話」「お食事」「お元気」는 한자어인데요 「お」를 붙인답니다. 예외가 몇가지 있지만 그건 나올 때마다 외우면 되니 걱정 안하셔도 돼요.

5 てんぷら 定食 / 牛どん 튀김정식 / 쇠고기덮밥

「てんぷら」는 포르투갈어의 'tempero' 에서 온 말인데요, 생선 · 조개 · 야채 등에 튀김옷을 입혀서 튀겨낸 요리를 가리킵니다. 한국에서는 '덴뿌라' 와 '생선묵' 을 혼동해서 쓰기도 하는데 아무쪼록 일본에 가서는 헷갈리지 마시기를 바랍니다. 「定食」는 '정식' 이라고 번역하지만 우리 나라의 '한정식' 을 생각하시면 안 됩니다. 그냥 국과 반찬 몇 가지가 딸려나오는 것을 「定食」라고 하거든요. 우리나라 식당에서는 대개 국과 반찬이 딸려 나오기 때문에 일본식으로 하면 모두 다 「定食」인 셈이죠.

「牛どん」은 쇠고기덮밥인데요, 우리나라에서는 덮밥류를 보통 평평한 접시에 담아주지 않나요? 그런데 「牛どん」은 움푹 들어간 사발에 담아줍니다. 「どん」이 「どんぶり」를 줄인 말로 사발처럼 생긴 그릇을 가리키는 말이거든요. 쇠고기의 육질도 한우와 달리 기름기가 아주 많습니다. 그리고 일본은 「定食」라는 것을 시키지 않는 이상 국이나 반찬이 딸려나오는 경우는 거의 없습니다.

7 少々 お待ちください 잠시만 기다려주십시오.

「お待ちください」는 '기다려주십시오' 라는 의미로 극존칭에 해당합니다. 존경도가 좀 낮은 표현으로는 「待ってください」가 있는데 손님에게는 이렇게 「お待ちください」라는 극존칭을 쓰는 것이 일반적이죠. 「少々」라는 말도 '잠시만' 이라는 뜻으로 「お待ちください」와 격이 맞는 매우 공손한 표현입니다. '잠깐만' 이라는 의미로 「少し」나 「ちょっと」라는 말도 있지만 존경도가 높지 않은 말이라서 「お待ちください」와 함께 잘 사용하지 않습니다. 「少し」「ちょっと」를 쓰시려면 「少し 待って ください」「ちょっと 待って ください」라고 해 주세요.

도전 듣기 · 쓰기

1 L13-18

질문을 듣고 본인의 상황에 맞게 자유롭게 답하세요.

1) ______________________________

2) ______________________________

3) ______________________________

4) ______________________________

5) ______________________________

2 L13-19

대화를 듣고 제시문에 맞으면 ○, 틀리면 ×표를 하세요.

1) (　　　)　2) (　　　)　3) (　　　)　4) (　　　)　5) (　　　)

3

다음 주어진 단어 중 알맞는 단어를 골라 문맥에 맞게 고쳐 넣으세요.

帰(かえ)ります	行(い)きます	飲(の)みます	~~食(た)べます~~	寝(ね)ます	します

보기　おなかが　すきましたから、何(なに)か　(食(た)べたいです)。 배가 고프기 때문에, 뭔가 먹고 싶습니다.

1) 用事(ようじ)が　ありますから、5時(じ)に　うちへ　(　　　　　　　)です。

2) あしたは　休(やす)みですから、昼(ひる)まで　(　　　　　　　)です。

3) のどが　かわきましたから、何(なに)か　(　　　　　　　)です。

4) 疲(つか)れましたから、何(なに)も　(　　　　　　　)です。

5) 暑(あつ)いですから、どこも　(　　　　　　　)です。

도전 듣기 · 쓰기

4 보기와 같이 빈칸에 알맞은 조사를 넣으세요.

보기 昼《ひる》ごはん(を) 食《た》べます。 점심을 먹습니다.

1) わたしは 大《おお》きい うち(　　) 欲《ほ》しいです。

2) おなか(　　) いっぱいですから、何《なに》(　　) 食《た》べたくないです。

3) 京都《きょうと》の 大学《だいがく》(　　) 美術《びじゅつ》(　　) 勉強《べんきょう》します。

4) 日本《にほん》(　　) 経済《けいざい》の 勉強《べんきょう》(　　) 来《き》ました。

5) あの 喫茶店《きっさてん》(　　) 入《はい》りませんか。

5 주어진 단어 중 알맞는 것을 골라 문맥에 맞게 고쳐 넣으세요.

買《か》い物《もの》します	借《か》ります	泳《およ》ぎます	~~飲《の》みます~~
外国人登録《がいこくじんとうろく》を します		買《か》います	

보기 喫茶店《きっさてん》へ コーヒーを (飲《の》み)に 行きます。 찻집에 커피를 마시러 갑니다.

1) 図書館《としょかん》へ 本《ほん》を (　　　　　)に 行《い》きます。

2) 郵便局《ゆうびんきょく》へ 切手《きって》を (　　　　　)に 行《い》きました。

3) デパートへ (　　　　　)に 行《い》きたいです。

4) 暑《あつ》いですから、プールへ (　　　　　)に 行《い》きましょう。

5) 日本《にほん》に 1年《ねん》 いますから、市役所《しやくしょ》へ (　　　　　)に 行《い》きます。

6 다음 글을 읽고 주어진 제시문이 맞으면 ○, 틀리면 ×표를 하세요.

犬の生活

わたしは　トモです。サントスさんの　うちに　います。わたしは　毎朝　奥さんと　散歩に　行きます。８時ごろ　テレサちゃんと　学校へ　行きます。それから、うちへ　帰ります。そして、奥さんと　買い物に　行きます。午後　学校へ　テレサちゃんを　迎えに　行きます。それから、いっしょに　公園へ　遊びに　行きます。

週末は　テレサちゃんの　学校と　サントスさんの　会社は　休みです。サントスさんの　家族は　遠い　所へ　車で　遊びに　行きます。わたしも　いっしょに　行きます。とても　疲れます。サントスさんの　うちに　猫も　います。猫は　毎日　何も　しません。どこも　行きません。わたしは　朝から　晩まで　忙しいです。休みが　全然　ありません。わたしは　猫と　いっしょに　休みたいです。

犬 개 | 奥さん 사모님 | 散歩 산책 | 遠い 멀다, 먼 | 所 곳, 장소 | 猫 고양이 | 朝から 晩まで 아침부터 밤까지 | 忙しいです 바쁩니다 | 全然 전혀

1) (　　) わたしは　奥さんと　散歩や　買い物に　行きます。

2) (　　) テレサちゃんは　わたしと　いっしょに　学校から　帰ります。

3) (　　) サントスさんの　家族は　週末　公園へ　遊びに　行きます。

4) (　　) 猫は　わたしより　暇です。

5) (　　) 犬の　生活は　猫の　生活より　休みが　多いです。

기말고사

1 **보기와 같이 알맞은 단어를 (　　　) 안에 넣으세요.**

보기　あの　人は　（ だれ ）ですか。→ ミラーさんです。

1) 日本人は　（　　　）で　ごはんを　食べますか。→ はしで　食べます。

2) 木村さんは　（　　　）に　電話を　かけましたか。
→ マリアさんに　かけました。

3) 「ありがとう」は　中国語で　（　　　）ですか。→ "谢谢"です。

4) 日本語の　勉強は　（　　　）ですか。→ おもしろいです。

5) ワットさんは　（　　　）　人ですか。→ 静かな　人です。

6) あなたの　かばんは　（　　　）ですか。→ あれです。

7) ミラーさんは　（　　　）　食べ物が　好きですか。→ 肉が　好きです。

8) （　　　）　早く　帰りますか。→ 約束が　ありますから。

9) 事務所に　（　　　）が　いますか。→ 山田さんが　います。

10) スーパーの　前に　（　　　）が　ありますか。→ レストランが　あります。

11) カリナさんは　（　　　）に　いますか。→ 教室に　います。

12) 本屋は　（　　　）に　ありますか。→ 銀行の　隣に　あります。

13) りんごを　（　　　）　買いましたか。→ 5つ　買いました。

14) 山田さんは　子どもが　（　　　）　いますか。→ 1人　います。

15) 会社に　コンピューターが　（　　　）　ありますか。→ 10台　あります。

16) 京都から　広島まで　新幹線で　（　　　）　かかりますか。
→ 2時間ぐらい　かかります。

17) 日本に　（　　　）　いますか。→ 1年半　います。

18) タイは　（　　　）でしたか。→ とても　暑かったです。

19) きのうの　パーティーは　（　　　）でしたか。→ にぎやかでした。

20) スポーツで　（　　　）が　いちばん　好きですか。
→ サッカーが　いちばん　好きです。

2 보기와 같이 알맞은 단어를 (　　) 안에 넣으세요.

보기　これは　わたし(の)　傘です。

1) ファックス(　　)　レポートを　送ります。

2) マリアさんは　ブラジルの　お母さん(　　)　電話を　かけました。

3) “stapler” は　日本語(　　)　「ホッチキス」です。

4) わたしは　友達(　　)　本を　借りました。

5) ミラーさんは　英語(　　)　レポートを　書きます。

6) ペキンは　にぎやかです。シャンハイ(　　)　にぎやかです。

7) わたしの　うちは　静かです(　　)、駅から　遠いです。

8) 子どもは　チョコレート(　　)　好きです。

9) ミラーさんは　料理(　　)　上手です。

10) わたしは　ひらがなと　かたかな(　　)　わかります。

11) 用事(　　)　あります(　　)、早く　帰ります。

12) 駅(　　)　前(　　)　銀行が　あります。

13) 花屋(　　)　本屋(　　)　間(　　)　靴屋が　あります。

14) 庭(　　)　だれ(　　)　いません。

15) 箱(　　)　中(　　)　何(　　)　ありません。

16) 松本さん(　　)　どこですか。→ 会議室(　　)　います。

17) 冷蔵庫(　　)　卵(　　)　１０　あります。

18) 大阪(　　)　東京(　　)　飛行機(　　)　１時間　かかります。

19) わたしは　兄(　　)　３人　います。

20) １週間(　　)　１回　テニスを　します。

21) ビール(　　)　ジュース(　　)、どちら(　　)　いいですか。

기말고사

해답은 별책에 있습니다

22) 中国(ちゅうごく)は　日本(にほん)(　　)　ずっと　人(ひと)が　多(おお)いです。

23) 果物(くだもの)(　　)　みかん(　　)　いちばん　好(す)きです。

24) わたしは　新(あたら)しい　パソコン(　　)　欲(ほ)しいです。

25) のど(　　)　かわきました。

26) デパート(　　)　プレゼントを　買(か)い(　　)　行(い)きました。

27) 美術館(びじゅつかん)(　　)　彼(かれ)(　　)　会(あ)いました。

28) カリナさんは　日本(にほん)(　　)　美術(びじゅつ)(　　)　勉強(べんきょう)(　　)　来(き)ました。

29) 毎朝(まいあさ)　公園(こうえん)(　　)　散歩(さんぽ)します。

3 **보기와 같이 알맞은 단어를 (　　) 안에 넣으세요.**

> 보기
> あした　いっしょに　京都(きょうと)へ　(a. 行(い)きました　ⓑ 行(い)きません)か。
> → すみません。あしたは　ちょっと……。

1) もう　新聞(しんぶん)を　(a. 読(よ)みます　b. 読(よ)みました)か。
→ いいえ、(a. まだです　b. まだでした)。

2) 田中(たなか)さんは　どこですか。→ 会議室(かいぎしつ)に　(a. います　b. あります)。

3) 京都(きょうと)に　美術館(びじゅつかん)が　(a. いくら　b. いくつ)　ありますか。

4) 日本語(にほんご)の　試験(しけん)は　(a. どうです　b. どうでした)か。
→ とても　難(むずか)しかったです。

5) 天気(てんき)は　どうでしたか。→ (a. よくなかったです　b. よくないです)。

6) 神戸(こうべ)へ　何(なに)を　しに　行(い)きましたか。
→ (a. 船(ふね)で　行(い)きました　b. 船(ふね)を　見(み)に　行(い)きました)。

점수 환산(문제당 1점) : 합계득점÷55×100점 [　　　] 점

눈으로 익히는 필수어휘

- 하루일과
- 방안
- 편의점
- 우리들의 몸
- 취미
- 교통기관

①우선 셀로판지로 일본어를 가린 다음 말해보세요!
②단어를 익힌 후 ___ 안에 각 단어를 넣어 연습해 보세요.

わたしは ___時(じ)に ___________ます。 나는 ___시에 _____합니다.

일어납니다
起(お)きます

학교에 갑니다
学校(がっこう)に(へ)行(い)きます

수업이 시작합니다
授業(じゅぎょう)が始(はじ)まります

점심을 먹습니다
昼(ひる)ご飯(はん)を食(た)べます

도서관에서 공부를 합니다
図書館(としょかん)で勉強(べんきょう)します

집에 돌아옵니다
家(うち)に帰(かえ)ります

TV를 봅니다
テレビを見(み)ます

잡니다
寝(ね)ます

①우선 셀로판지로 일본어를 가린 다음 말해보세요!
②단어를 익힌 후 ___ 안에 각 단어를 넣어 연습해 보세요.

部屋(へや)の 中(なか)に ________が あります。 방안에 _____이 있습니다.

①우선 셀로판지로 일본어를 가린 다음 말해보세요!
②단어를 익힌 후 ___ 안에 각 단어를 넣어 연습해 보세요.

コンビニで ________ を 買(か)います。 편의점에서 _____을 삽니다.

①우선 셀로판지로 일본어를 가린 다음 말해보세요!
②단어를 익힌 후 ___ 안에 각 단어를 넣어 연습해 보세요.

これは 私(わたし)の ________ です。 이것은 내 ____입니다.

눈으로 익히는 필수어휘 | 취미

①우선 셀로판지로 일본어를 가린 다음 말해보세요!
②단어를 익힌 후 ___ 안에 각 단어를 넣어 연습해 보세요.

私(わたし)の 趣味(しゅみ)は ________ です。 내 취미는 _____입니다.

음악
音楽(おんがく)

독서
読書(どくしょ)

댄스
ダンス

쇼핑
ショッピング

요리
料理(りょうり)

영화
映画(えいが)

골프
ゴルフ

축구
サッカー

야구
野球(やきゅう)

눈으로 익히는 필수어휘 | 교통기관

①우선 셀로판지로 일본어를 가린 다음 말해보세요!
②단어를 익힌 후 ___ 안에 각 단어를 넣어 연습해 보세요.

私(わたし)は ________ で 帰(かえ)ります。 나는 _____로 돌아갑니다.

자동차
車(くるま)・自動車(じどうしゃ)

버스
バス

택시
タクシー

신칸센
新幹線(しんかんせん)

전철
電車(でんしゃ)

자전거
自転車(じてんしゃ)

걸어서
徒歩(とほ)

배
船(ふね)

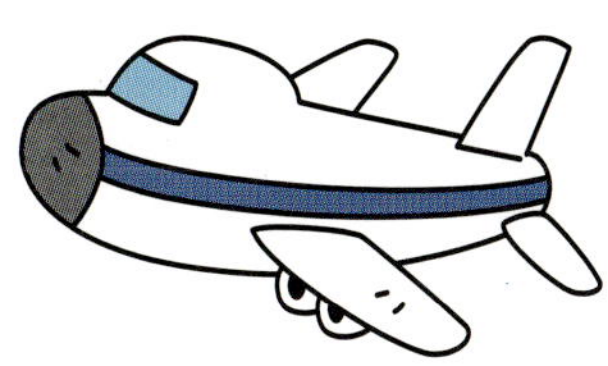

비행기
飛行機(ひこうき)

해설자 소개

조수진

한국외국어대학교 일본어과 졸업
동 대학 대학원 석사과정 졸업, 박사과정 수료
전 한국외국어대학교 일본어과 강사

장성숙

한국외국어대학교 일본어과 졸업
동 대학 대학원 석사과정 졸업, 박사과정 수료
전 한국외국어대학교 일본어과 강사

임성훈

전 시사일본어학원 강사

일러스트

김문수 · 야하타 에미코

말하기집중트레이닝/일본어 제대로 말문트기!!

민나노 독학일본어 공부 처음하기코스

초판발행	2007년 5월 30일
1판 28쇄	2024년 7월 25일

저자	スリーエーネットワーク
해설	조수진, 장성숙, 임성훈
책임 편집	조은형, 김성은, 오은정, 무라야마 토시오
펴낸이	엄태상
콘텐츠 제작	김선웅, 장형진
마케팅	이승욱, 왕성석, 노원준, 조성민, 이선민
경영기획	조성근, 최성훈, 김다미, 최수진, 오희연
물류	정종진, 윤덕현, 신승진, 구윤주

펴낸곳	시사일본어사(시사북스)
주소	서울시 종로구 자하문로 300 시사빌딩
주문 및 교재 문의	1588-1582
팩스	0502-989-9592
홈페이지	www.sisabooks.com
이메일	book_japanese@sisadream.com
등록일자	1977년 12월 24일
등록번호	제 300-2014-31호

ISBN 978-89-402-0703-1 18730
978-89-402-0702-4 18730 [set]